VH

D1665630

Sprachenlernen Konkret!
Angewandte Linguistik und Sprachvermittlung

Herausgegeben von

Erika Lang, Thorsten Piske und Gérald Schlemminger

Band 16

Schneider Verlag Hohengehren GmbH

Die ReihenherausgeberInnen:

Erika Lang, Prof.'in Dr. phil. habil.: Studium der Fächer Germanistik und Russistik in Tübingen, Freiburg und Bern. Titularprofessorin der Universität Basel, Professorin für deutsche Sprache und ihre Didaktik an der pädagogischen Hochschule Karlsruhe, Forschungsleiterin des Departements Angewandte Linguistik der ZHAW Zürcher Hochschule für Angewandte Wissenschaften und seit 2007 Professorin für Germanistik an der Bergischen Universität Wuppertal.
Langjährige und vielfältige Unterrichtserfahrung auf allen Schulstufen. Arbeits- und Forschungsschwerpunkte in der Sprachwissenschaft mit Fokussierung der Angewandten Linguistik, insbesondere ihrer Methodologie, der Mehrsprachigkeitsforschung, dem Plurilingualen Lehren und Lernen und der Wissensvermittlung.

Thorsten Piske, Prof. Dr. phil.: Studium der Fächer Englisch, Russisch, Allgemeine Sprachwissenschaft, Pädagogik und Philosophie an der Universität Kiel. Dissertation zur Entwicklung der Lautproduktion und des Wortschatzes in den frühen Stadien des Erstspracherwerbs. Als post-doctoral fellow an der University of Alabama at Birmingham, USA, Forschungen zur Rolle verschiedener Lernervariablen und linguistischer Variablen im Zweitspracherwerb. Wissenschaftliche Begleitung deutsch-englisch bilingualer Programme an Kindertageseinrichtungen und Schulen in Deutschland. Von 2003 bis 2011 Professor für angewandte Linguistik und Didaktik des Englischunterrichts an der Pädagogischen Hochschule Schwäbisch Gmünd. Seit Oktober 2011 Inhaber des Lehrstuhls für Fremdsprachendidaktik mit Schwerpunkt Didaktik des Englischen an der Friedrich-Alexander-Universität Erlangen-Nürnberg.

Gérald Schlemminger, Prof. Dr. habil.: Studium der Germanistik, Romanistik und Sprachlehr- und -lernforschung in Hamburg, der Erziehungswissenschaften in Bordeaux. Dissertation zur Freinet-Pädagogik und Fremdsprachenunterricht; Habilitation: *Pour une pédagogie des langues*. Maître de conférence an der Universität Paris XI. Seit 2000 Professor für französische Literatur und ihre Didaktik an der Pädagogischen Hochschule Karlsruhe.

Sprachenlernen Konkret!

Angewandte Linguistik und Sprachvermittlung

Band 16

Immersion und bilingualer Unterricht (Englisch)

Erfahrungen – Entwicklungen – Perspektiven

Herausgegeben von

Gabriele Linke und Katja Schmidt

Schneider Verlag Hohengehren GmbH

Mit Unterstützung des Zentrums für Lehrerbildung und Bildungsforschung (ZLB) der Universität Rostock

Gedruckt auf umweltfreundlichem Papier (chlor- und säurefrei hergestellt).

Bibliografische Information der Deutschen Nationalbibliothek

Die Deutsche Nationalbibliothek verzeichnet diese Publikation in der Deutschen Nationalbibliografie; detaillierte bibliografische Daten sind im Internet über ›http://dnb.d-nb.de‹ abrufbar.

ISBN 978-3-8340-1478-8

Schneider Verlag Hohengehren, D-73666 Baltmannsweiler

Homepage: www.paedagogik.de

Printed in Germany – Druck: Stückle, Ettenheim

Inhalt

Vorwort vii

Teil I: Immersion

Einführung

Henning Wode
Immersion in der Erprobung: Forschungsergebnisse und Erfahrungen aus Schleswig-Holstein 3

Erfahrungen aus der Praxis

Nancy Schubring
Immersionsunterricht am RecknitzCampus Laage: Von der Idee zur erfolgreichen Schulpraxis 43

Ergebnisse empirischer Forschung

Gabriele Garbe/Katja Schmidt/Sabine Schütt
Zur Entwicklung der fremdsprachlichen Kompetenzen immersiv unterrichteter Schülerinnen und Schüler in der Grundschule 53

Gabriele Linke
Die Entwicklung von muttersprachlichen und sachfachlichen Kompetenzen bei immersiv unterrichteten Kindern: Ergebnisse eines Englisch-Immersionsprojekts an der Grundschule.......... 79

Sandra Kristina Gebauer/Anna C. M. Zaunbauer/Jens Möller
Englischer Immersionsunterricht in der Grundschule: Effekte und vermittelnde Prozesse 111

Teil II: Bilingualer Unterricht

Einführung

Katja Schmidt
Bilingualer Unterricht: innovativ – integrativ – diskursiv 131

Erfahrungen aus der Praxis

Juliane Swensson
"Try to say it in English, please!" Erfahrungsbericht zur Heranführung an den bilingualen Unterricht in der Orientierungsstufe und Sekundarstufe I 149

Ergebnisse empirischer Forschung

Anja Steinlen/Katrin Schwanke/Thorsten Piske
Die Entwicklung des rezeptiven englischen Wortschatzes von Kindern mit und ohne Migrationshintergrund in bilingualen Kitas und Schulen sowie im Fremdsprachenunterricht 175

Konzeptionelle Überlegungen

Ulf Petersen
Möglichkeiten der Vorbereitung eines bilingualen Zweiges: Neigungsklassen und bilinguale Module 209

Margitta Kuty
Aus- und Weiterbildung von Lehrkräften für den bilingualen Unterricht: Überlegungen zu Anforderungen an die Aus-, Fort- und Weiterbildung 217

Liste der Beitragenden 231

Vorwort

Bilinguales Lernen und Lehren ist deutschlandweit auf dem Vormarsch: zwischen 1999 und 2013 hat sich die Zahl der Schulen, an denen bilingual unterrichtet wird, mehr als vervierfacht – von 366 auf über 1500 Schulen im gesamten Bundesgebiet (KMK 2013). Diese positive Entwicklung ist vor allem auf die gesellschaftlichen Veränderungen der letzten zwei Jahrzehnte zurückzuführen: In einer zunehmend vernetzten Welt können SchülerInnen nur dann erfolgreich agieren, wenn sie über entsprechende Fremdsprachenkenntnisse verfügen. Europäische Integration und das Bildungsziel der Mehrsprachigkeit bringen ebenfalls neue Anforderungen an modernen und effizienten Fremdsprachenunterricht mit sich. Immersion und bilingualer Unterricht haben sich als geeignete Unterrichtsformen erwiesen, um SchülerInnen zu einer erhöhten fremdsprachlichen Kompetenz zu führen. Zudem hat die in den letzten Jahren verstärkt einsetzende Forschung auf diesem Gebiet gezeigt, dass ein fremdsprachlich gehaltener Unterricht weder die muttersprachliche noch die sachfachliche Kompetenzentwicklung negativ beeinflusst.

Fremdsprachliche Immersion bzw. bilingualer Unterricht wurden in den einzelnen Bundesländern in unterschiedlichem Umfang an Kitas und Schulen eingeführt und erprobt, so auch in Mecklenburg-Vorpommern. Ein Projektteam des Instituts für Anglistik/Amerikanistik der Universität Rostock begleitete zwei Jahre lang wissenschaftlich den englischen Immersionsunterricht in der Grundschule am RecknitzCampus Laage bei Rostock und beobachtete sowohl den Fremdsprachenerwerb als auch die Entwicklung sachfachlicher und muttersprachlicher Kompetenzen. Die Ergebnisse dieses Projekts und die Erkenntnisse andere ForscherInnen und PraktikerInnen wurden in einem Symposium vorgestellt, das unter dem Titel „Bilinguales Lernen und Lehren. Erfahrungen – Entwicklungen – Perspektiven“ vom Projektteam mit Unterstützung des Ministeriums für Bildung, Wissenschaft und Kultur M-V und des Zentrums für Lehrerbildung und Bildungsforschung der Universität Rostock (ZLB) am 29. und 30.11.2013 durchgeführt wurde.

Kerngedanke des Symposiums war, die Facetten bilingualen Lernens und Lehrens aus unterschiedlichen Perspektiven zu beleuchten und dabei stets einen Theorie-Praxis-Bezug herzustellen. Ein breites Themenspektrum, welches von der Immersion bis hin zu bilingualen Modulen reichte und sowohl Praxisberichte als auch Beiträge zur empirischen Erforschung bilingualer Lern- und Lehrformen einschloss, bot sowohl in der Praxis tätigen LehrerInnen als auch auf diesem Gebiet Forschenden und interessierten Studierenden die Möglichkeit des Austausches.

Ähnlich wie das Symposium richtet sich diese Publikation an alle, die in irgendeiner Weise mit Immersion und/oder bilingualem Unterricht befasst sind: bilingual bzw. immersiv unterrichtende Lehrkräfte oder solche, die es werden wollen, Forschende, in der Aus- und Fortbildung Tätige sowie Studierende, die sich mit der Vielfalt bilingualen Lernens und Lehrens vertraut machen wollen. Ziel des Bandes ist es, an ausgewählten Beispielen den gegenwärtigen Stand von Forschung und Praxis zu dokumentieren und bewährte Konzepte bzw. Ansätze allen an bilingualem bzw. immersiven Lernen und Lehren Interessierten zugänglich zu machen. Darüber hinaus sollen Perspektiven und Entwicklungschancen von Immersion und bilingualem Unterricht aufgezeigt werden, verbunden mit der Hoffnung, dass sich diese Unterrichtsform als Impulsgeber für die Entwicklung der deutschen Bildungslandschaft etabliert.

Zur inhaltlichen Gliederung des Bandes wurde eine Unterteilung in zwei Themenfelder vorgenommen: Teil I behandelt Aspekte der Immersion, Teil II unterzieht bilingualen Unterricht genauerer Betrachtung. Der einführende Beitrag zu Teil I gibt einen Überblick über die Entstehung der Methode sowie ihre Implementierung im deutschen Schulsystem. Im anschließenden Erfahrungsbericht wird gezeigt, wie der Immersionsgedanke in der schulischen Praxis umgesetzt werden kann. Es folgen drei Beiträge zur empirischen Erforschung von Immersionsunterricht, in denen Befunde aus Mecklenburg-Vorpommern und Schleswig-Holstein vorgestellt werden.

Teil II beginnt mit einer theoretischen Einführung zum bilingualen Unterricht, in der unter anderem die unterschiedlichen Konzepte und Organisationsformen vorgestellt werden. Es folgt wiederum ein Erfahrungsbericht zur Umsetzung bilingualen Unterrichts in der Schulpraxis. Der anschließende Beitrag widmet sich der empirischen Erforschung des bilingualen Unterrichts, bevor am Ende des Bandes konzeptionelle und organisatorische Überlegungen zur LehrerInnenausbildung und zur Einführung bilingualer Zweige angestellt werden.

Zahlreiche Personen und Institutionen haben dazu beigetragen, dass dieser Band erscheinen kann. Unser Dank geht in erster Linie an die AutorInnen, die mit ihren Beiträgen diesen Sammelband bereichert haben. Weiterhin bedanken wir uns beim Ministerium für Bildung, Wissenschaft und Kultur M-V, das die Projektgruppe mit der wissenschaftlichen Begleitung der Immersionsschule in Laage beauftragt und damit die Basis für diese Publikation geschaffen hat, sowie beim Zentrum für Lehrerbildung und Bildungsforschung der Universität Rostock für die finanzielle Unterstützung des Symposiums und dieser Publikation. Ohne die unermüdliche konstruktive Arbeit der MitarbeiterInnen des Projektteams und die kontinuierliche Kooperationsbereitschaft und Geduld der LehrerInnen des RechnitzCampus Laage wäre das Projekt nicht möglich gewesen – ihnen gebührt ebenfalls unser Dank. Nicht zuletzt danken wir Lea Wiegmann und PD Dr. Holger Rossow für ihre Unterstützung bei der Erstellung der Druckvorlage sowie den HerausgeberInnen der Reihe *Sprachenlernen konkret* für ihr Interesse an dieser Veröffentlichung.

Rostock, im Januar 2015
Gabriele Linke und Katja Schmidt

Bibliographie

KMK (2013): Konzepte für den bilingualen Unterricht – Erfahrungsbericht und Vorschläge zur Weiterentwicklung. Bonn: KMK.

Teil I
Immersion

Immersion in der Erprobung: Forschungsergebnisse und Erfahrungen aus Schleswig-Holstein

Henning Wode

Abstract

Dieser Beitrag ist als Überblick über die praktischen Erfahrungen und die wissenschaftlichen Ergebnisse gedacht, die sich in der Erprobung von früher englischer Immersion (IM) ab Kita/Grundschule in Schleswig-Holstein (S-H) seit Mitte der 1990er Jahre ergeben haben. Das zentrale Ziel war damals, eine wissenschaftlich begründbare Grundlage dazu zu erarbeiten, welche Lehrverfahren für die Weiterentwicklung des (Fremd) Sprachenunterrichts, insbesondere für den Frühbeginn – nicht nur in Deutschland – in Frage kommen und wie ggf. eine sachgerechte LehrerInnenaus- und weiterbildung entwickelt werden könnte.
Die Kinder kommen mit drei Jahren in eine immersiv auf Englisch geführte Kita bzw. Kita-Gruppe. In der Grundschule wird die IM bruchlos bis zum Ende der Grundschulzeit fortgeführt, indem die Kinder bis auf das Fach Deutsch sämtlichen Unterricht auf Englisch erhalten. Einschlägige Tests zeigen, dass die schleswig-holsteinischen IM-Kinder gegen Ende der 4. Klasse ein Niveau in ihrem Englisch erreichen, das weltweit zur Spitze dessen gehört, was heute in schulischen Kontexten bei 12-16-Jährigen weltweit erreichbar ist. Dabei eignen sie sich sogar Strukturen des Englischen an, die nicht einmal in den Regellehrplänen gefordert werden und daher in den herkömmlichen Formen von lehrgangsorientiertem Fremdsprachenunterricht i. d. R. auch nicht gelernt werden. Ferner zeigt sich, dass die IM-Kinder weder im Fach Deutsch noch in den immersiv unterrichteten Fächern längerfristig

Defizite gegenüber ihren ausschließlich auf Deutsch unterrichteten Altersgenossen aufweisen. Im Gegenteil – sie schneiden oft sogar etwas besser ab.
Diese Ergebnisse aus S-H stehen denen aus anderen Ländern in nichts nach. Keine Frage daher: IM hat sich auch in seiner schleswig-holsteinischen Ausprägung hervorragend bewährt und sollte daher möglichst bald möglichst breitflächig eingesetzt werden, damit möglichst viele Kinder davon profitieren können.

---

1 Was ist Immersion?

IM gilt als das älteste und leistungsstärkste Sprachvermittlungsverfahren der Welt. Der Terminus und der Anstoß für seine aktuelle Renaissance kamen Mitte der 1960er Jahre aus Kanada. Engl. *immersion* bedeutet "mit Flüssigkeit umgeben, eintauchen" und wird gern mit 'Bad', in diesem Fall mit 'Sprachbad' übersetzt. Gemeint ist, dass die neue Sprache nicht der Lehrgegenstand wie im herkömmlichen Fremdsprachenunterricht ist, sondern dass sie als Unterrichts- und damit als Arbeitssprache verwendet wird. Auf die üblichen Unterrichtstechniken wie erklären, korrigieren, Fehler verhüten, strukturierte Übungen durchführen, Vokabeln und grammatische Regeln lernen kann verzichtet werden, so dass die Kinder sich die neue Sprache eigenständig aus der sprachlichen Interaktion, wie sie sie in der Kita/Schule erleben, erschließen, also ganz so, wie sie beim Erwerb ihrer Erstsprache (L1) verfahren. Allen Vorurteilen zum Trotz und obwohl bei IM methodisch gesehen in vielem das Gegenteil von dem gemacht wird, was im herkömmlichen Fremdsprachenunterricht üblich ist, belegen die einschlägigen wissenschaftlichen Untersuchungen einhellig, dass IM tatsächlich funktioniert und zu Ergebnissen führt, die weit über denen liegen, die sich mit herkömmlichem Fremdsprachenunterricht erreichen lassen.

Die ersten wissenschaftlichen Studien zu IM sind in den 1960er Jahren in Kanada im Zusammenhang mit französischer IM entstanden (Lambert/ Tucker 1972, Überblicke z. B. Genesee 1987, Rebuffot 1993, Wode 1995, Wesche 2002). Diese kanadischen Studien waren letztlich der Auslöser dafür, dass man, wenn auch erst in den späten 1980er Jahren, auch in Europa begann, mit IM zu experimentieren und sich wissenschaftlich mit der Methode auseinanderzusetzen. In Deutschland war die Erprobung in S-H der erste derartige Versuch im öffentlichen Schulsystem. Die Ergebnisse decken sich voll mit denen der kanadischen Forschung zur dortigen französischen IM.

Allerdings muss vor einer Fehleinschätzung gewarnt werden. Die überragenden Ergebnisse werden mit IM nur dann erzielt, wenn bestimmte Rahmenbedingungen gegeben sind bzw. geschaffen werden. Drei sind besonders wichtig: Der Kontakt zur neuen Sprache muss möglichst intensiv sein; die Dauer des IM-Unterrichts muss sich kontinuierlich mindestens über 6, besser noch 7 Jahre erstrecken; und der sprachliche Input, den die Kinder erhalten, muss strukturell möglichst reichhaltig sein. Die Dauer von 7 Jahren lässt sich in Deutschland erreichen, indem Kita und Grundschule zu einem Verbund vernetzt werden, so dass das, was in der Kita an Grundlagen gelegt wird, in der Grundschule kontinuierlich fortgeführt wird. Eine hinreichende Intensität ergibt sich, wenn der gesamte Unterricht bis auf das Fach Deutsch in der IM-Sprache erfolgt. Diesen Aspekt zu beachten ist in Deutschland deshalb besonders wichtig, weil die meisten Schulen nach wie vor Halbtagsschulen sind und nicht wie in Kanada und vielen anderen Ländern Ganztagsschulen. Die strukturelle Vielfalt lässt sich sicherstellen, wenn außer Deutsch und ggf. weiterer Sprachen jedes andere Fach in die IM einbezogen wird und wenn jede Situation in der Klasse in der neuen Sprache bestritten wird (z. B. Wode 1992, 2001b, 2009a).

Bei Beachtung dieser Faktoren schafft IM Lernsituationen von solch hoher Intensität und mit einer derart großen strukturellen Vielfalt, wie sie sich mit keiner anderen Methode auch nur annähernd erreichen lässt. Kein Wunder daher, dass auch die erzielbaren Ergebnisse mit Abstand über denen aller anderen Sprachvermittlungsmethoden liegen.

2 Zielsetzungen und bildungspolitische Rahmenbedingungen: Die 3⁺-Sprachenformel der EU

Neben der weltweiten Globalisierung hat die Entwicklung der EWG von einer Wirtschaftsgemeinschaft zu einer politischen Union wie kaum ein anderes Ereignis seit dem Ende des 2. Weltkrieges dazu geführt, dass sich die Einstellung zu Mehrsprachigkeit und zum Erlernen von Fremdsprachen in der Bevölkerung radikal zum Positiven hin verändert hat. War es selbst in der wissenschaftlichen Einschätzung noch bis in die 1960er Jahre üblich, vor angeblichen Gefahren im Zusammenhang mit einem früh einsetzenden Erwerb einer zweiten oder dritten Sprache zu warnen (z. B. Weisgerber 1966), wurde gegen Ende der 1980er Jahre geradezu über Nacht Mehrsprachigkeit als ein überaus erstrebenswertes Bildungsgut gepriesen. Ohne ausgeprägte Mehrsprachigkeit in allen Bevölkerungskreisen würde die EU, so das entscheidende Argument, auf Dauer keinen Bestand haben; ihre sprachliche und kulturelle Vielfalt müsse daher erhalten werden.

Solche Überlegungen machen verständlich, dass die EU bei ihrer Gründung kaum anders konnte, als die Förderung von Mehrsprachigkeit in allen Bevölkerungskreisen zu einem ihrer vorrangigen Bildungsziele zu machen: Jedes Kind in der EU sollte die Chance haben, im Laufe seiner Schulzeit mindestens drei Sprachen auf einem funktional angemessenen, d. h. berufstauglichen Niveau zu lernen (z. B. Europäische Kommission 2004). Diese 3⁺-Sprachenformel erfüllte anfangs vermutlich nur Luxemburg. Für die anderen Mitgliedsländer der EU, auch für Deutschland, bedeutete es, dass sie ihr jeweiliges Bildungssystem im Bereich der Fremdsprachen radikal weiterentwickeln mussten. Diese Aufgabe ist derzeit noch alles andere als befriedigend gelöst. Was vor allem fehlt, ist eine vergleichende Forschung darüber, welche Lehrverfahren unter den jeweiligen lokalen Bedingungen am besten geeignet sind, weil sie zu den besten Ergebnissen führen.

Als besonders viel versprechend haben sich in diesem Zusammenhang inzwischen bestimmte Formen von immersivem Unterricht erwiesen, und zwar für Kita und Grundschule die intensive frühe IM nach kanadischem Vorbild; und für den Sek-Bereich der Bilinguale Unterricht (BU) europäischer Prägung. Beide sind für sich genommen exzellente Modelle mit einem hervorragenden Leistungspotential, das auch in Deutschland – nachweislich – zum Tragen kommen kann. Allerdings ist dieser Nachweis bislang stets so erfolgt, dass es nur jeweils um einen der beiden Ansätze ging. Die 3^{+}-Sprachenformel aber verlangt für die meisten Kinder mindestens zwei Fremdsprachen. Damit drängt sich die Frage auf, ob sich die beiden Erfolgsmodelle so miteinander verbinden lassen, dass die Kinder im Laufe ihrer Schulzeit von beiden profitieren, und zwar zuerst von der intensiven frühen IM für die Zweitsprache (L2) und danach vom BU für die Drittsprache (L3).

In diesem Beitrag geht es zwar schwerpunktmäßig um den Elementarbereich von Kita und Grundschule. Der Bezug auf die 3^{+}-Sprachenformel der EU erfordert aber bei der Entwicklung von IM/BU, dass nicht nur nach Elementar- vs. Sek-Bereich unterschieden wird, sondern zusätzlich auch danach, mit welchen L2-Kenntnissen die Kinder in den Sek-Bereich wechseln, ob sie z. B. auf dem Niveau aus einem Unterricht mit zwei bis drei Stunden Englisch pro Woche oder einer intensiven Früh-IM ab Kita kommen. Es sollte sich von selbst verstehen, dass der sich anschließende weiterführende BU in Sek I je nach Art der Englischkenntnisse, die die Kinder mitbringen, unterschiedlich gestaltet werden muss. Das gilt es rechtzeitig zu bedenken. Daher sollten sich die Schulen mindestens auf folgende Alternativen einstellen:

- frühe IM ab Kita/Grundschule;
- Weiterführung ab Sek I durch BU für Kinder aus früher IM ab Kita/Grundschule;
- deutsch-englischer BU für Kinder, die noch kein Englisch können;
- BU ab Sek I für die L3.

Ggf. sind weitere Alternativen erforderlich, wenn sich z. B. zeigen sollte, dass die Kinder aus 2-stündigem stundenweisen Englischunterricht in der Grundschule in keine der anderen BU-Optionen im Sek-Bereich passen.

3 Der IM-/BU-Verbund: Kita – Grundschule – Sek I-II

Abb. 1 soll eine Orientierung bieten, wie sich IM und BU zu einem Gesamtmodell integrieren lassen könnten, so dass die gesamte Schul- und Kita-Zeit eines Kindes durch die altersspezifischen Bildungsinstitutionen abgedeckt wird und die Familie dabei einbezogen werden kann.

Alter	Sprache	Institution	Methode
0,0	L1	Familie	
3,0 – 6,0	L2	Kita	IM
7,0 – 10,0	L2	Grundschule	IM
11,0 - ...	L2	Sek I-II	BU reduziert
	L3	Sek I-II	BU

Abb. 1: Sprachenfolge und IM/BU im Spiegel der deutschen Bildungsinstitutionen

Wichtig ist am Gefüge von Abb. 1, dass sich jede der genannten Institutionen der Aufgabe stellt und sie ernst nimmt. Leider wird in den Familien oft dagegen verstoßen, wenn auch zumeist in guter Absicht. So kann man z. B. in Migrantenfamilien häufig erleben, dass die Eltern meinen, ihre Kinder würden die Sprache des Gastlandes nur dann gut lernen, wenn sie auch in der Familie gesprochen wird. Folglich bedient man sich ihrer an Stelle der Herkunftssprache selbst dann, wenn die Landessprache nur unzulänglich beherrscht wird. Die Folge ist, dass sich einerseits die Herkunftssprache nur in reduzierter Form entwickeln kann, weil sie nur begrenzt verwendet wird; und andererseits die Sprache des

Gastlandes derart defizitär bleibt, dass sie nicht einmal für einen erfolgreichen Schulbesuch ausreicht. Solche Missstände sind vermeidbar, wenn die Familie ihrer Aufgabe, die Herkunftssprache zu pflegen, auch in dem Maße nachkommt, dass die Kinder sie altersgemäß entwickeln können und somit wenigstens über eine 'starke' Sprache verfügen, über die sich dann auch die kognitive Entwicklung altersgemäß vollziehen kann (Einzelheiten Wode 2005, 2009a).

Die Kita sorgt für die zweite Sprache. Für einsprachig mit Deutsch aufwachsende Kinder in S-H ist das i. d. R. Englisch; für Kinder mit Migrationshintergrund und nicht altersgemäßen Kenntnissen der Sprache des Gastlandes fast immer letztere.

Was in der Kita angebahnt wurde, wird in der Grundschule kontinuierlich bis zum Ende der 4. Klasse fortgeführt. Für die IM-Kinder lässt sich bereits heute recht genau angeben, welches Niveau sie bis zum Ende der Grundschule in ihrem Englisch erreichen werden (Kap.6); für die Kinder mit ursprünglich nicht altersgemäßen Deutschkenntnissen sowie für die mit Förderung der Herkunftssprache nicht bzw. noch nicht genau genug.

Mit dem Übergang zu Sek I sollte zweierlei geschehen: Einerseits muss die L3 eingeführt werden, und zwar mit Hilfe von BU. Wie weit dabei der bisherige BU unverändert eingesetzt werden kann und welche Modifikationen ggf. nötig sind, lässt sich z. Z. noch nicht abschätzen, da eine entsprechende Erprobung noch aussteht. Andererseits muss der Zeitanteil für die L2 reduziert werden, indem diese Sprache nur noch in ein bis zwei Fächern als BU eingesetzt wird. Die auf diese Weise frei werdende Zeit wird der L3 zugeschlagen, damit auch sie hinreichend intensiv angeboten werden kann.

4 Zur Entwicklung von BU und früher IM in Schleswig-Holstein

Die oben skizzierte Konzeption, Elementar- und Sekundarbereich durch IM und BU zu verbinden, um der 3^{+}-Sprachenformel auf einem hohen Niveau gerecht werden zu können, wurde nach und nach in den 1980er Jahren und danach entwickelt (z. B. Wode 1992, 1998, 2001b, 2002, 2005, 2010). Allerdings gab es gute Gründe, den Sekundar- vor dem Elementarbereich anzugehen. Zum einen gab es vor allem an den Gymnasien in S-H viele Lehrkräfte, die über die erforderlichen Englischkenntnisse als unabdingbare Voraussetzung für BU/IM verfügten. Ihnen fehlte aber das Wissen über BU/IM, da sie diese Art von Unterricht weder in ihrer Schulzeit selbst erlebt hatten, noch in ihrer Ausbildung mit BU/IM vertraut gemacht worden waren. Ihre Englischkenntnisse und ihr Enthusiasmus ließen jedoch hoffen, dass sie bei sachgerechter Einweisung und kontinuierlicher Beratung den Sachunterricht erfolgreich auf Englisch durchführen und ggf. die erforderlichen Techniken gewissermaßen für sich neu erfinden würden.

Zum anderen bemühten sich zu jener Zeit auch die anderen Bundesländer verstärkt um den deutsch-englischen BU, oder sie hatten ihn bereits in ihren Schulen etabliert. Vor allem aber gab es damals in Deutschland, ausgelöst durch den deutsch-französischen Freundschaftsvertrag von 1963, bereits seit 1969 deutsch-französisch bilinguale Bildungsgänge in Form von BU (Einzelheiten z. B. Wode 1995). Deshalb verfügten die romanistischen KollegInnen, die in diesen Bildungsgängen tätig waren, schon früh über ein beträchtliches Maß an Erfahrung mit BU, das viele von Ihnen ihren anglistischen KollegInnen dankenswerter Weise zur Verfügung stellten. Das war ein Grund, weshalb die Einführung von deutsch-englischem BU auch in S-H auf Anhieb gut gelang.

Heute ist BU in Schleswig-Holstein fest verankert. Auch hat sich seit ca. 2007 eine Gruppe engagierter BU-erfahrener Lehrkräfte zu einem Arbeitskreis mit dem Ziel zusammengefunden, BU/IM auf der Grundlage ihrer eigenen Erfahrungen weiterzuentwickeln und sich dafür einzusetzen, dass eine sachgerechte LehrerInnenausbildung entsteht. Um den erforderlichen Erfahrungsaustausch zu BU und IM zu ermöglichen, veranstaltet der Arbeitskreis inzwischen in jedem Jahr einen Fachtag.

Die Einführung von IM im Elementarbereich erwies sich u. a. deshalb als ungleich schwieriger, weil es damals nicht nur in S-H noch nicht einmal eine Ausbildung zur Fremdsprachenlehrkraft für die Grundschule gab. Daher blieb nur, Lehrkräfte mit der Lehrbefähigung für Englisch in der Hauptschule für die Grundschule zu gewinnen. Mit dieser Lösung ist man in S-H zwar gut gefahren und bis auf weiteres dürfte dieses Vorgehen auch die einzige praktikable Lösung bleiben. Aber es ist natürlich kein Ersatz für eine – noch zu entwickelnde – eigenständige IM/BU–LehrerInnenausbildung.

Insgesamt empfiehlt es sich sehr, frühzeitig lokale/regionale Arbeits- und Gesprächskreise zu schaffen, in denen eine laufende Abstimmung erfolgen kann und in denen vor allem auch der Sekundarbereich vertreten ist, damit von vornherein für Kontinuität im Sinne von Abb. 1 gesorgt wird.

5 Das Altenholzer Modell für frühe englische IM

Das bereits im *abstractum* kurz skizzierte IM-Modell für Kita und Grundschule wurde in Altenholz/Kiel in einer Kooperation zwischen der Arbeitsgruppe Wode vom Englischen Seminar der Universität Kiel, der AWO-Kita Altenholz und der Claus-Rixen-Grundschule (CRS) entwickelt und erprobt. Es handelt sich um eine Modifikation des Modells für frühe französische IM aus Kanada, angepasst an deutsche Verhältnisse. Geprüft werden sollte u. a., ob sich die so überaus erfolgreiche kanadische *early total immersion* für Französisch auf Deutschland übertragen lässt und dabei zu vergleichbaren Ergebnissen auch für andere Sprachen, in diesem Fall für Englisch, führt. Das hat sich in der Tat voll bestätigt.

Wie schon im *abstractum* angedeutet, kommen die Kinder im Altenholzer Modell mit drei Jahren in eine immersiv auf Englisch geführte Kita bzw. Kita-Gruppe. In der Grundschule wird die IM bruchlos bis zum Ende der Grundschulzeit fortgeführt, indem die Kinder bis auf das Fach Deutsch sämtlichen Unterricht auf Englisch erhalten. Das sind rd. 70% ihrer wöchentlichen Unterrichtszeit. Tests mit dem CYLE (*Cambridge Young Learners English*) zeigen, dass die schleswig-holsteinischen IM-Kinder gegen Ende der 4. Klasse ein Niveau in ihrem Englisch erreichen, das weltweit zur Spitze dessen gehört, was heute in schulischen Kontexten bei 12-16-Jährigen erreichbar ist (Thielking 2006, Marti 2014). Ferner belegen die sehr detaillierten linguistischen Analysen zu ausgewählten Strukturbereichen, dass die Kinder sich unter IM-Bedingungen sogar Strukturen und Strukturbereiche des Englischen aneignen, die nicht einmal in den Regellehrplänen gefordert werden und daher in den herkömmlichen Formen von lehrgangsorientiertem Fremdsprachenunterricht auch nicht gelernt werden. Ergänzend haben Tests mit HAMLET (Hamburger Lesetest (Lehmann et al. 1997)) ergeben, dass die IM-Kinder trotz ihres vergleichsweise geringen Kontaktes zum Deutschen in diesem Fach keine Defizite gegenüber ihren ausschließlich auf Deutsch unterrichteten Altersgenossen aufweisen, sondern oft sogar um 5% oder mehr über deren Leseverständnisleistungen liegen (z. B. Bachem 2004, von Berg 2005, Lossin 2009b, Rowold 2011, Howe 2014, Schmidt 2014). Desgleichen werden auch die Inhalte der immersiv unterrichteten Fächer längerfristig nicht beeinträchtigt, sondern sogar gefördert (z. B. Zaunbauer et al. 2013).

6 Ausgewählte Ergebnisse der Altenholzer Erprobung von früher IM

Natürlich entscheidet sich die Wahl eines Lehrverfahrens an der Qualität der zu erwartenden Ergebnisse. Das gilt auch für IM/BU, und zwar bei letzteren nicht nur an den L2-sprachigen Ergebnissen, sondern auch an den Inhalten der immersiv unterrichteten Fächer.

Sowohl für die kanadische IM wie für den BU europäischer Prägung und die frühe IM in Europa galt stets, dass diese Unterrichtsformen nur dann akzeptierbar wären, wenn davon ausgegangen werden konnte, dass keine Beeinträchtigung in den Inhalten der immersiv unterrichteten Fächer und der Entwicklung der L1 zu befürchten war. Dieser Nachweis ist längst erbracht, und zwar in geradezu erdrückender Fülle. Heute gilt IM weltweit als die mit Abstand leistungsstärkste und am besten erforschte Methode, nicht nur Kinder eine weitere Sprache lernen zu lassen. Deshalb wird in kaum einem Überblick zu IM versäumt, darauf hinzuweisen, dass

- mit IM/BU ein beträchtlich höheres Niveau für die Fremdsprache als bei herkömmlichem lehrgangsorientierten Unterricht erreicht wird;
- keine Defizite in den Fächern auftreten müssen;
- die Muttersprache und die kognitive Entwicklung der Kinder nicht beeinträchtigt, sondern sogar gefördert werden;
- die Teilnahme am IM-Unterricht keine besondere Begabung erfordert;
- IM für Kinder aus allen sozialen Schichten geeignet ist, aber je nach der sprachlichen und sozio-kulturellen Situation eines Kindes bestimmte Modifikationen in der Struktur des IM-Modells erforderlich sind; und
- Kinder bei IM sehr tolerant gegenüber anderen Sprachen und ihren SprecherInnen werden.

Derartige Ergebnisse haben auch die Altenholzer Erprobung von früher IM und die Studien zu BU in Sek I-II in S-H erbracht (z. B. Wode 1994,

Wode et al. 1996, Kickler 1995, Daniel 2001, Burmeister/Daniel 2002, Nerlich 2014).

Unter den obigen Punkten ist die Entwicklung der L2-Strukturen nicht gesondert aufgeführt. Der Grund ist, dass diese Fragestellung in der bisherigen IM-/BU-Forschung im Vergleich mit anderen Formen von Fremdsprachenunterricht beträchtlich weniger Aufmerksamkeit gefunden hat. Für die immersiven Unterrichtsformen liegen noch zu wenig strukturell ausgerichtete Untersuchungen vor. Wie aber soll eine Lehrkraft bei IM-/BU entscheiden, ob ihre Kinder sich – L2-sprachig – angemessen entwickeln; ob ihr Unterricht das bringt, was erwartet wird; oder ob die Kinder überhaupt Fortschritte machen? Ohne detaillierte Kenntnisse darüber, wie sich die Entwicklung der sprachlichen Strukturen bei IM/BU vollzieht, lässt sich weder der IM-Unterricht angemessen beurteilen noch eine sachgerechte LehrerInnenausbildung entwickeln.

Darüber hinaus hat sich nicht nur bei den Altenholzer Lehrkräften gezeigt, dass sie i. d. R. kaum besondere Probleme haben zu erkennen, ob die Inhalte der immersiv unterrichteten Fächer angemessen gelernt werden. Wenn etwas die Lehrenden verunsichert, dann sind es vor allem die psycholinguistischen Aspekte im Zusammenhang mit dem Erwerb einer neuen Sprache, insbesondere, dass die – sprachlichen – Fehler der Kinder entwicklungsspezifisch sein sollen; dass sie einen integrierten Bestandteil des Erwerbsprozesses bilden; dass die Kinder diese Fehler letztlich von alleine überwinden; und dass korrigieren, strukturierte Übungen durchführen, Fehler verhüten, Vokabeln und Grammatikregeln lernen sowie viele andere methodische Kunstgriffe aus dem herkömmlichen Fremdsprachenunterricht tatsächlich unterbleiben können, ohne dass der Lernprozess und das Ergebnis dadurch beeinträchtigt werden – ganz im Gegenteil.

Aus den eben genannten Gründen ist dieser Beitrag im Folgenden vor allem auf die sprachliche Entwicklung einer IM-Sprache ausgerichtet, in diesem Fall auf das Englische. Zwar ist oben die Kontinuität zwischen Kita und Grundschule in der sprachlichen Entwicklung der Kinder betont worden, aus sachlichen Gründen sowie aus Gründen einer besseren

Übersichtlichkeit wird jedoch in diesem Bericht eine Trennung von Kita vs. Grundschule vorgenommen. Die Kita-Zeit lässt sich relativ pauschal, aber trotzdem aussagekräftig und gut nachvollziehbar zusammenfassen. Das geht für die Grundschulzeit nicht mehr in gleichem Maße. Für diese Zeitspanne empfiehlt es sich, einzelne Strukturen bzw. Strukturbereiche herauszugreifen, ihre chronologische Entwicklung nachzuzeichnen und auf diese Weise zu zeigen, wie immersives Lernen tatsächlich funktioniert und welche psycholinguistischen Grundlagen letzteres ermöglichen.

6.1 Die Entwicklung des Englischen in der Kita: Eine Grobskizze

Bis zum Ende der Kita ist das Hörverständnis dem eigenen Sprechen beträchtlich voraus. Innerhalb von etwa 6 Wochen nach Beginn der Kita kann der Tagesablauf in der neuen Sprache bewältigt werden (z. B. Petit 1996, Petit/Rosenblatt 1994, Westphal 1998, Berger 1999, Wode 2001a, 2009a-b, Wode/Girotto 2008, Kersten et al. 2010). Besonders schnell werden formelähnliche Ausdrücke gelernt, die häufig wiederkehrende ritualhafte Aktivitäten bezeichnen, etwa Grüßen, sich Verabschieden oder Ermahnungen, z. B. ruhig zu sein. Natürlich durchschauen die Kinder zu diesem Zeitpunkt die interne Struktur dieser Wendungen noch nicht. Sie verknüpfen mit ihnen aber Aspekte, die tatsächlich mit den Situationen, in denen diese Äußerungen typischerweise fallen, zu tun haben (z. B. Vesterbacka 1991, Weber/Tardif 1991, Westphal 1998, Tiefenthal 1999, Maibaum 2000, Wode 2001a).

Der passive Wortschatz ist beachtlich. Er ist auf das, was die Kinder täglich erleben, ausgerichtet. Entsprechend werden Vokabeln, die häufig benutzte Gegenstände oder Aktivitäten bezeichnen, besonders früh und schnell aufgenommen.

Gegenüber den eben beschriebenen Entwicklungen kommt die Syntax der neuen Sprache nur vergleichsweise langsam voran. Sie bleibt bis zum Ende der Kita-Zeit rudimentär. In Sprachen wie Englisch, Deutsch oder Französisch kann es mehr als zwei Jahre dauern, ehe die ersten Funktionswörter, z. B. Präpositionen oder andere grammatische Wörter auftauchen. Die Flexion der Verben und die Pluralbildung der Substantive entwickeln sich noch später. Dieser Prozess kann sich bis weit in die Grundschule hineinziehen (z. B. Petit 1996, Petit/Rosenblatt 1994, Imhoff 2002, Sieh-Böhrnsen 2004, Andresen 2005, Strand 2007, Meyer, M. 2009, Reimers 2010, Lamm 2013).

Im Hinblick auf die Entwicklung der Aussprache heißt es umdenken. Zwar wird von Laien und WissenschaftlerInnen gleichermaßen noch immer oft behauptet, kleine Kinder würden die Aussprache einer L2 mühelos und schnell auf L1-Niveau erlernen und dabei anders als ältere Kinder oder Erwachsene vorgehen. Diese Auffassung ist von der Forschung nie detailliert, geschweige denn überzeugend belegt worden und die IM-Kinder im Kita-Alter entsprechen dieser Einschätzung schon gar nicht. Bereits in den ersten Berichten zur deutschen IM für französische Kinder im Elsass hieß es, dass im Deutsch dieser Kinder die von französischen Sprechern bekannten Interferenzen auftreten (Petit/Rosenblatt 1994, Petit 1996). Die IM-Untersuchungen aus Altenholz zum Englischen (z. B. Berger 1999, Tonn 1999, Wode 2003, 2009b, Sieg 2004, Osbahr 2007, Eckhardt 2010, Höft 2010, Lahl 2010, Ulbrich 2010, Brown 2012, Uthe 2013, Kleine 2013) und zur deutschen IM in Südtiroler Kitas für L1-italienische Kinder (Wode/Girotto 2008) bestätigen dies ganz massiv. Schon bei den Dreijährigen treten viele der Interferenzen auf, die auch von älteren Lernern bekannt und für den L2-Erwerb so charakteristisch sind, gleichgültig ob diese Sprache innerhalb oder außerhalb schulischer Institutionen gelernt wird. Folglich sprechen schon die Dreijährigen in ihrem L2- und L3-Erwerb anfangs mit dem für ihren sprachlichen Hintergrund typischen Akzent, also die deutschen Kinder mit deutschem Akzent, die französischen mit französischem, die italienischen mit italienischem etc. Daran ändert sich auch bis zum Ende der Kita-Zeit wenig (Petit 1996, Berger 1999, Tonn 1999, Wode 2001a, 2003, 2009b, Wode/Girotto 2008). Dessen ungeachtet sind die formelhaften Ausdrücke und das frühe Vokabular eine ganz wichtige

Grundlage, auf der sich die Aussprache herausbildet (Petit 1996, Petit/Rosenblatt 1994, Westphal 1998, Maibaum 2000).

Allerdings muss vor zu hohen Erwartungen und einer Überschätzung dessen, was in Kitas im Hinblick auf die L2-Entwicklung geleistet werden kann, gewarnt werden. Zum einen verwenden die Kinder selbst nach drei Jahren die neue Sprache kaum, und schon gar nicht untereinander. Dafür besteht i. d. R. kaum ein zwingender Anlass, da die Kinder wissen, dass alle Personen in der Kita bis auf die fremdsprachigen ErzieherInnen bestens Deutsch verstehen. Wer also den Sprachstand dieser Kinder ermitteln will, muss – notfalls experimentell – Situationen herbeiführen, in denen die neue Sprache unerlässlich ist, wie beispielsweise durch die Froschgeschichte.

6.2 Die Zeit in der Grundschule: Strukturelle Entwicklungen

In der L2-Entwicklung in der Kita (Kap. 6.1) finden sich natürlich auch bereits die ersten Anfänge für die Entwicklung vieler Strukturen und Strukturbereiche, deren volle Entwicklung erst im Laufe der Grundschulzeit oder danach erfolgt. Ein angemessenes Verständnis darüber, wie IM-Kinder bei deren Erwerb vorgehen, lässt sich jedoch mit summarischen Beschreibungen nach dem Muster von Kap. 6.1 nicht erreichen. Dafür bedarf es detaillierterer Beschreibungen von Entwicklungsverläufen. Andererseits haben Lehrkräfte gar nicht die Zeit, als dass man von ihnen erwarten könnte, dass sie sich im erforderlichen Maße die psycholinguistischen Details des L2-Erwerbs bei IM erarbeiten könnten. Es kommt daher nur eine Auswahl besonders markanter, auch für Lehrkräfte schnell zu identifizierender Phänomene in Frage. In diesem Sinne werden im Folgenden drei Strukturbereiche besprochen, an denen sich unterschiedliche Aspekte von immersivem Lernen illustrieren lassen, nämlich die Entwicklung der Verbflexionen, *fast mapping* sowie der Erwerb von Wortbildungsregeln.

An den Verbflexionen soll gezeigt werden, dass die IM-Kinder sich tatsächlich auch die Regeln der Zielsprache eigenständig aneignen können und wie sie dabei – im Zusammenhang mit der Flexion der Verben – vorgehen. *Fast mapping* wird als Beleg dafür besprochen, dass die Kinder auch ohne gezielte Wortschatzarbeit in der Lage sind, neue Wörter zu lernen, und das in großer Zahl. Und schließlich wird die Entwicklung von Komposita als ein Beispiel dafür nachgezeichnet, dass und wie Kinder bei IM sogar Strukturen entdecken und lernen, die in den Regellehrplänen nicht gefordert und daher auch in den lehrgangsorientierten Formen von Fremdsprachenunterricht i. d. R. gar nicht gelernt werden.

Der Froschtest "Frog, where are you?"

Die Daten für die linguistischen Detailanalysen in der Grundschule wurden mit Hilfe der Bildergeschichte "Frog, where are you?" (Mayer 1969) erhoben. Es geht um 24 Bilder ohne jeglichen Text. Sie handeln von einem Jungen und seinem Hund. Sie haben einen Frosch gefangen und in ein Marmeladenglas gesteckt. Der Junge und der Hund legen sich schlafen; der Frosch macht sich davon. Am nächsten Morgen sind Hund und Junge entsetzt und machen sich auf die Suche im Wald. Dabei erleben sie diverse Abenteuer. Die Testaufgabe der Kinder besteht darin, dass sie einer/m InterviewerIn auf Englisch die Bilder beschreiben bzw. eine Geschichte aus ihnen entwickeln. Kind und InterviewerIn sitzen einander dabei an einem Tisch so gegenüber, dass letztere die Bilder nicht einsehen kann.

Die Kinder absolvieren jeweils zwei Testdurchgänge. Im ersten, der A-Version, dürfen sie auch auf Deutsch zurückgreifen, um z. B. Unklarheiten zu klären oder um nach Vokabeln zu fragen; im zweiten, der B-Version, soll nur Englisch verwendet werden. Das wird erreicht, indem der/die InterviewerIn den Kindern in der A-Version als deutsch-englisch bilingual vorgestellt wird, in der B-Version aber als nur englischsprachig. Das bedeutet, dass auch in der B-Version gefragt werden darf, jedoch nur auf Englisch.

Diesen Froschtest absolvieren die Kinder am Ende jeder Klassenstufe. Die Art, wie sie die Geschichte erzählen, verändert sich von Jahr zu Jahr. Diese 4 Geschichten liefern zusammen daher ein getreues Abbild davon, wie sich das Englisch der Kinder im Laufe der 4 Grundschuljahre entwickelt.

Regeln erschließen: Das Beispiel der Verbflexionen

Die Entwicklung der Verbflexionen eignet sich besonders gut, um dreierlei zu illustrieren:

- dass Kinder sich bei IM auch und gerade die Regeln einer Sprache eigenständig aneignen;

- dass der Entwicklungsprozess in einer relativ geordneten Abfolge von Entwicklungsschritten verläuft, über die sich das sprachliche Wissen der Kinder nach und nach aufbaut;
- und dass sich der jeweilige Entwicklungsstand der Kinder an der Struktur der verwendeten Verbformen erkennen lässt.

Die entscheidenden Fingerzeige liefern dabei die nicht zielgerechten Verbformen, die die Kinder im Laufe ihrer L2-Entwicklung – entwicklungsbedingt – produzieren. Denn an der Art der Fehler lässt sich erkennen, über welches Wissen über die Strukturen der neuen Sprache ein Kind bereits verfügen muss, damit es bestimmte Fehler überhaupt eigenständig machen kann.

Wenn ein Kind beispielsweise die Form *comed* verwendet, obwohl es sie nicht von der Lehrkraft oder anderen Bezugspersonen gehört haben kann, muss es *comed* selbst gebildet haben. Folglich muss das Kind im Falle von *comed* mindestens bereits gelernt haben, dass für das Präteritum das Suffix *-ed* (bzw. bestimmte Allomorphe) an den Stamm angefügt wird. Der Fehler resultiert folglich daraus, dass das Kind noch nicht gemerkt hat, dass *come* ein unregelmäßiges Verb ist und sein Präteritum suppletiv als *came* gebildet wird. Dergleichen kann im Prinzip jedes unregelmäßige Verb treffen, wie z. B. in Abb. 2.

18	....And the dog *(lacht)* ehm **CRIED** to a # ehm bee house *(lacht)*. There can be/ehm he **THINK** there can be the frog. But no. Ehm the bee house ehm **FELLED** ehm on the ground from the tree. There **COMES** an owl out of the tree. He/the owl had **SLEEPED** and ehm # ehm the boy **CLIMBED** on a # stone, and the owl # ehm **STAND** on a tree. The dog **GOES** ehm next to the stone. Then/then the ehm boy **CLIMBED** on a # *Geweih, was heißt das?*
I	Antlers.
18	antlers.

Abb. 2: Transkript von Kind V18A 1. Jg. CRS 2. Kl., Z. 25-35, I = Interviewer, # = Pause unbestimmter Länge,/= SprecherIn korrigiert sich, kursiv = deutsch, Großbuchstaben und fett = Vollverben

Offensichtlich wird in Abb. 2 die regelmäßige Flexion übergeneralisiert, indem sie auch auf die Ausnahmen angewendet wird. Solche Übergeneralisierungen treten in bestimmten Entwicklungsphasen besonders häufig auf, so dass sich an diesen wechselnden Häufigkeiten der Entwicklungsstand des betreffenden Kindes geradezu ablesen lässt.

Zu solchen Übergeneralisierungen kommt es nicht nur bei englischer IM, sondern sie finden sich in allen Sprachen mit Flexionen und in allen Spracherwerbstypen (Wode 1988/1993). In Abb. 3 sind einige derartige Belege aus dem L1-Erwerb des Deutschen und aus den L2-Daten der Altenholzer IM-Erprobung aufgeführt. Sie verdeutlichen, dass Übergeneralisierungen nicht nur bei den Präteritalformen vorkommen. Darüber hinaus sind Belege wie *rufing*, *springing*, *spieling* eine weitere Art von Evidenz für das obige Argument, dass die Kinder die regelmäßige Flexion bereits kennen müssen, um überhaupt deutsche Verben englisch flektieren zu können.

L1-Deutsch		IM-L2-Englisch	
Fehler	**statt**	**Fehler**	**statt**
er gebt er rufte wir schläfen geschwimmt er kommte	gibt rief schlafen geschwommen kam	he cames he shaked he ranned he go he wake up he gettings he shouteds *spiel*ing	he comes he shook he ran he goes he woke up he gets he shouts

Abb. 3: Entwicklungsspezifische Fehler aus dem L1-Erwerb des Deutschen und dem L2-Erwerb bei englischer IM

Die Entwicklung der Verbflexionen zieht sich wie bei vielen anderen komplexen sprachlichen Regeln bzw. Regelsystemen über einen längeren Zeitraum hin. Dem muss der Untersuchungszeitraum entsprechen, um diesen Prozess dokumentieren zu können. Entsprechend erfasst das Analyseraster, wie häufig die einzelnen Vollverbformen, inklusive der nicht zielgerechten, pro Untersuchungszeitpunkt in den Froschgeschichten verwendet wurden. Dabei wurden die Hilfsverben sowie die Kopula *be* nicht einbezogen, da sie zu unregelmäßig sind, so dass die Kinder aus ihnen kaum die Regeln der englischen Verbflexion hätten rekonstruieren können. Aus dem Vergleich der Häufigkeiten der verschiedenen Verbformen für die einzelnen Klassenstufen ergibt sich dann ein Abbild, wie sich das System der englischen Verbflexionen nach und nach bei den Kindern entwickelt hat (Abb. 4).

An Abb. 4 lässt sich die – quantitative – Verteilung der einzelnen Vollverbformen ablesen. So dominiert in der 1. Kl. mit großem Abstand ausgerechnet die Form V-*ing*, die bekanntlich deutschen Lernen i. d. R. besonders lange Probleme macht und selbst in den höheren Klassenstufen von Sek II noch nicht immer sicher beherrscht wird.

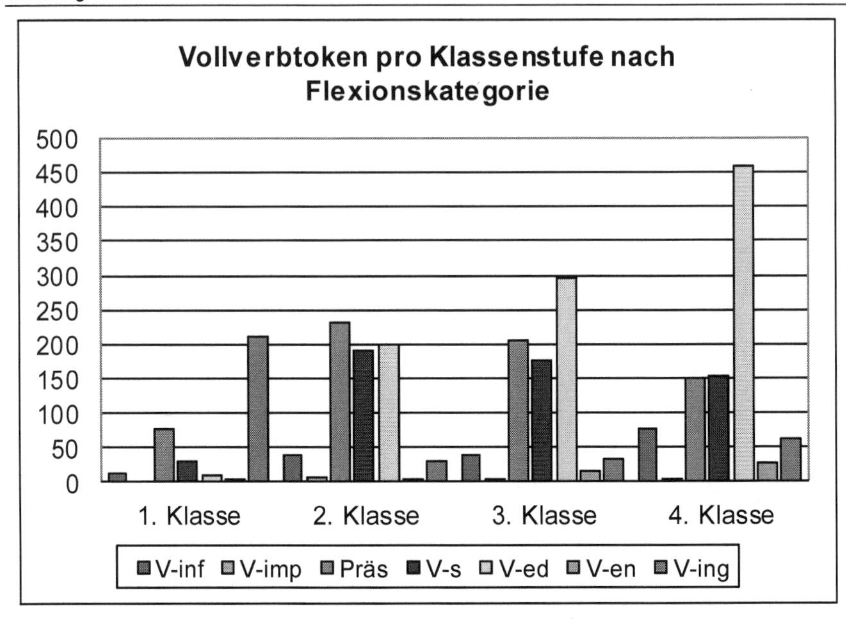

Abb. 4: Anzahl der Vollverbtoken pro Klassenstufe nach Flexionskategorien CRS 1. Jg. 1.-4. Kl. (Wode i. V. nach Sieh-Böhrnsen 2004)

Allerdings sind die meisten dieser V-*ing*-Belege nicht zielgerecht. Mit großem Abstand in der Häufigkeit folgt die Kategorie V-Präs. Gemeint sind unflektierte Stämme V-0. Darunter fallen die Präsenzformen der 1. und 2. Person Singular und die Pluralformen. Einige sind zielgerecht, viele aber nicht, da sie aus Gründen der Kongruenz hätten flektiert sein müssen. Die übrigen Verbformen fallen zahlenmäßig kaum ins Gewicht. Sie wirken wie Vorboten späterer Entwicklungen.

Am Ende der 2. Kl. bietet sich ein ganz anderes Bild. Die Dominanz von V-*ing* aus der 1. Kl. ist aufgegeben. Es findet sich nur noch rd. ein Siebtel der Anzahl aus dem Vorjahr. Stattdessen dominieren unflektierte V-0 dicht gefolgt von V-*s* und V-*ed*.

Ein ganz ähnliches Bild ergibt sich für das Ende der 3. Kl. Allerdings finden sich deutlich mehr V-*ed*-Formen als im Vorjahr und auch etwas mehr als V-0- und V-*s*-Formen. Die übrigen Vollverbformen, V-*ing* eingeschlossen, sind unverändert nur in geringer Anzahl belegt.

Zum Ende der 4. Kl. hat sich der Trend aus der 2. und 3. Kl. verfestigt: Die Anzahl für V-*ed* hat weiter zugenommen, und zwar beträchtlich; V-0 und V-*s* sind weiter zurückgegangen; und auch die Anzahl V-*ing* ist wieder angestiegen, und zwar um fast das Doppelte. Dabei hat man den Eindruck, dass zumindest das Gros dieser Belege zielgerecht ist, und zwar auch semantisch.

Wie lange braucht es bei IM, um ein Wort zu lernen? Das *fast mapping*

Beim *fast mapping* geht es um die Frage, wie viel Zeit Lernende benötigen, um sich ein neues Wort anzueignen (z. B. Rohde/Tiefenthal 2000, Tiefenthal 2009, Güldensupp 2008, Schweers 2009, Wode i. V.). Nicht nur angesichts der Tatsache, dass IM-Kinder i. d. R. über ein sehr umfangreiches und reichhaltig differenziertes Vokabular verfügen, ist kaum davon auszugehen, dass sie sich so viel Zeit pro Wort nehmen können, wie ihnen in der Schule üblicherweise eingeräumt wird. Es müsste beträchtlich schneller gehen, eigentlich ohne jegliche zeitliche Verzögerung, nämlich in dem Moment, wenn das Wort fällt. Dass es bei IM tatsächlich zu diesem *fast mapping* kommt, lässt sich an den Daten aus dem Froschtest zeigen.

Wie oben beschrieben, wird der Froschtest in zwei Durchgängen, A und B, absolviert. Beim ersten Durchgang darf das Kind um Hilfe bitten, wenn es Probleme gibt. Insbesondere darf selbst nach einem fehlenden Wort gefragt werden, und zwar auch auf Deutsch. Im zweiten Durchgang darf das Kind weiterhin fragen, aber eben nur auf Englisch, da der/die InterviewerIn ja kein Deutsch kann. Er/sie liefert das erfragte Wort, und zwar so, dass es möglichst nur einmal fällt. Bei der Auswertung wird geprüft, ob das Kind das betr. Wort/Ausdruck auch in der B-Version verwendet hat. Ist das der Fall, handelt es sich um *fast mapping* und dem Kind muss zugebilligt werden, dass es über die erforderlichen Fähigkeiten zum *fast mapping* verfügt. Taucht hingegen das in der A-Version erfragte Wort in der B-Version nicht wieder auf, folgt nicht, dass dem Kind die Fähigkeit zum *fast mapping* fehlt; es zeigt es lediglich nicht, weil es z. B. das Problem anders gelöst hat, etwa durch

Paraphrase oder weil es die betr. Episode einfach übergeht.

Die Daten werden folgendermaßen aufgearbeitet: Zunächst werden die Vokabelfragen der Kinder identifiziert. Dann wird jedes erfragte Wort nach Kindern geordnet in eine Liste eingetragen und vermerkt, welches Wort in der B-Version wieder verwendet worden ist. In weiteren Schritten können dann aus diesen Rohwerten diverse Verteilungen berechnet werden. In Abb. 5 sind beispielsweise die *fast mapping*-Quoten nach Wortklassen und den vier Jahrgangsstufen abgebildet. Diese Quoten berechnen sich als der prozentuale Anteil der in der B-Version wieder verwendeten Wörter, die in der A-Version erfragt wurden.

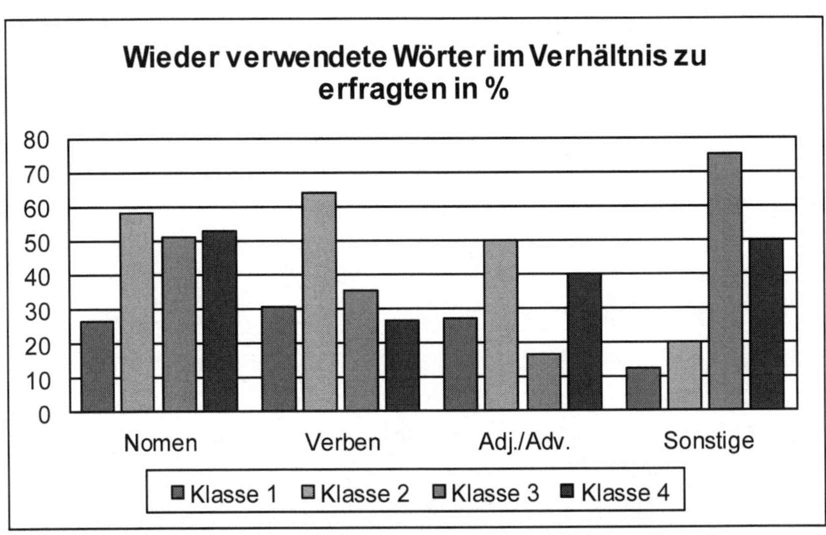

Abb. 5: Im B-Test wieder verwendete Wörter nach Wortklassen in Prozent der in der A-Version erfragten Wörter. CRS 1. Jg. 1.-4. Klasse (Wode i. V. nach Schweers 2009)

An Abb. 5 zeigt sich, dass es in allen vier Klassenstufen zu *fast mapping* kommt, und zwar größtenteils in einer Spanne zwischen rd. 25% - 58%. Im Zusammenhang mit IM/BU ist besonders wichtig, dass es kaum möglich ist, mit Bezug auf Abb. 5 zu argumentieren, die Fähigkeit zum *fast mapping* nähme altersbedingt ab. Gegen eine solche Annahme sprechen vor allem auch die Beobachtungen zu AustauschschülerInnen und Studierenden, die z. B. im Alter von 16 bis 25 Jahren oder noch älter ein Jahr im Ausland verbringen und i. d. R. mit hervorragenden Englischkenntnissen, inklusive eines umfangreichen und sehr differenzierten Wortschatzes zurückkehren, ohne je eine der vielen neuen Vokabeln geübt oder in einem Lexikon nachgeschlagen zu haben.

Wie man Wortschatzlücken schließt: Wortbildungsregeln

Es ist normal, dass man Lücken in seinem Wortschatz hat, und zwar sowohl in der L1 wie in einer L2 oder L3. Damit Kommunikation trotzdem möglich ist, verfügt jede Sprache über Regeln, mit deren Hilfe bei Bedarf aus den Zwängen des Augenblicks heraus nach bestimmten Regeln neue Wörter gebildet und verstanden werden können, z. B.: Präfigierungen, etwa *ex-husband, -president*; Suffigierungen wie *hopeless, careless*; Komposita als Verbindung zweier freier Stämme, z. B. *blackbird, air pollution*; oder Konversion, auch Nullableitung genannt, wie *to hit – a hit, open – to open*. Solche Wortbildungsregeln machen die Anzahl der Wörter einer Sprache im Prinzip unendlich.

Die eben genannten Beispiele sollen verdeutlichen, wie überaus wichtig es ist, dass es auch im IM-Unterricht dazu kommt, dass die Kinder sich Wortbildungsregeln aneignen, um nicht an Lücken im Wortschatz zu scheitern und um nicht ausschließlich auf das in der Schule erlebte Vokabular angewiesen zu sein. Wortbildungsregeln sind dabei nur eine von mehreren Strategien, die die IM-Kinder für solche Zwecke einsetzen (z. B. Steigenberger 2006, Daschke 2007, Joswig 2007, Schweers 2008, Rosen 2008).

Auffälliger Weise sind endozentrische Komposita die frühesten und bis zum Ende der 4. Klasse auch der einzige Typ lexikalischer Neubildungen, der sich in den Texten der IM-Kinder in ausreichender Zahl findet, so dass geschlussfolgert werden darf, dass dieser Wortbildungstyp zumindest in seinen Grundzügen bereits produktiv beherrscht wird, und zwar von allen IM-Kindern (z. B. Garbsch-Rathjen 2010, Wode, 2013, i. V., Klawitter-Reese 2014).

Aufgearbeitet werden die Daten folgendermaßen: Zunächst wird eine Liste erstellt, in der festgehalten wird, welche Komposita jedes einzelne Kind pro Klassenstufe verwendet hat. In Abb. 6 sind unter (a) alle Komposita, die für die 1. Kl. des 1. Jahrgangs der CRS belegt sind, aufgeführt und unter (b) alle aus der 4. Kl. Die A- und die B-Versionen sind dabei zusammengenommen. In Abb. 7 wird zusammengefasst, wie erwachsene L1-Anglophone die Komposita der IM-Kinder im Hinblick darauf bewerten, ob bzw. wie weit sie den Normen des heutigen Englisch entsprechen und ob sie auch tatsächlich als das verstanden werden, was die IM-Kinder vermutlich ausdrücken wollten. Dieser Zwischenschritt ist wichtig, um überlegen zu können, wie die Kinder zu ihren Regeln zur Bildung von Komposita kommen. Besonders aufschlussreich sind auch in diesem Zusammenhang wieder die fehlerhaften bzw. von der gängigen Norm abweichenden Belege, die zielgerechten hingegen kaum, und zwar gleichgültig ob sie aus der L1 oder der L2 stammen. Deshalb wurden bei der Auswertung nur bestimmte Komposita berücksichtigt:

- Berücksichtigt werden alle englischen Komposita sowie solche, die englische Elemente enthalten, und zwar gleichgültig wie zielgerecht bzw. gebräuchlich sie sind.
- In vielen Fällen produzieren die Kinder Annäherungen an die englischen Zielwörter, so dass man ahnt, was gemeint ist. Beispielsweise finden sich an Stelle von window-sill auch window-sild, window-silt, window-silk, aber auch window-bench. In den ersten drei Fällen kann aus phonologischen Gründen geschlossen werden, dass -sill gemeint ist. Folglich werden die Token window-sill zugeschlagen. In Fällen wie window-bench hingegen geht das Kind offensichtlich vom deutschen Wort Fensterbank aus. Deshalb werden derartige Bildungen als eigenständige Wörter gewertet.
- Ausgeschlossen bleiben Wörter, die lexikalisiert aus der L1 entlehnt bzw. entlehnbar sind, z. B. Bienenstock;

- desgl. Komposita, die die Kinder in der A-Version des Tests erfragt haben und die sie später in der A- oder B-Version erneut verwenden, etwa beehive.

Die Komposita unter (a) belegen, dass die IM-Kinder schon in der 1. Kl. anfangen, eigenständig Komposita zu bilden. Allerdings produziert nicht jedes Kind welche. Ob daraus folgt, dass sie noch nicht dazu in der Lage sind, lässt sich nicht eindeutig entscheiden. Doch schon zum Ende der 2. Kl. gleicht das Bild dem, das (b) für die 4. Kl. bietet, nämlich dass jedes Kind Komposita produziert und dass im Hinblick auf ihre Struktur der Rückgriff auf das Deutsche als der L1 der Kinder bzw. als ihre stärkere Sprache eine gewichtige Rolle spielt.

(a) die Komposita zum Ende der 1. Kl. CRS 1. Jg.
frog babies, baby frog(s), bee wick, beehive, tree stem, bee nest (*Nest)*, bee hawk, frog children, wee running, outgo
(b) die Komposita zum Ende der 4. Kl. CRS 1. Jg.
barn owl, baby frogs, mouse hole, hamster hole, frog family, bee have, tree hole, bedroom, window-sill, earth hole, beehive, mouse hole, bee have, bedtime, glass jar, frog babies, frog mother, tree hole, frog children, *Biber* hole, bee*stock*, dock kiss, bee hide (hide), frog woman, pet frog, frog lady, bee hutch, girlfriend, bee house (*Haus*), bee stucks, moon light, skunk hole, owl hole

Abb. 6: Komposita zum Ende der 1. und 4. Jahrgangsstufe CRS 1. Jg. Kl. 1 und 4 (Entlehnungen aus dem Deutschen kursiv)

Im Hinblick auf die entwicklungsspezifische Einschätzung von (6a) und (6b) ist es überaus wichtig, erkennen zu können, wie ein Kind zu dem betr. Kompositum gekommen sein kann. Wurde es lexikalisiert gelernt, d. h. als ganzes? Ist es vom Kind eigenständig gebildet worden? Aus welcher Sprache stammen die Konstituenten des betr. Kompositums? Woraus schließt man auf das eine oder das andere?

Bei solchen Entscheidungen gibt es oft mehrere Alternativen. Wenn ein Kind z. B. *beehive* für *Bienenkorb* verwendet, kann das Wort nur lexikalisiert aus dem Englischen gelernt sein. *Bee house* hingegen muss ein eigenständig gebildetes Kompositum sein, wobei die Konstituente *house* auch das deutsche *Haus* sein kann. Findet man *Bienenhaus/*

Bienen house, muss auf jeden Fall der erste Teil aus dem Deutschen stammen, während der zweite aus dem Deutschen oder Englischen kommen kann; und vor allem muss das Kompositum vom Kind eigenständig gebildet worden sein, da weder die deutsche noch die deutsch-englische Mischform der gängigen Norm entspricht.

Besondere Bedeutung kommt im Zusammenhang mit der Frage nach dem Woher den Altersnormen und dem Weltwissen der Kinder zu. Das machen Komposita wie *bee house*, *bee nest* oder *bee home* deutlich. Welche L1-anglophonen Kinder, die z. B. in Lower Manhattan oder Down Town Chicago aufwachsen, würden wissen, dass Bienenkorb auf Englisch *beehive* heißt? Wenn sie es nicht wissen, bleibt ihnen als Ausweg nur die Wortbildung oder eine Paraphrase. In der Tat fanden sich die obigen drei Komposita *bee house, bee nest* und *bee home* in einem Test mit der Froschgeschichte, den Kristin Kersten 1999 und 2002 nach Altenholzer Muster in einer amerikanischen Schule im Stadtgebiet von Minneapolis mit Grundschulkindern der Klassenstufen 1-4 durchgeführt hat. Noch bis in die 4. Klasse kannte nur ca. ¾ dieser amerikanischen Kinder das Wort *beehive*. In allen Klassenstufen behalfen sich die anderen Kinder u. a. mit *bees' nest, bees' home* (1. Klasse); *bumble bee tree, bees' nest, bee stack* (2. Klasse); *bee's nest, bee thing* (3. Klasse); oder *hornets' nest, bumble bees' nest, bees' hive, bee hole* (4. Klasse). Darüber hinaus kam *bee nest* in allen vier Klassenstufen vor (Rasch 2007). Offensichtlich gehen die L1-anglophonen Kinder nicht anders vor als die deutschen IM-Kinder.

Um zu ermitteln, ob und wie die von den IM-Kindern produzierten Komposita von anglophonen SprecherInnen verstanden werden, befragen Studierende erwachsene Anglophone aus mehreren anglophonen Ländern per E-mail oder Telefon. Die InformantInnen kennen die Froschgeschichte nicht und können auch die Bilder nicht einsehen. Die Reaktionen der InformantInnen lassen sich in drei Gruppen unterteilen (Abb. 7): I. eindeutig *native-like*; II. eindeutig *unintelligible*; und III. unsicher, ob *native-like*. Die Komposita unter III lassen sich weiter unterteilen in solche, bei denen die InformantInnen meinten, es gäbe eine eigene Bezeichnung, die sie aber nicht kannten (III (b)), und den

Komposita unter III (a), bei denen solche Vermutungen nicht geäußert wurden.

I. Eindeutig *native-like*
pet frog, glass jar, waterfall, girlfriend, boyfriend, barn owl, mouse hole, headache, bedroom, moon light, window-sill, beehive, bedtime, wasp nest
II. Eindeutig *unintelligible*
frog glass, outgo, *Bienen* hole, *Bienen*nest, *Bienen* hive, stunk hole, window-silf, window-sild, window-silk, window-silt, window bench, bee wick, wee running, bee stick, bee stickes, bee stucks, bee-*Stock*, bee have, bee hide
III. Unsicher, ob *native-like*
(a) frog noise, skunk hole, frog family, earth hole, dog kiss, tree hole, owl hole, hamster hole (b) baby frog, lady frog, tree stem, bee nest

Abb. 7: Akzeptanzbewertung von IM-Komposita durch erwachsene L1-SprecherInnen des Englischen aus den USA, Großbritannien, Australien und Südafrika. Alle Komposita stammen aus dem 1. Altenholzer Jahrgang, 1. und 4. Klasse (Wode i. V. nach Lossin 2009a, Gregor 2010)

7 Ausblick

Insgesamt lässt sich feststellen, dass kaum ein Land über derart günstige Voraussetzungen für den Einsatz von immersiven Unterrichtsformen verfügt wie Deutschland, und zwar insbesondere für die besonders leistungsfähigen mit angemessen langer Dauer, hoher Intensität und strukturell reichhaltigem Input. Die Kita beginnt mit drei Jahren; die Krippe noch früher; die LehrerInnenausbildung ist darauf ausgelegt, dass die Lehrkräfte die Lehrbefähigung für mehr als ein Fach haben müssen; und der Umbruch beim Übergang zur Sek I ergibt eine überaus passende zeitliche Gliederung für die Umsetzung der 3^{+}-

Sprachenformel. In der Ausbildung ist daher die Wahl einer Fremdsprache und eines Faches, das sich immersiv unterrichten lässt, heute bereits ohne weiteres möglich.

Ferner zeigen nicht nur die in Kap. 6 zusammengefassten Ergebnisse zum 1. Altenholzer IM-Jahrgang, sondern auch die zu den übrigen drei, die in die Erprobung einbezogen waren, dass das gemäß der 3⁺-Sprachenformel erforderliche hohe Niveau auch tatsächlich erreichbar ist. Diese Einschätzung wird bekräftigt durch die Tatsache, dass sich die Ergebnisse aus S-H im internationalen Vergleich mit denen aus anderen Ländern decken. Folglich gibt es kein wirklich überzeugendes inhaltliches oder methodisches Argument, weshalb in Deutschland immersive Lehrverfahren nicht flächendeckender eingesetzt werden sollten, damit möglichst bald möglichst viele Kinder von IM/BU profitieren.

Im Hinblick auf eine solche Ausweitung gilt es aber Lücken aufzuarbeiten. Ein gerade für die Situation in Deutschland besonders dringliches Problem ist, dass nicht nur hierzulande die bisherigen Erfahrungen mit IM/BU vor allem an Kindern aus bildungsbeflissenen Familien gewonnen wurden. Das waren zum überwiegenden Teil einsprachige Kinder, die die jeweilige Schulsprache als Landessprache altersgemäß beherrschten; in beträchtlich geringerem Maße auch Kinder aus autochthonen Minderheiten, die zwar auch ihre Herkunftssprache mehr oder minder gut sprachen, die aber vor allem die Landessprache altersgemäß beherrschten.

Leider ist noch viel zu wenig darüber bekannt, wie mit anderen Sonderfällen, insbesondere mit Kindern mit Migrationshintergrund am besten zu verfahren ist. Einerseits haben alle westlichen Industrienationen die gleiche bittere Erfahrung wie Deutschland mit der Beschulung solcher Kinder gemacht. Einem überproportional großen Teil von ihnen bleibt der – akademische – Erfolg in der Schule des Gastlandes versagt und sie haben Probleme, die Sprache des Gastlandes gut genug zu lernen, damit sie auch in der Schule so erfolgreich wie andere Kinder abschneiden können. Nichts spricht dafür, dass diese Misserfolge durch biologisch bedingte Defizite, unzureichende Begabung oder Unzulänglichkeiten im kognitiven Bereich bedingt sein könnten. Plausibler ist die Annahme, dass vielen dieser Kinder das erforderliche Vorwissen über Sinn und Funktionsweise von Schule fehlt. Das hatte bereits die UNESCO-Studie von 1976 (Skutnabb-Kangas/Toukomaa 1976) am Beispiel von kinderreichen finnischen Migrantenfamilien in Schweden gezeigt. Die finnischen Kinder, die in der – schwedischen – Schule überproportional nicht reüssierten, waren i. d. R. die jüngeren Geschwister, die vor der Übersiedlung nach Schweden in Finnland noch keinen Kindergarten, geschweige denn ein oder zwei Jahre die Grundschule besucht hatten. Letzteren fehlte daher das Wissen, um das, was sie in der – schwedischen – Schule erlebten, – Sinn stiftend – einordnen zu können und um sich auf dieser Grundlage Schwedisch immersiv aneignen zu können. Ähnliches dürfte auch der Grund für das Schulversagen so überproportional vieler Migrantenkinder in Deutschland gewesen sein, wenn sie in deutsche Regelklassen zu deutschen Kindern mit altersgemäßen Deutschkenntnissen gesteckt wurden und wenn der Unterricht lehrplankonform auf die Lerngeschwindigkeiten der deutschsprachigen Kinder ausgerichtet war. Trotz der hohen Intensität des Kontaktes zum Deutschen in der Schule haben diese Kinder nach wie vor die sattsam bekannten Probleme, sich im angemessenen Umfang Deutsch immersiv als L2 anzueignen. Dass sich diese Schwäche auch in Deutschland vermeiden lässt, zeigen u.a. die jüngsten Ergebnisse zur Kieler Kita *Mosaik* (z. B. Apeltauer 2004, Kuyumcu/Kuyumcu. 2004, Landeshauptstadt Kiel 2007, Wode 2005, 2009a, 2010, 2013).

Die Kita *Mosaik* wird seit ca. 2001 fast nur noch von türkisch-sprachigen Kindern besucht. Das Ziel der Kita ist, letztere als Vorbereitung auf die Schule an Deutsch als Schulsprache heranzuführen und dabei dafür zu sorgen, dass die Kinder ihr Türkisch nicht verlieren, sondern es angemessen weiter entwickeln können.

Der Grundgedanke der Arbeitsweise der Kita *Mosaik* ist: Wenn Kinder derartige Defizite haben, kann ihr späterer Schulerfolg dennoch gesichert werden, indem diese Defizite vor Eintritt in die Grundschule, also während der Kita-Zeit beseitigt bzw. zumindest verringert werden. Je zügiger das geschieht umso besser. Das wiederum kann nur dann schnell genug gelingen, wenn dafür diejenige Sprache verwendet wird, die die Kinder am besten beherrschen. Das ist i. d. R. ihre Herkunfts-/ Familiensprache. Mit dieser Begründung wird derzeit auch in anderen Ländern, z. B. in Nordamerika intensiv und sehr erfolgreich experimentiert. Es bestätigt sich dabei, dass unter bestimmten Umständen längerfristig ein höherer Lernerfolg auch für die IM-Sprache und die immersiv unterrichteten Fächer erzielt wird, wenn anfangs die – besser beherrschte – Herkunfts-/ Familiensprache benutzt wird und nicht sofort und exklusiv die Sprache des Gastlandes, in diesem Fall Deutsch. Auf diese Weise lassen sich am schnellsten die kognitiven Voraussetzungen schaffen, damit die Kinder den Schulbetrieb durchschauen und dieses – zügig gelernte – neue Wissen nutzen können, um sich aus der täglichen Interaktion, wie sie sie erleben, die Struktur der neuen Sprache zu erschließen. Die Erfahrung zeigt, dass die Kinder auf diese Weise einerseits ihre Herkunftssprache beträchtlich ausbauen, weil sie in der Kita thematisch an vieles herangeführt werden, was zu Hause in der Familie kaum thematisiert wird. Andererseits können sie dieses erweiterte Wissen dazu nutzen, um mit ihm die Vorgänge und Situationen in der Schule und im Unterricht besser zu verstehen und die verwendeten L2-sprachigen Ausdrücke zu deuten.

Schlägt man allerdings eine derartige Ausweitung von IM/BU z. B. gegenüber VertreterInnen der zuständigen Kultusministerien oder Schulbehörden vor, sollte man sich auf zwei Gegenargumente einstellen: Dafür sei kein Geld da; und es gäbe doch keine/viel zu wenig Lehrkräfte dafür.

Das Kostenargument beruht auf einem Fehlverständnis. Im Gegensatz zu stundenweise erteiltem Englischunterricht entstehen bei IM und BU keine zusätzlichen Personalkosten, weil keine zusätzlichen Stunden – und damit kein zusätzliches Lehrpersonal – bereitgestellt und bezahlt werden muss, denn dieselbe Lehrkraft deckt bei IM zwei Fächer gleichzeitig ab. Das hohe Niveau für die neue Sprache ist dabei insbesondere dem Umstand zu verdanken, dass durch diese doppelte Nutzung die Intensität des Kontaktes zur neuen Sprache in einem

Ausmaß gesteigert wird, wie es für stundenweisen Unterricht schlechterdings unmöglich ist.

Mehr noch: Mit Hilfe von IM/BU lassen sich mehrstellige Millionenbeträge einsparen, wenn z. B. der in Deutschland weit verbreitete stundenweise Englischunterricht in der Grundschule durch IM ersetzt würde. Hätte sich beispielsweise Annette Schawan als Kultusministerin von BW damals nicht für die Frühvermittlung von Englisch bzw. Französisch durch das 2-Stunden-Modell, sondern für IM entschieden, hätte keine einzige zusätzliche Lehrkraft eingestellt werden müssen. Im 2-Stunden-Modell aber waren 1500 neue LehrerInnenstellen erforderlich. Das dürfte damals Kosten in Höhe von mindestens € 60.000.000 jährlich verursacht haben, wenn man davon ausgeht, dass damals pro Stelle und Jahr mindestens Kosten in Höhe von € 40.000 angefallen sind (Wode 2004).

Der Einwand, dass derzeit nicht genug ausgebildete Lehrkräfte zur Verfügung stehen, trifft leider zu, man kann es aber nicht bei dieser Feststellung belassen. Jemand muss den Anfang machen, aus dem dann etwas entwickelt werden kann, das es vorher nicht gab. Dazu bedarf es einer Pioniergeneration, die das Tor aufstößt, so dass aus ihren Erfahrungen eine sachgerechte Ausbildung entwickelt werden kann. Dass so etwas durchaus gelingen kann, haben die Lehrkräfte der CRS und die ErzieherInnen der AWO-Kita in Altenholz vorgemacht; und dieser Weg hat sich auch an anderen Kitas und Grundschulen bewährt.

Bibliographie

Andresen, M. (2005): Quereinsteiger bei englischer Frühimmersion: Zur Entwicklung von Kindern ohne Englischvorkenntnisse im Altenholzer Modell. Unveröffentlichte Staatsexamensarbeit, Universität Kiel.

Apeltauer, E. (2004): Sprachliche Frühförderung von zweisprachig aufwachsenden türkischen Vorschulkindern. Sonderheft 1 der Flensburger Papiere zur Mehrsprachigkeit und Kulturenvielfalt. Flensburg: Universität Flensburg.

Bachem, J. (2004): Lesefähigkeiten deutscher Kinder im frühen englischen Immersionsunterricht. MA, Universität Kiel.

Berger, C. (1999): Pilotuntersuchungen zum Lauterwerb des Englischen in bilingualen Kindergärten am Beispiel der "roten Gruppe" in der AWO-Kindertagesstätte Altenholz. Unveröffentlichte Staatsexamensarbeit, Universität Kiel.

Brown, E. (2012): L2-Lauterwerb des Englischen bei früher Immersion (LPSE 1. Jahrgang, 1. Klasse). Unveröffentlichte Staatsexamensarbeit, Universität Kiel.

Burmeister, P. (1994): Englisch im Bili-Vorlauf: Pilotstudie zur Leistungsfähigkeit des verstärkten Vorlaufs in der 5. Jahrgangsstufe deutsch-englisch bilingualer Zweige in Schleswig-Holstein. Kiel: l&f Verlag.

Burmeister, P./Daniel, A. (2002): How effective is late partial immersion? Some findings of a secondary school program in Germany. In: Burmeister, P./Piske, T./Rohde, A. (ed.): An integrated view of language development: Papers in honor of Henning Wode. Trier: Wissenschaftlicher Verlag Trier, S. 499-515.

Daniel, A. (2001): Lernerwortschatz und Wortschatzlernen im bilingualen Unterricht. Frankfurt a. M et al.: Peter Lang.

Daschke, K. (2007): Strategien zur Überwindung von Wortschatzlücken im Englischen bei immersiv unterrichteten deutschen Kindern. MA, Universität Kiel.

Eckhardt, L. (2010): Die Entwicklung der phonetischen Profile bei englischer Frühimmersion (Claus-Rixen-Schule, 4. Jahrgang, Kl. 3-4). Unveröffentlichte Staatsexamensarbeit, Universität Kiel.

Europäische Komission (2004): Förderung des Sprachenlernens und der Sprachenvielfalt. Luxemburg: Amt für amtliche Veröffentlichungen der Europäischen Gemeinschaften.

Garbsch-Rathjen, S. (2010): Die Entwicklung von Komposita bei englischer Frühimmersion. Unveröffentlichte Staatsexamensarbeit, Universität Kiel.

Genesee, F. (1987): Learning through two languages: Studies of immersion and bilingual education. Cambridge, MA: Newbury House.

Gregor, N. (2010): How natives understand immersion compounds. Unveröffentlichte Seminarhausarbeit, Universität Kiel.

Güldensupp, A. (2008): Fast mapping im frühen englischen Immersionsunterricht. Unveröffentlichte Staatsexamensarbeit, Universität Kiel.

Höft, M. (2010): Profilanalyse zum Lauterwerb deutscher Kinder im englischen Frühimmersionsunterricht (CRS 3. Jg. Klasse 1-2). Unveröffentlichte Staatsexamensarbeit, Universität Kiel.

Howe, N. (2014): Zur Entwicklung der deutschen Lesefähigkeiten bei englischer Immersion am Beispiel der Klasse 4b der Leibniz-Privatschule Elmshorn im Jahr 2014. Unveröffentlichte Masterarbeit, Universität Kiel.

Imhoff, C. (2002): Die Entwicklung der Verbflexion von der 1. zur 2. Klasse bei immersiv unterrichteten Grundschulkindern der Claus-Rixen-Schule (Jahrgang 1999/2000). Unveröffentlichte Staatsexamensarbeit, Universität Kiel.

Joswig, N. (2007): Kommunikationsstrategien und lexikalische Lücken im Altenholzer Immersions-Unterricht. Unveröffentlichte Staatsexamensarbeit, Universität Kiel.

Kersten, K./Rohde, A./Schelletter, C./Steinlen, A. K. (ed.) (2010): Bilingual Preschools. Vol. I: Learning and Development. Vol II: Best Practices. Trier: WVT.

Kickler, K.U. (1995): Wortschatzerwerb im bilingualen Unterricht. Pilotstudie zur Evaluierung der lexikalischen Fähigkeiten bilingual unterrichteter Schüler anhand eines kommunikativen Tests. Kiel: l&f Verlag.

Klawitter-Reese, B. (2014): Komposita bei früher englischen Immersion: Leibniz Privatschule Elmshorn und Claus-Rixen-Schule Altenholz im Vergleich. Unveröffentlichte Masterarbeit, Universität Kiel.

Kleine, J. (2013): Lautentwicklung bei immersiv unterrichteten Kindern der Leibniz-Privatschule Elmshorn (1. Jg. 1.-2. Klasse). Unveröffentlichte Staatsexamensarbeit, Universität Kiel.

Kuyumcu, R. (2014). Sprach(en)entwicklung und Sprachreflexion: Drei Fallstudien zu zweisprachig aufwachsenden Vorschulkindern mit Erstsprache Türkisch und Zweitsprache Deutsch. Tübingen: Stauffenburg Verlag

Kuyumcu, S. & Kuyumcu, R. (2004): Wie zweisprachiges Aufwachsen gelingen kann: Entwicklung von Literalität in Kooperation mit Migranteneltern. Kindergarten Heute 34, Friburg: Herder Verlag, S. 22-27.

Lahl, V. (2010): Ausspracheentwicklung deutscher Kinder im frühen englischen Immersionsunterricht (Claus-Rixen-Schule, 4. Jahrgang Kl. 1-2). Unveröffentlichte Staatsexamensarbeit, Universität Kiel.

Lambert, W. E./Tucker, G. R. (1972): The bilingual education of children: The St. Lambert experiment. Rowley, MA: Newbury House.

Lamm, M.-L. (2013): The development of verbal inflections in early English immersion: LPSE 1st cohort. Unveröffentlichte Masterarbeit, Universität Kiel.

Landeshauptstadt Kiel (2007): Das Kieler Modell: Literalität und Spracherwerb von zweisprachigen Kindern. Kiel: Amt für Schule, Kinder- und Jugendeinrichtungen.

Lehmann, R. H./Peek, R./Poerschke, J. (1997): HAMLET 3-4. Hamburger Lesetest für 3. und 4. Klassen. Beiheft mit Anleitung. Weinheim und Basel: Beltz Verlag.

Lossin, J. (2009a): Native Speaker Compound Questionnaire: Method, Results and Analysis. Unveröffentliche Seminarhausarbeit, Universität Kiel.

Lossin, J. (2009b): Deutsche Leseverständnisfähigkeiten bei englischer Immersion: Vier Jahrgänge. Unveröffentlichte Staatsexamensarbeit, Universität Kiel.

Maibaum, T. (2000): Replikationsstudien zum Erwerb des Wortschatzes in der Fremdsprache in bilingualen Kindergärten. MA, Universität Kiel.

Marti, S. (2014): Schriftliche Mitteilung 3.12.2014.

Mayer, M. (1969): Frog, Where Are You? New York: Pied Piper.

Meyer, M. (2009): Die englischen Verbflexionen am Ende der 4. Klasse immersiv unterrichteter Kinder: Eine Zusammenschau von 4 Jahrgängen. Unveröffentlichte Staatsexamensarbeit, Universität Kiel.

Nerlich, B. (2014): Vergleichende Studie der L1-Lesekompetenz bilingual unterrichteter Schüler der Klassenstufen 7 und 10 an schleswig-holsteinischen Gymnasien. Diss., Universität Kiel.

Osbahr, A. (2007): Phonologische Profilanalyse zum 2. Immersionsjahrgang der Claus-Rixen-Schule. Unveröffentlichte Staatsexamensarbeit, Universität Kiel.

Petit, J. (1996) : Rapport d'évaluation sur les classes ABCM du Haut-Rhin. Année 1996. Rapport à l'intention du Conseil régional du Haut-Rhin. Colmar: Service langue et culture régionales.

Petit, J./Rosenblatt, F. (1994): Synthèse de trois années d'évaluation des classes bilingues, hors contrat et associatives à parités horaires. Rapport à l'intention du Conseil régionale du Haut-Rhin. Colmar: Service langue et culture régionales.

Rasch, A. (2007): Verbflexionen, Komposita und präpositionale Probleme amerikanischer L1-Englischlerner im Grundschulalter. Unveröffentlichte Staatsexamensarbeit, Universität Kiel.

Rebuffot, J. (1993): Le point sur l'immersion au Canada. Anjou, Québec: Ediflex.

Reimers, S. (2010): Profilanalyse zu den Verbflexionen bei englischer Grundschul-Immersion: Die frühe Entwicklung des 3. Jahrgangs der Claus-Rixen-Schule. Unveröffentlichte Staatsexamensarbeit, Universität Kiel.

Rohde, A./Tiefenthal, C. (2000): Fast mapping in early L2 lexical acquisition. In: Studia Linguistica 54, S. 167-174

Rosen, B. (2008): Wortschatzlücken und Kommunikationsstrategien im frühen Immersionsunterricht (4. Jahrgang, 1.-4. Klasse, CRS). Unveröffentlichte Staatsexamensarbeit, Universität Kiel.

Rowold, Chr. (2011): L1 - Leseverständnis bei Grundschulimmersion im Spiegel von HAMLET. Unveröffentlichte Staatsexamensarbeit, Universität Kiel.

Schweers, A.-Ch. (2009): Quantitative Untersuchungen zum fast mapping im frühen englischen Immersionsunterricht: 4 Jahrgänge im Vergleich. Unveröffentlichte Staatsexamensarbeit, Universität Kiel.

Schmidt, A. (2014): L1-Lesefähigkeit bei immersiv unterrichteten Kindern (1. Jahrgang, Klassen 4a und 4c) der Leibniz Privatschule Elmshorn. MA, Universität Kiel.

Sieg, A. (2004): Die Entwicklung der Phonologie von der dritten zur vierten Klasse des ersten immersiv auf Englisch unterrichteten Jahrgangs der Claus-Rixen-Schule. MA, Universität Kiel.

Sieh-Böhrnsen, W. (2004): Verbflexionen im englischen Immersionsunterricht der 1-4. Klasse. Unveröffentlichte Staatsexamensarbeit, Universität Kiel.

Skutnabb-Kangas, T./Toukomaa, P. (1976): Teaching migrant children mother tongue and learning the language of the host country in the context of socio-cultural situation of the migrant family. Tampere: Tukimuksia Research Reports.

Strand, C. (2007): Englische Verbflexionen bei immersiv unterrichteten deutschen Viertklässlern: Eine Querschnittsstudie. Unveröffentlichte Staatsexamensarbeit, Universität Kiel.

Steigenberger, I. (2006): Lösungsstrategien für lexikalische Lücken im frühen Immersionsunterricht. Unveröffentlichte Staatsexamensarbeit, Universität Kiel.

Tiefenthal, C. (1999): Die Entwicklung des Wortschatzes der Fremdsprache in einem deutsch-englisch bilingualen Kindergarten. MA, Universität Kiel.

Tiefenthal, C. (2009): Fast Mapping im natürlichen L2-Erwerb. Trier: Wissenschaftlicher Verlag Trier.

Thielking, D. (2006): Pilotuntersuchungen zum Sprachstand immersiv unterrichteter deutscher Viertklässler im Rahmen internationaler Zertifizierungstests. Unveröffentlichte Staatsexamensarbeit, Universität Kiel.

Tonn, G. (1999): Pilotuntersuchungen zum Lauterwerb des Englischen in bilingualen Kindergärten am Beispiel der "grünen Gruppe" der AWO-Kindertagesstätte in Altenholz. Unveröffentlichte Staatsexamensarbeit, Universität Kiel.

Ulbrich, J. (2010): L2-Lauterwerb des Englischen im immersiven Grundschulunterricht (Claus-Rixen-Schule, 3. Jahrgang, Kl. 3-4). Unveröffentlichte Staatsexamensarbeit, Universität Kiel.

Uthe, S. (2013): Lautentwicklung bei englischer Frühimmersion: CRS 2. Jahrgang 2.-4. Klasse. Unveröffentlichte Staatsexamensarbeit, Universität Kiel.

Vesterbacka, S. (1991): Elever i sprakbadsskola: Social bakgrund och tidig spraktutveckling. Vaasa: Universiy of Vaasa.

von Berg, B. (2005): Muttersprachliche Lesefähigkeiten bei L2-Immersionsunterricht: Eine Pilotstudie. Unveröffentlichte Staatsexamensarbeit, Universität Kiel.

Weber, S./Tardif, C. (1991): Assessing L2 Competency in Early IM Classrooms. In: Canadian Modern Language Review 47, S. 916-932.

Weisgerber, L. (1966): Vorteile und Gefahren der Zweisprachigkeit. In: Wirkendes Wort 16, S. 73-89.

Wesche, M. B. (2002): Early French Immersion: How has the original Canadian model stood the test of time? In: Burmeister, P./Piske, T./Rohde, A. (ed.): An Integrated View of Language Development. Papers in Honor of Henning Wode. Trier: WVT Wissenschaftlicher Verlag Trier, S. 357-379.

Westphal, K. (1998): Pilotuntersuchungen zum L2-Erwerb in bilingualen Kindergärten. Bericht zum deutsch-französisch bilingualen Kindergarten Rappelkiste in Rostock. MA, Universität Kiel.

Wode, H. (1988/1993): Einführung in die Psycholinguistik: Theorien, Methoden, Ergebnisse. Ismaning: Hueber. Nachdruck 1993 als Psycholinguistik: eine Einführung in die Lehr- und Lernbarkeit von Sprachen.

Wode, H. (1992): IM und bilingualer Unterricht in europäischer Sicht. In: Eichheim, H. (Hg.): Fremdsprachenunterricht – Verstehensunterricht, Wege und Ziele. München: rother druck, S. 45-73.

Wode, H. (1994): Bilinguale Unterrichtserprobung in Schleswig-Holstein. 2 Bde. Kiel: l&f Verlag.
Wode, H. (1995): Lernen in der Fremdsprache: Grundzüge von Immersion und bilingualem Unterricht. Ismaning: Hueber.
Wode, H. (1998): Bilingualer Unterricht – wie geht's weiter? In: Piepho, H.-E./Kubanek-German, A. (Hg.): I beg to differ. Beiträge zum sperrigen interkulturellen Nachdenken über eine Welt in Frieden. Festschrift für Hans Hunfeld. München: Iudicium Verlag, S. 215-231.
Wode, H. (2001a): Mehrsprachigkeit durch Kindergarten und Grundschule: Chance oder Risiko. Nouveaux Cahiers d'Allemand 19, S. 157-178.
Wode, H. (2001b): Kerncurriculum Englisch: Früher Beginn – Mehrsprachigkeit – Neue Inhalte. In: Tenorth, H. E. (Hg.): Kerncurriculum Oberstufe: Mathematik – Deutsch – Englisch. Weinheim & Basel: Beltz Verlag, S. 271-285.
Wode, H. (2002): Fremdsprachenvermittlung in Kita, Grundschule und Sekundarbereich: Ein integrierter Ansatz. Perspektiven Englisch 3, S. 33-42.
Wode, H. (2003): "Young age" in L2 acquisition: The age issue in reverse in phonology. In: Costamagna, L./Giannini, S. (ed.): La fonologia dell'interlingua: Principi e metodi di analisi. Milano: Francoangeli, S. 71-9.
Wode, H. (2004): Frühes Fremdsprachenlernen. Kiel: FMKS.
Wode, H. (2005): Mehrsprachigkeit durch immersive Kitas. In: Rieder-Aigner, H. (Hg.): Zukunfts-Handbuch Kindertageseinrichtungen. Regensburg: Walhalla, S. 1-16.
Wode, H. (2009a): Frühes Fremdsprachenlernen in bilingualen Kindergärten und Grundschulen. Braunschweig: Westermann.
Wode, H. (2009b): Developing non-native pronunciation in immersion settings. In: Piske, T./Young-Scholten, M. (ed.): Input matters in SLA. Bristol et al.: Multilingual Matters, S. 238-256.
Wode, H. (2010): Foreign language education in Europe: Why include preschools? In: Kersten, K./Rohde, A./Schelletter, C./Steinlen, A. K. (ed.): Bilingual Preschools. Vol II: Best Practices. Trier: WVT, S. 5-33.

Wode, H. (2013): Immersives Sprachenlernen: Wortbildung und psycholinguistische Grundlagen der Lehrer- und Erzieherausbildung. In: Steinlen, A. K./Rohde, A. (ed.): Mehrsprachigkeit in bilingualen Kindertagesstätten und Schulen: Voraussetzungen – Methoden – Erfolge. Berlin: dohrmannVerlag, S. 107-120.

Wode, H. (i. V.): Früh Englisch lernen durch Immersion in Kita und Grundschule: Eine Dokumentation.

Wode, H./Burmeister, P./Daniel, A./Kickler, K.U./Knust, M. (1996): Die Erprobung von deutsch-englisch bilingualem Unterricht in Schleswig-Holstein: Ein erster Zwischenbericht. Zeitschrift für Fremdsprachenforschung 7, S. 15-42.

Wode, H./Girotto, I. (2008): Evaluierung zur Entwicklung des Deutschen: Annäherung an die deutsche Sprache und Kultur im italienischen Kindergarten. Meran: Alpha & Beta Verlag; Klagenfurth: DRAVA Verlag.

Zaunbauer, A. Chr. M./Gebauer, S. K./Möller, J. (2013): Bilinguale Grundschulen: Auswirkungen auf das Sachfachwissen am Beispiel Deutsch und Mathematik. In: Steinlen, A. K./Rohde, A. (Hg.): Mehrsprachigkeit in bilingualen Kindertagesstätten und Schulen: Voraussetzungen – Methoden – Erfolge. Berlin: dohrmannVerlag, S. 96-106.

Immersionsunterricht am RecknitzCampus Laage: Von der Idee zur erfolgreichen Schulpraxis

Nancy Schubring

Abstract

Der vorliegende Erfahrungsbericht gibt Einblick in das Immersionslernen am RecknitzCampus Laage. Zunächst wird die Entwicklung des Englisch-Immersionsprojektes in der Grundschule von der Idee bis zur etablierten Schulpraxis beschrieben. Es folgt eine kurze Erläuterung, wie immersiver Englischunterricht am Campus realisiert wird. Abschließend werden einige Grundsätze sowie die konkrete Arbeit der LehrerInnen am RecknitzCampus dargestellt.

1 Aller Anfang ist schwer

„Wenn die Welt untergeht, so ziehe ich nach Mecklenburg, denn dort geschieht alles 50 Jahre später“, so lautet ein angebliches Zitat Bismarcks. Dass Mecklenburg-Vorpommern nicht so rückständig ist wie im Zitat behauptet, zeigte eine Initiative des Bildungsministeriums, das 2009 eine Schule suchte, die geeignet war, Englisch-Immersion in der Primarstufe durchzuführen. Zudem sollte die Option der Fortführung des erweiterten Englischangebotes in der Orientierungsstufe gegeben sein.

Als feststand, dass die damals noch getrennten Schulen – Grundschule

Laage und Kooperative Gesamtschule Laage – im Juli 2010 zu einem Campus zusammengeschlossen werden sollten, waren die Voraussetzungen für den Start des Projekts erfüllt und die Schulleitung konnte mit der Planung zur Umsetzung des Vorhabens beginnen. Viel Arbeit lag vor den Projektverantwortlichen, denn die folgenden Hauptaufgaben mussten zügig gelöst werden:

- Das Finden und Auswählen qualifizierter und interesssierter KollegInnen;
- Die Entscheidung, welche Fächer für den Immersionsunterricht geeignet wären, um möglichst viel in der englischen Sprache arbeiten zu können;
- Überlegungen und Planung, wie der Immersionsunterricht in der Orientierungsstufe fortgesetzt werden kann;
- Erläuterung des Konzepts von Immersionslernen gegenüber dem Kollegium, um Verständnis und Unterstützung zu gewinnen;
- Erklärung gegenüber den Eltern, was Immersionsunterricht überhaupt bedeutet.

Den Punkten 4 und 5 kommt dabei besondere Bedeutung zu.

Von September 2011 bis Dezember 2013 wurde das Projekt "Immersionslernen am RecknitzCampus" von der Universität Rostock begleitet. Mit Hilfe von Hospitationen der ProjektmitarbeiterInnen und durch Tests in den Fächern Sachunterricht, Deutsch und Mathematik sowie zu den Fähigkeiten im Englischen wurde die Leistungsentwicklung von Immersions- und Nicht-ImmersionsschülerInnen analysiert und verglichen.

2 Organisation des Unterrichts

Im Schuljahr 2010/11 startete der erste Jahrgang an der Grundschule des RecknitzCampus Laage mit dem Immersionsunterricht, und die Klasse sollte bis zum Ende des vierten Schuljahres im Umfang von bis zu 50% immersiv auf Englisch unterrichtet werden. Seit 2012 wird der

Immersionsunterricht in Klasse drei und vier einzügig und in den Klassen eins und zwei sogar zweizügig unterrichtet. Alle ImmersionsschülerInnen werden rahmenplangemäß in den Fächern Mathematik, Sachunterricht und Werken bzw. Kunst auf Englisch unterrichtet. In der dritten Klasse findet ein Wechsel der Fächer von Werken zu Kunst statt. In diesen Fächern vermittelt die Lehrkraft alle vom Rahmenplan geforderten Themen in englischer Sprache.

In der ersten und zweiten Klasse werden demnach 10 Stunden in der Woche, also 2 pro Tag, immersiv in Englisch unterrichtet. In den Klassenstufen drei und vier erhöht sich die wöchentliche Stundenzahl auf 12. Um optimale Ergebnisse zu erzielen und den SchülerInnen viele Möglichkeiten zu geben, in die Sprache einzutauchen, begleitet sie die Lehrkraft auch während der Pausenzeiten auf Englisch.

Mit dem Schuljahr 2014/15 wird das Projekt in der Orientierungsstufe fortgesetzt. In Klasse 5 wird jedoch nicht mehr immersiv, sondern bilingual gearbeitet, und zwar in Mathematik, Biologie, Geografie und Sport. In Zukunft soll auch das Fach Geschichte ab Klasse 6 bilingual vermittelt werden. Die SchülerInnen werden nun auf Englisch unterrichtet, lernen jedoch bestimmte Fachtermini ebenfalls in der Muttersprache. Mittlerweile arbeiten 5 KollegInnen im Grundschul- und 3 KollegInnen im weiterführenden Bereich am Projekt Immersionslernen bzw. Bilingualer Unterricht.

3 Der Beitrag der Eltern

Da das Immersionslernen in Mecklenburg-Vorpommern bisher noch nicht weit verbreitet ist, haben auch nur wenige Menschen überhaupt eine Vorstellung von seiner Umsetzung. Deshalb versucht der Recknitz Campus am jährlichen Tag der offenen Tür, auf der Homepage und mit Hilfe einer Informationsveranstaltung den Eltern den Prozess des Immersionslernens zu verdeutlichen. Interessierte Eltern stellen häufig die Frage, wie sie ihr Kind unterstützen können, wenn sie selbst der englischen Sprache nur wenig bzw. gar nicht mächtig sind. Die Arbeit der Eltern beschränkt sich vorrangig auf das Begleiten der Kinder – das Unterstützen bei der Bewältigung der Hausaufgaben und eventuelles Fragen nach den Unterrichtsinhalten. Diese werden von den SchülerInnen in der Regel auf Deutsch wiedergegeben. Daran lässt sich erkennen, dass sie dem Unterricht inhaltlich folgen konnten.

Eltern sollten auf keinen Fall versuchen, den Kindern zu Hause die Sprache beizubringen oder vielleicht sogar „Vokabeln zu üben", da dies zu Verunsicherung führen bzw. Unlust bei den Schülern hervorrufen könnte. Durchaus nützlich können Hörspiele oder DVDs auf Englisch sein, doch dabei sollte es auch bleiben. Fortgeschrittenere SchülerInnen könnten allerdings zu Hause auch englische Bücher lesen.

4 Ist Immersionsunterricht für alle Kinder geeignet?

Immer wieder tritt auch die Frage auf, ob das eigene Kind überhaupt geeignet ist am Immersionsunterricht teilzunehmen, beziehungsweise ob jedes Kind für Immersionsunterricht geeignet ist. Einige Kinder bringen schon Vorerfahrungen aus dem Kindergarten mit, andere haben noch kein Wort Englisch gehört. In diesem Punkt ist sich das Kollegium einig: Um erfolgreich im Immersionsunterricht zu sein, spielt die Vorerfahrung keine große Rolle. Viel wichtiger ist es, dass das Kind aufmerksam zuhört, sich konzentrieren kann und keine großen Defizite in der Muttersprache aufweist. Sind diese Voraussetzungen erfüllt, ist Immersion keineswegs den Leistungsstärksten vorbehalten.

Daneben zeigt die Erfahrung, dass höchstens 20 Kinder in einer Klasse lernen sollten, um optimal immersiv unterrichten zu können. Da diese Voraussetzung auf dem RecknitzCampus gegeben ist, läuft der immersive Unterricht sehr gut. Auf Grund des Erfolges des Immersionsunterrichts der letzten Jahre kommen nun immer mehr Anfragen aus

Regionen außerhalb des Einzugsbereiches der Schule.

Trotz der vielen Vorteile des Immersionslernens gibt es in Laage und Umgebung noch heute Skeptiker. Am Tag der offenen Tür, an dem das Immersionslernen für zukünftige SchülerInnen vorgestellt wird, bringen einige Eltern viele Bedenken mit. Mitunter hört man Aussagen wie: „Mein Kind soll erstmal richtig Deutsch lernen, bevor es Englisch lernt," Oder: „Ich hab doch Englisch auch anders gelernt." Doch bei genauerem Nachfragen stellt sich heraus, dass wohl kaum jemand gern jeden Tag Vokabeln und Grammatik lernte. Außerdem wird das Erlernen der korrekten deutschen Muttersprache nicht vernachlässigt, wie uns die VERA Tests in Klasse 3 der vergangenen Jahre und die Untersuchungen der Universität Rostock gezeigt haben. Die Tests der letzten 2 Jahre belegen, dass die SchülerInnen in den Fächern Deutsch und Mathematik im bzw. über dem Landesdurchschnitt liegen. Somit lässt sich feststellen, dass die SchülerInnen trotz der geringen Anzahl an Unterrichtsstunden auf Deutsch nicht benachteiligt sind.

5 Hilfe von außen – die Rolle von Fremdsprachenassistentlnnen und Austauschprogrammen

Jedes Jahr versuchen die KollegInnen des RecknitzCampus FremdsprachenassistentInnen für die Schule zu gewinnen, um Englisch auch muttersprachlich zu verankern. Bisher kamen drei Fremdsprachenassistentinnen aus den USA an die Schule und in diesem Schuljahr wird den SchülerInnen zum ersten Mal ein Fremdsprachenassistent aus Großbritannien sowohl im Grundschul- als auch im weiterführenden Bereich als Muttersprachler zur Seite stehen.

Damit sich die KollegInnen ein Bild vom Immersionsunterricht in anderen Ländern machen können, erhielten sie die Möglichkeit, an einer durch das Bildungsministerium geförderten Fortbildung in den USA teilzunehmen. Einige Lehrkräfte besuchten in der Vergangenheit die Partnerschule in Charlotte, an welcher unter anderem Deutsch immersiv unterrichtet wird. Im Gegenzug besuchten bisher einige amerikanische LehrerInnen den RecknitzCampus. In Zukunft können die Lehrkräfte über das Programm "Erasmus+" an einer Fortbildung in England teilnehmen.

6 Zusätzliche Materialien

Der RecknitzCampus wurde finanziell vom Bildungsministerium unterstützt, um sächliche Voraussetzungen für das Immersionslernen zu schaffen. Unter anderem konnten dadurch ActiveBoards und viele englischsprachige Kinderbücher gekauft werden.

Die Suche nach geeignetem Material für den Immersionsunterricht gestaltete sich hingegen schwierig. Der Lehrerberuf bringt von vornherein einen hohen Vorbereitungsaufwand mit sich, doch für das Immersionslernen muss der zu bearbeitende Unterrichtsstoff zusätzlich der jeweiligen englischen Sprachsituation angepasst werden. Die Lehrkräfte müssen geeignetes Material suchen und dann ins Englische übertragen, was viel Zeit kostet. Lehrbücher werden am RecknitzCampus im Bereich Englisch-Immersion nur selten genutzt. Lediglich in der 3. und 4. Klasse kann im Mathematikunterricht auf ein Lehrbuch zurückgegriffen werden.

7 "English every day" – immersiver Schulalltag am RecknitzCampus

Der Schulalltag von Immersionslernenden ähnelt in den meisten Teilen einem regulären Schultag. Die Kinder haben die gleichen Unterrichtsfächer wie die muttersprachlich unterrichteten Klassen. Auch können viele Methoden aus der Grundschuldidaktik sowie einige aus der Didaktik des Fremdsprachenlernens übernommen werden, wie z. B. Lernen mit allen Sinnen, kindgerechtes Lernen, handlungsorientierter Unterricht, Arbeit mit Bild- und Wortkarten und vieles mehr.. Doch eines ist gewiss anders: Vom ersten Schultag an werden die SchülerInnen in den bereits genannten Fächern auf Englisch angesprochen. Es ist wichtig, dass die SchülerInnen so früh und intensiv wie möglich Kontakt zur Fremdsprache haben. Deshalb reden die Lehrkräfte nicht nur im Unterricht Englisch, sondern begleiten ebenso das Pausengeschehen auf Englisch. Manche Kinder kommen ängstlich zur Schule und meinen, dass sie ja kein Englisch verstehen. Doch auf das Agieren der Lehrenden mit Händen und Füßen reagieren die Kinder und verstehen also sehr wohl das Englische. Es kommt hierbei nicht darauf an, dass das Kind jedes einzelne Wort übersetzen kann, sondern darauf, dass es sich selbst den Inhalt der Äußerung aus der Situation erschließt. Es ist auch durchaus in Ordnung, wenn einzelne SchülerInnen schauen, was die Anderen machen. Das zählt hier nicht als Abgucken, sondern viel mehr als „auf Nummer sicher gehen“, ob sie alles verstanden haben. Wenn sie merken, dass sie genau das Gleiche wie die anderen machen, ist die Angst schnell verflogen und das Selbstbewusstsein gestärkt. Spätestens zum Halbjahr der ersten Klasse verstehen die meisten SchülerInnen das Englische, auch ohne dass die Lehrkraft alles mimisch und gestisch unterstreichen muss.

Unterstützend wirken hierbei Rituale und Routinen. So ist beispielsweise der Unterrichtsbeginn immer gleich. Die SchülerInnen werden von der Immersionslehrkraft (manchmal nicht identisch mit KlassenlehrerIn) abgeholt. Mit Hilfe eines Patterns (ein Kind macht Bewegungen vor und die anderen ahmen ihn nach) stellen sich die SchülerInnen in einer Reihe auf und gehen leise in den Immersionsraum. Es wird darauf geachtet, dass die SchülerInnen in einer fremdsprachlichen Umgebung unterrichtet werden. Hierfür werden im Immersionsraum viele originale fremdsprachliche Materialien wie z. B. Bücher, Plakate und CDs zur Verfügung gestellt.

Im Raum wird sich noch einmal begrüßt, es wird ein englisches Lied gesungen und der am ActiveBoard stehende Stundenablauf wird gemeinsam durchgegangen. Ab Klassenstufe zwei steht ein längerer Text, der Wochentag, Datum, Wetter und eine kurze Erklärung des Stundenablaufes enthält, auf dem ActiveBoard. Dieser wird von den SchülerInnen selbstständig vorgelesen.

Anschließend folgt der jeweilige Unterricht. Die Lehrkraft spricht konsequent Englisch und vermittelt den Stoff, der auch in den Nichtimmersionsklassen behandelt wird. In der ersten Klasse wird so zum Beispiel im Sachunterricht das Thema Schule behandelt. Die Kinder erkunden das Schulgebäude und erlernen auf spielerische und musikalische Art und Weise Begriffe wie z. B. "glue", "pencil", und "ruler". Schon nach einigen Wochen benutzen die SchülerInnen diese Wörter dann auch in deutschen Sätzen, wie z. B. „Kannst du mir mal bitte den pencil geben?“ oder „Kommt das Papier in blue oder black?“

Unterstützend wirken neben Mimik und Gestik der Lehrkraft authentische Materialien. So setzt man sich oft im Kreis zusammen, es werden Bücher vorgelesen oder mit Hilfe von Bildkarten oder Gegenständen bestimmte Wörter erarbeitet. Nach und nach folgen den Bildkarten die Wortkarten, und so werden oft schon im ersten Schulhalbjahr die ersten englischen Wörter geschrieben.

In der ersten Klasse ist der Sprachanteil auf Englisch bei den SchülerInnen noch sehr gering. Doch bereits zu Beginn der zweiten Klasse fangen einige SchülerInnen an, englische Sätze zu sprechen. Ab der dritten Klasse kann man dann schon kurze Dialoge erwarten. Wichtig ist, dass im Immersionsunterricht keine grammatische Richtigkeit erwartet werden kann. Es werden weder Vokabeln noch grammatische Regeln gelernt. Vielmehr erwerben die SchülerInnen allmählich nebenbei fremdsprachliche Muster. Erst später wird im Englischunterricht die Grammatik näher erläutert.

8 Fazit

Die Erfolge belohnen die Lehrkräfte für ihre Mühen. Die Kinder wenden die Fremdsprache in für sie relevanten Situationen an. Die Immersionslehrkräfte sind sich einig, dass es keinen effektiveren Weg gibt, eine Fremdsprache zu erlernen. Aus Erfahrungsberichten der Eltern einiger ImmersionsschülerInnen der dritten Klasse lässt sich heraushören, dass die Kinder die Angst vor dem Benutzen der Fremdsprache verlieren. Sie sehen es als normal an, sich auf Englisch im Urlaub in den Sommerferien mit ausländischen Kindern beim Spielen zu unterhalten. Das spornt an und motiviert zum Weiterlernen.

Bibliographie

Englischsprachige Lehrbücher

Westphal, Wolfgang (2011): Flex and Flo – Topic Book Addition and Subtraction 3. Braunschweig: Diesterweg Moritz.

Westphal, Wolfgang (2011): Flex and Flo – Topic Book Addition and Subtraction 4. Braunschweig: Diesterweg Moritz.

Westphal, Wolfgang (2011): Flex and Flo – Topic Book Multiplication and Division 3. Braunschweig: Diesterweg Moritz.

Westphal, Wolfgang (2011): Flex and Flo – Topic Book Multiplication and Division 4. Braunschweig: Diesterweg Moritz.

Westphal, Wolfgang (2011): Flex and Flo – Topic Book Geometry 3. Braunschweig: Diesterweg Moritz.

Westphal, Wolfgang (2011): Flex and Flo – Topic Book Geometry 4 Braunschweig: Diesterweg Moritz.

Westphal, Wolfgang (2011): Flex and Flo – Topic Book Problem Solving and Measurement 3. Braunschweig: Diesterweg Moritz.

Westphal, Wolfgang (2011): Flex and Flo – Topic Book Problem Solving and Measurement 4. Braunschweig: Diesterweg Moritz.

Flex and Flo 3/4. CD-ROM. Braunschweig: Diesterweg Verlag.

Englischsprachige Kinderbücher

Carle, Eric (2007): My Very First Book of Motion. New York, USA: Philemon Books.

Carle, Eric (2007): My Very First Book of Food. New York, USA: Philemon Books.

Carle, Eric (2008): The Very Hungry Caterpillar. London, GB: Penguin Group.

Holden, Pam (2009): Life Cycle of a Plant. Auckland, New Zealand: Red Rocket Readers.

Martin Jr., Bill (2005): Polar Bear, Polar Bear, What do you hear? New York, USA: Henry Holt and Co.

Martin Jr., Bill (2005): Brown Bear, Brown Bear, What do you see? New York, USA: Henry Holt and Co.

Sturges, Philemon (2005): I Love Bugs. New York; USA: Scholastic Books.

Audio-CDs

Langley, Jonathan (2004): Action Songs. London: Harper Collins.

Thomson, Kim Mitzo (Hrsg.) (2002): 102 Full-length Children Songs. Twin Sister Productions.

Zur Entwicklung der fremdsprachlichen Kompetenzen immersiv unterrichteter Schülerinnen und Schüler in der Grundschule

Gabriele Garbe/Katja Schmidt/Sabine Schütt

Abstract

In diesem Beitrag werden die fremdsprachlichen Leistungen deutscher Schülerinnen und Schüler beschrieben, die während ihrer Grundschulzeit an einem englischen Immersionsprogramm teilgenommen haben. Die hier dargestellten Ergebnisse beruhen auf Untersuchungen, die im Rahmen der wissenschaftlichen Begleitung der Grundschule am RecknitzCampus Laage bei Rostock in den Schuljahren 2011/12 und 2012/13 durchgeführt wurden. Neben den rezeptiven Fähigkeiten der Lernenden im fremdsprachlichen Hören und Lesen wurden auch ihre produktiven Leistungen im Sprechen erfasst. Der Beitrag stellt die in den einzelnen Kompetenzbereichen durchgeführten Testreihen und ihre Ergebnisse vor.

1 Einleitung

Das Erlernen einer bzw. mehrerer Fremdsprachen hat vor dem Hintergrund eines zusammenwachsenden Europas stark an Bedeutung gewonnen. Bereits 1995 forderte die Bildungskommission Nordrhein-Westfalen „Mehrsprachigkeit als Normalfall" (vgl. Bildungskommission NRW 1995). Eine bildungspolitische Konsequenz, die in allen Bundesländern aus dieser Forderung gezogen wurde, ist die flächendeckende Einführung des Fremdsprachenunterrichts in der Grundschule. Im frühbeginnenden Fremdsprachenunterricht wird die erste Fremdsprache (in den meisten Fällen Englisch) ab Jahrgangsstufe 3, teilweise sogar ab Jahrgangsstufe 1 mit ein bis zwei Unterrichtsstunden pro Woche unterrichtet. Diese begrüßenswerte Entwicklung erfährt in einer Reihe von Bundesländern eine Weiterführung und Intensivierung durch die Einrichtung so genannter Immersionsprogramme.[1]

Eine Grundschule, die bereits nach dem Immersionsprinzip arbeitet, ist die Grundschule am RecknitzCampus Laage bei Rostock. Bei dem dort angebotenen Programm handelt es sich um eine Teilimmersion (*partial immersion*), d. h. ca. 50% der wöchentlichen Unterrichtsstunden werden in der Fremdsprache erteilt. In den Jahrgangsstufen 1 und 2 werden Mathematik, Sachunterricht und Werken auf Englisch unterrichtet. In den Jahrgangsstufen 3 und 4 sind es die Fächer Mathematik, Sachunterricht und Kunst, die in der Fremdsprache gelehrt werden. Die Sprache selbst ist dabei nicht Unterrichtsgegenstand, sondern Medium zur Vermittlung sachfachlicher Inhalte.[2]

Wie dieser kontinuierliche Kontakt zur Fremdsprache sich auf die Englischkenntnisse der Schülerinnen und Schüler auswirkt, sollte im Rahmen einer wissenschaftlichen Begleitung erforscht werden. Dazu

---

[1] Zur detaillierten Erläuterung des Immersionsbegriffs vgl. auch Wode in diesem Band.

[2] Zur Gestaltung des Immersionsunterrichts an der Grundschule am Recknitz Campus Laage vgl. auch Schubring in diesem Band.

führte ein Projektteam[3] des Instituts für Anglistik/Amerikanistik der Universität Rostock in den Schuljahren 2011/12 und 2012/13 eine Reihe von Untersuchungen in der Grundschule am RecknitzCampus Laage durch. Von Interesse waren dabei nicht nur die rezeptiven, sondern auch die produktiven Sprachfähigkeiten der Immersionsschülerinnen und -schüler. Daher wurden die Kinder zu verschiedenen Zeitpunkten in den Bereichen Hören, Lesen und Sprechen getestet. Im Folgenden werden die in den einzelnen Kompetenzbereichen durchgeführten Testreihen und ihre Ergebnisse vorgestellt.

2 Kompetenzbereich Hören

„Grundlegend für alles Sprachenlernen, das dem Prinzip der Mündlichkeit folgt, ist das Hörverstehen, im muttersprachlichen Lernen wie auch im fremdsprachlichen." (Schmid-Schönbein 2001: 63). Diese Feststellung trifft in besonderem Maße für das Lernen in Immersionskontexten zu, in denen die Lernenden überwiegend der gesprochenen Fremdsprache begegnen. Eine gut entwickelte fremdsprachliche Hörverstehenskompetenz ist Grundvoraussetzung für die Aneignung sachfachlicher Inhalte. Im Rahmen der wissenschaftlichen Begleitung sollte daher überprüft werden, wie sich die Hörverstehenskompetenz der Lernenden im Laufe der ersten Schuljahre entwickelt.

Dazu wurde ein Multiple-Choice-Test konzipiert, bei dem die Kinder auf der Grundlage eines kurzen gehörten Textes aus einer Sequenz von drei Bildern das passende auswählen sollten.[4] Der Test bestand aus zehn

---

[3] Leiterin des Projekts war Prof. Dr. Gabriele Linke. Zum Team gehörten Dr. Gabriele Garbe, Dr. Katja Schmidt, Dr. Reneé Lüskow, Dr. Michael Bowen, Sabine Schütt, Tanja Bauer, Antje Schröder und Andreas Pohl.

[4] Die Bilder wurden englischsprachigen Kinderbüchern für die Altersgruppe der Schüler und Schülerinnen entnommen.

Test-Items mit unterschiedlichem Schwierigkeitsgrad und unterschiedlicher Komplexität. Die Texte umfassten drei bis vier kurze Sätze und waren im Vorfeld von einem Muttersprachler eingesprochen und als Audiodatei bereitgestellt worden, um eine identische Aussprache der Äußerungen sicherzustellen. Die meisten der in den zehn Test-Items vorkommenden Wörter waren den Kindern aus dem Unterricht bekannt bzw. geläufig.

Nach dem zweimaligen Hören des jeweiligen Textes von der Audiodatei wählten die Kinder durch Ankreuzen das ihrer Meinung nach richtige Bild aus, ohne selbst sprachproduktiv tätig zu werden. Ein zweimaliges Vorspielen der kurzen Texteinheiten erschien sinnvoll, um die Merkleistung und das Textverständnis zu erhöhen. Die Bilder wurden so gewählt, dass nur eines in allen Elementen dem gehörten Text entsprach. Die beiden anderen Bilder wiesen zwar einige ähnliche Komponenten zum Gehörten auf, entsprachen aber nicht in allen Details der Textaussage. Abbildung 1 zeigt dies beispielhaft:

"In the picture you can see a king sitting in a big chair. He has a white beard, a crown on his head and holds a sword in his hands."

Bild 1

Bild 2

Bild 3

Abb. 1 Test-Item 2 des Hörverständnistests[5]

Nur Bild Nummer 3 passt in allen Elementen zur gehörten Aussage. Ebenso weisen aber auch die anderen beiden Bilder Elemente des Gehörten auf (*crown, sitting*). Einzelne Wörter im gehörten Text richtig zu verstehen reicht also nicht aus, um das jeweils richtige Bild zu identifizieren und damit die Aufgabe korrekt zu lösen. Durch diese

[5] Bildquellennachweis s. Literaturverzeichnis.

Konzeption des Tests wurde sichergestellt, dass das detaillierte Hörverständnis die Grundlage für eine korrekte Lösung der Aufgabe war und das Verstehen einzelner Schlüsselwörter nicht reichte.

Für jedes richtig zugeordnete Bild wurde ein Punkt erteilt; im gesamten Hörverständnistest konnte ein Kind also bei hundertprozentig korrekter Zuordnung aller zehn Hörtexte zu dem jeweils richtigen Bild zehn Punkte erlangen.

Die Hörverständnistests wurden im Februar 2012 in den Immersionsklassen der Jahrgangsstufen 1 und 2 sowie im März 2013 in den Jahrgangsstufen 1 bis 3 durchgeführt. Die Tests verlangten den Kindern insofern besondere Leistungen im Hörverstehen ab, als dass im Unterricht in den Immersionsklassen in der Regel nahezu jede fremdsprachliche Handlung mit Mimik, Gestik oder einem entsprechenden Bild unterstützt wird. In der Testsituation waren die Kinder jedoch darauf angewiesen, ohne die Zuhilfenahme von Mimik und Gestik den Hörtext richtig zu dekodieren. Außerdem werden die Kinder im Immersionsunterricht auf das jeweilige Unterrichtsthema intensiv eingestimmt; bei den Hörverständnistests hingegen war den Schülerinnen und Schülern im Vorfeld nicht bekannt, aus welchem thematischen Bereich die jeweiligen Sätze stammen würden. Dadurch fehlte den Kindern also weitgehend die Möglichkeit, mithilfe von Top-down-Prozessen und dem Einsatz von Skript-Kenntnissen das Gehörte zu entschlüsseln.

Umso höher sind die Leistungen der Kinder in den Hörverständnistests einzustufen: bei der ersten Testung der Jahrgangsstufe 1 erreichten 17 von 24 Schülern und Schülerinnen Punktzahlen im mittleren bzw. oberen Leistungsbereich (mindestens 5 von 10 Punkten). Lediglich zweimal wurden zwei oder weniger Punkte erreicht.

Einige Items kristallisierten sich, wie erwartet, als besonders gut lösbar heraus, während andere mit weniger als 50% richtiger Bearbeitung den Kindern weitaus größere Probleme bereiteten. Eine Analyse der Items ergab immer dort eine sehr hohe Verstehensleistung, wo die Vertrautheit mit den gehörten Lexemen aus dem Unterricht gegeben war. Schwierig wurde die korrekte Zuordnung zu den richtigen Bildern offenbar dann, wenn nur einzelne, aus dem Unterricht vertraute Schlüsselwörter erkannt wurden, diese jedoch nicht ausreichten, um das Gehörte dem richtigen Bild zuzuordnen.

Einige Items wurden absichtlich so ausgewählt, dass ein sehr genaues Hörverstehen notwendig war, um die Aufgabe korrekt zu lösen. Dies war integraler Bestandteil der Testkonzeption, da der Hörverständnistest identisch in allen drei Klassenstufen durchgeführt werden sollte, um eine angenommene Progression des Hörverstehens nachweisen zu können. Das folgende Test-Item illustriert dies:

„In the picture you can see Paula and her friends who are watching a game in the football stadium. When Paula sits down on her seat, she can't see a thing because a tall man with broad shoulders is blocking her view"

Bild 1

Bild 2

Bild 3

Abb. 2 Test-Item 5 des Hörverständnistests

Das richtige Bild 2 wurde nur zwei Mal erkannt; die Mehrzahl der Kinder entschied sich falsch für das Bild 1. Daraus lässt sich ersehen, dass das wesentliche Detail außer Acht blieb (Paula kann das Spiel nicht sehen). Es ist anzunehmen, dass der Ausdruck „blocking one's view" im Unterricht nicht oder nicht regelmäßig vorgekommen ist, und es daher zu der Häufung von falschen Lösungen kam. Hinzu kommt als weiterer Faktor, dass dieses Test-Item visuell deutlich komplexer ist als andere.

Die Auswertung des Hörverständnistests in der zweiten Jahrgangsstufe (26 Schüler und Schülerinnen) zeigt eine deutliche Leistungssteigerung gegenüber Jahrgangsstufe 1. Zwar ähneln sich die Ergebnisse bei vielen Test-Items, jedoch ist bemerkenswert, dass bei den schwierigeren Items eine deutlich höhere korrekte Bearbeitung stattfand. So waren es in Jahrgangsstufe 2 bereits 20 von 26 Schülern und Schülerinnen, die 7 oder mehr von 10 Punkten erreichten.

Interessant zu beobachten waren die Lösungsstrategien, die einige Kinder bereits in Jahrgangsstufe 1, später zunehmend, anwendeten: besonders geläufige Wörter wurden halblaut wiederholt („two children") und kommentiert („das ist einfach, zwei Kinder"). Dies zeigt, dass bekannte Signalwörter das Erkennen des richtigen Bildes stark begünstigten.

Im zweiten Test zur Ermittlung des Hörverständnisses im März 2013 wurden für die Jahrgangsstufe 1 nahezu identische Testergebnisse ermittelt. Zwar waren es diesmal mehr Kinder, die am Hörverständnistest teilnahmen (35), aber 63% der Leistungen befanden sich auch hier im durchschnittlichen bzw. leicht überdurchschnittlichen Punktebereich. Lediglich 6 von 35 Schülern und Schülerinnen erreichten nur 3 Punkte oder weniger.

In der Jahrgangsstufe 2 (23 Schüler und Schülerinnen) zeigte sich in diesem zweiten Testdurchgang ebenfalls ein hohes Leistungsniveau in Bezug auf das Hörverstehen. Fast alle Aufgaben wiesen Raten von nahezu 70% korrekter Bearbeitung auf. In dieser Jahrgangsstufe wurden die Test-Items nun auch ungeachtet ihrer Komplexität überwiegend richtig beantwortet. So wurden nun auch Test-Items, in denen neben Signalwörtern auch Wortbeziehungen erkannt werden mussten, korrekt bearbeitet. Dies weist erneut auf eine sehr positive Entwicklung des Hörverständnisses, insbesondere im Bereich des Detailverstehens, hin.

In der Jahrgangsstufe 3 erzielten die Schüler und Schülerinnen weit überdurchschnittliche Punktzahlen. Die niedrigste korrekte Bearbeitungsrate eines Test-Items lag mit 77% noch im sehr hohen Bereich. Klassenspezifische Bedingungen, die eventuell Auswirkungen auf die Testergebnisse haben könnten, wie Klassenzusammensetzung und Einfluss der Lehrkraft, wurden bei allen Testdurchgängen nicht berücksichtigt. Da aber die Jahrgangsstufen unterschiedlicher Schuljahre weitgehend vergleichbare Leistungen in den Hörverständnistests erbrachten, ist zu vermuten, dass diese Faktoren nahezu keine Rolle spielten.

Die zunehmende Kompetenz der Lernenden in Bezug auf das Detailverstehen wird durch das Test-Item 7 (vgl. Abb. 3) veranschaulicht.

In diesem Beispiel mussten die Schüler und Schülerinnen nicht nur die zentrale Idee des Bildes erfassen, sondern auch die wichtigsten Unterscheidungsmerkmale im Detail verstehen. Dass bei dieser Aufgabe die Anzahl der korrekten Lösungen der ersten Jahrgangsstufe aufgrund der komplexen Bildalternativen nicht hoch sein würde, war erwartet worden und wurde durch die Testergebnisse bestätigt. So bearbeiteten im ersten Testdurchgang nur 13 von 24 Schülern und Schülerinnen der Jahrgangsstufe 1 dieses Test-Item korrekt, in Jahrgangsstufe 2 wurden bereits 20 richtige Lösungen erzielt. Darüber hinaus zeigte sich insbesondere an komplexeren Aufgaben wie dieser die kontinuierliche Weiterentwicklung des detaillierten Hörverstehens im Vergleich der Testergebnisse zwischen den Klassenstufen: in Jahrgangsstufe 3 wählten sogar alle Schüler und Schülerinnen die richtige Bildalternative aus.

„In the picture you can see are two children and their white horse. They are dressed as Indians. The children are sitting in front of the yellow tent right next to the fire."

Bild 1

Bild 2

Bild 3

Abb. 3 Test-Item 7 des Hörverständnistests

Abschließend sei bemerkt, dass der Prozess des Hörverstehens nicht beobachtbar ist (Hermes 1998). Vielmehr können nur „... die Auswirkungen dessen, dass etwas verstanden, was verstanden und mit welcher Genauigkeit es aufgenommen worden ist" beobachtet werden (Hermes 1998: 221). Um zu überprüfen, ob und in welchem Maße sich das Hörverstehen vom Dekodieren einzelner Signalwörter hin zum Erschließen komplexerer Zusammenhänge in den drei getesteten Jahrgangsstufen entwickelte, waren Test-Items unterschiedlichen Schwierigkeitsgrades bereitgestellt worden. In den Tests zum Hörverständnis konnte nachgewiesen werden, dass die Schüler und Schülerinnen vom Teilimmersionsunterricht profitieren. Im Bereich des

Hörverstehens waren im Vergleich der einzelnen Jahrgangsstufen kontinuierliche Leistungssteigerungen und Kompetenzzuwächse zu verzeichnen. Die Mehrzahl der getesteten Schüler und Schülerinnen entwickelte bis zum Ende der Jahrgangsstufe 3 überdurchschnittlich gute Fähigkeiten, spontan komplexere Sachverhalte in Hörtexten zu dekodieren.

3 Kompetenzbereich Lesen

Anders als unter den Bedingungen des herkömmlichen in Klasse 1 beginnenden Englischunterrichts lernen die Schülerinnen und Schüler im Rahmen des Immersionsprojekts die Kulturtechnik Lesen sowohl in der Mutter- als auch in der Fremdsprache zur gleichen Zeit kennen. Deshalb war die Untersuchung der Entwicklung der Lesekompetenz der Lernenden im Rahmen des Immersionsprojekts von besonderer Bedeutung.

Um diese einschätzen zu können, wurden nach eingehenden Hospitationen zum Zweck der Bedingungsanalyse ein Wortlese- und ein Satzlesetest entwickelt. Diese wurden im Dezember 2011 erstmalig in den Immersionsklassen der Jahrgangsstufe 2 durchgeführt. Nach Rücksprache mit den unterrichtenden Lehrkräften wurde entschieden, zu diesem Zeitpunkt auf die Durchführung des Lesetests in der Jahrgangsstufe 1 zu verzichten, da die Kompetenz in diesem Bereich noch kein Testniveau erreicht hatte. Im Dezember 2012 wurde der Wort- und Satzlesetest dann in den Immersionsklassen der 2. und 3. Jahrgangsstufe durchgeführt. Die hierbei verwendeten Tests waren in Bezug auf Inhalt und Durchführung identisch mit jenen, die im vorangegangenen Schuljahr in der damaligen 2. Jahrgangsstufe eingesetzt wurden. Dieses Vorgehen ermöglicht sowohl eine Betrachtung der Leistungsentwicklung der Schülerinnen und Schüler der Jahrgangsstufe 3 (in Bezug auf deren Leistungen im Schuljahr 2011/12) als auch einen Vergleich der Leistungen, welche in den jeweiligen zweiten Jahrgangsstufen der Schuljahre 2011/12 und 2012/13 erbracht wurden. Die in den Tests gewonnenen Daten wurden einer quantitativen Analyse unterzogen, deren Ergebnisse im Folgenden dargestellt werden sollen.

Ziel des Wortlesetests war die Erfassung des Lernstandes im Bereich der phonetischen Realisierung bekannter lexikalischer Einheiten sowie das Verständnis ihrer Bedeutung. Zu diesem Zweck wurden jeder bzw. jedem Lernenden 23 englische Wörter vorgelegt. Die Auswahl der Wörter erfolgte nach Hospitationen im Unterricht und beschränkte sich auf das dort verwendete Vokabular. Unmittelbar neben dem Schriftbild befanden sich jeweils vier Bilder, die so gewählt wurden, dass die Klang- bzw. Schriftbilder der falschen Auswahlmöglichkeiten eine Ähnlichkeit zur gesuchten Antwortalternative (entweder im Deutschen oder im Englischen) aufwiesen (vgl. Abb. 4).

Abb. 4 Auszug aus dem Wortlesetest

Die Aufgabe bestand darin, die Wörter laut vorzulesen und anschließend das richtige Bild aus der gegebenen Auswahl zuzuordnen. Die Tests wurden mit Hilfe von Audioaufnahmen dokumentiert.

Abbildung 5 stellt die Ergebnisse des Wortlesetests in der Jahrgangsstufe 2 (Schuljahr 2011/12) dar. Sie zeigt jeweils für die einzelnen Wörter die Anzahl der Lernenden, welche dieses Wort sowohl korrekt artikulierten als ihm auch die richtige Bedeutung zuordneten.

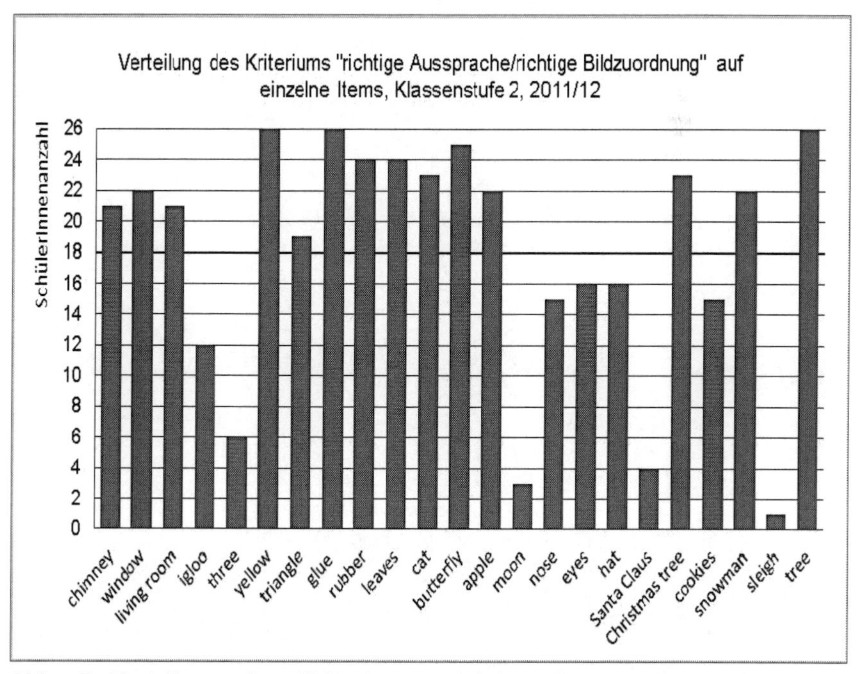

Abb. 5 Verteilung des Kriteriums „richtige Aussprache/richtige Bildzuordnung“ auf einzelne Items (Jahrgangsstufe 2 (26 Schülerinnen und Schüler), Schuljahr 2011/12)

Als Fehlerschwerpunkte lassen sich die Wörter *three*, *moon*, *Santa Claus* und *sleigh* identifizieren. Die Wörter *igloo*, *nose*, *eyes*, *hat* und *cookies* haben durchschnittliche Zahlen korrekter Bearbeitung. Die übrigen Items zeigen eine überdurchschnittliche Konzentration des Kriteriums „richtige Aussprache/richtige Bildzuordnung“, wobei die Wörter *yelllow*, *glue* und *tree* zu 100% richtig bearbeitet wurden.

Im Vergleich dazu zeigt Abb. 6 die Ergebnisse des Wortlesetests in der Jahrgangsstufe 3 (Schuljahr 2012/13). Daraus ist eine deutliche Leistungssteigerung gegenüber der Vorjahrestestung ersichtlich: 11 Items wurden zu 100% richtig bearbeitet. Darüber hinaus lässt sich bei einigen Lexemen, die den Schülerinnen und Schülern in der Jahrgangsstufe 2 Probleme bereiteten, eine wesentliche Verbesserung beobachten. So bearbeiteten in Jahrgangsstufe 2 nur 3 von 26 Lernenden das Test-Item moon korrekt; in Jahrgangsstufe 3 waren es 20 von 21 Lernenden. Andere Lexeme bleiben auch in Jahrgangsstufe 3 Fehlerschwerpunkte. So lassen sich bei den Test-Items *three*, *Santa Claus* und *sleigh* kaum Verbesserungen im Vergleich zum vorangegangenen Schuljahr feststellen.

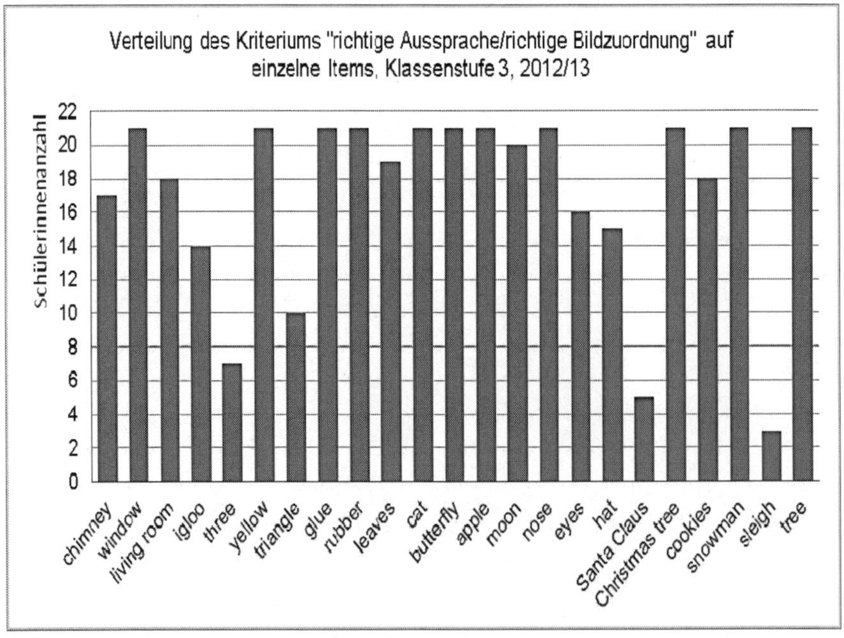

Abb. 6 Verteilung des Kriteriums „richtige Aussprache/richtige Bildzuordnung" auf einzelne Items (Jahrgangsstufe 3 (21 Schülerinnen und Schüler), Schuljahr 2012/13)

Fehler in der Aussprache ergaben sich in beiden Jahrgangsstufen hauptsächlich aus den Unterschieden im Phoneminventar des Deutschen und des Englischen. Laute, die im Deutschen nicht existieren, machten den Lernenden Probleme. Als erschwerend erwiesen sich erwartungsgemäß auch die große Schrift-Laut-Diskrepanz und der Einfluss der Muttersprache.

Allgemein lässt sich feststellen, dass die Wörter, die häufig im Unterricht gebraucht wurden, eine geringe Fehleranfälligkeit aufweisen. Dies trifft sowohl auf die Aussprache als auch auf die Bildzuordnung (Bedeutungen) zu. Positiv fällt zudem auf, dass auch Wörter, die bereits vor längerer Zeit vermittelt worden waren, im Test abgerufen werden konnten.

Der zweite Test zur Überprüfung des Leseverständnisses war der Satzlesetest, der auf der Basis des deutschen ELFE-Tests entworfen wurde. Ziel dieses Tests war es, die Kompetenz der Lerner in Bezug auf das Erfassen syntagmatischer Beziehungen zu ermitteln. Hierbei wurden sowohl grammatische als auch Sinnbeziehungen zwischen den einzelnen Satzkomponenten berücksichtigt. Aus diesem Grund wurde auf eine Bildunterstützung verzichtet. Im Gegensatz zum Wortlesetest wurde der Satzlesetest zur schriftlichen Bearbeitung konzipiert. Den Schülerinnen und Schülern wurden 18 Sätze (17 einfache Sätze, 1 zusammengesetzter Satz) in Form eines Arbeitsblattes vorgelegt. Dabei enthielt jeder Satz für ein Satzglied verschiedene Antwortmöglichkeiten, aus denen die jeweils richtige gewählt werden sollte (vgl. Abb. 7). Der zusammengesetzte Satz enthielt zwei Satzglieder, bei denen eine Auswahl zu treffen war, so dass für den gesamten Text 19 Punkte erreichbar waren.

<table>
<tr><td rowspan="4">Anna</td><td>house</td><td rowspan="4">in her excercise book.</td></tr>
<tr><td>writes</td></tr>
<tr><td>has</td></tr>
<tr><td>eats</td></tr>
</table>

Abb. 7 Auszug aus dem Satzlesetest

Die Auswertung des Satzlesetests aus dem Schuljahr 2011/12 erfolgte für die gesamte Testgruppe, d. h. für beide Immersionsklassen der 2. Jahrgangsstufe. Insgesamt nahmen 25 Schülerinnen und Schüler an dem Satzlesetest teil. Wie bereits erwähnt, waren bei den 18 Sätzen des Tests maximal 19 Punkte (1 Punkt pro richtig getroffene Auswahl) zu erreichen. Die volle Punktzahl wurde von keinem bzw. keiner Lernenden erreicht. Jeweils zwei Lernende erzielten 18 bzw. 17 von 19 Punkten. Die geringste erreichte Punktzahl liegt bei 5 Punkten. Abbildung 8 gibt einen Überblick über die Punkteverteilung innerhalb der Testgruppe.

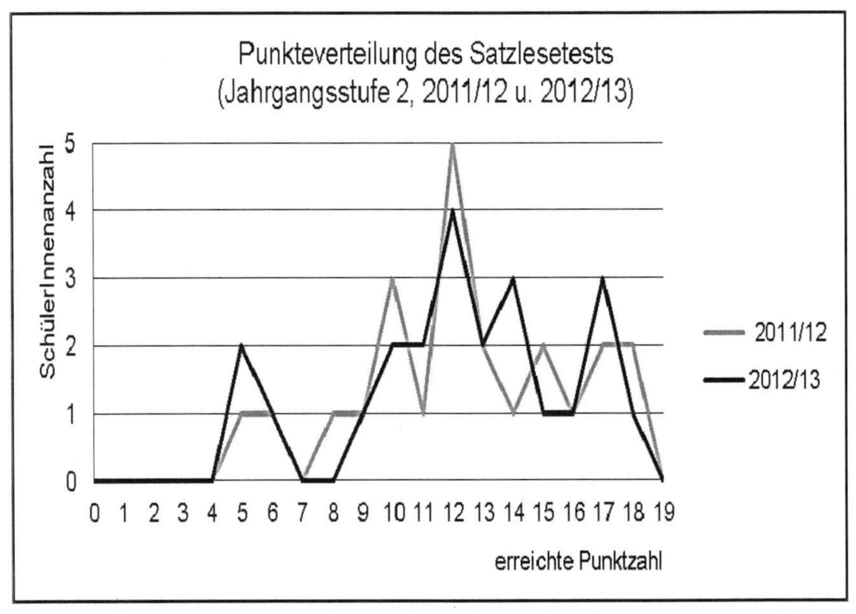

Abb. 8 Punkteverteilung des Satzlesetests in der Jahrgangsstufe 2 (Schuljahre 2011/12 und 2012/13)

Die Verteilungskurve zeigt erwartungsgemäß, dass sich die Mehrheit der Schülerinnen und Schüler im mittleren Leistungsbereich befindet. Erfreulich ist die große Zahl der Teilnehmer und Teilnehmerinnen, die 12 und mehr Punkte erreichen.

Im Schuljahr 2012/13 erbrachte der in Jahrgangsstufe 2 durchgeführte Satzlesetest nahezu identische Ergebnisse (vgl. Abb. 8). Die volle Punktzahl wurde von keiner bzw. keinem Lernenden erreicht. Ein Kind erreichte 18 von 19 Punkten, drei Teilnehmer bzw. Teilnehmerinnen 17 von 19 Punkten. Die geringste Punktzahl liegt bei 5 Punkten (2 Lernende). Einmal wurden 6 Punkte erreicht. Erfreulich ist, dass auch hier, wie schon im ersten Test, die Mehrheit der Lernenden im mittleren Bereich liegt und mehr als 12 Punkte erreichte.

Diese positive Tendenz wird schließlich auch in den Ergebnissen des im Schuljahr 2012/13 in Klassenstufe 3 durchgeführten Tests deutlich. Die in der Abbildung 9 veranschaulichten Ergebnisse lassen eine deutliche Erhöhung der Lesekompetenz der Testteilnehmer und -teilnehmerinnen erkennen.

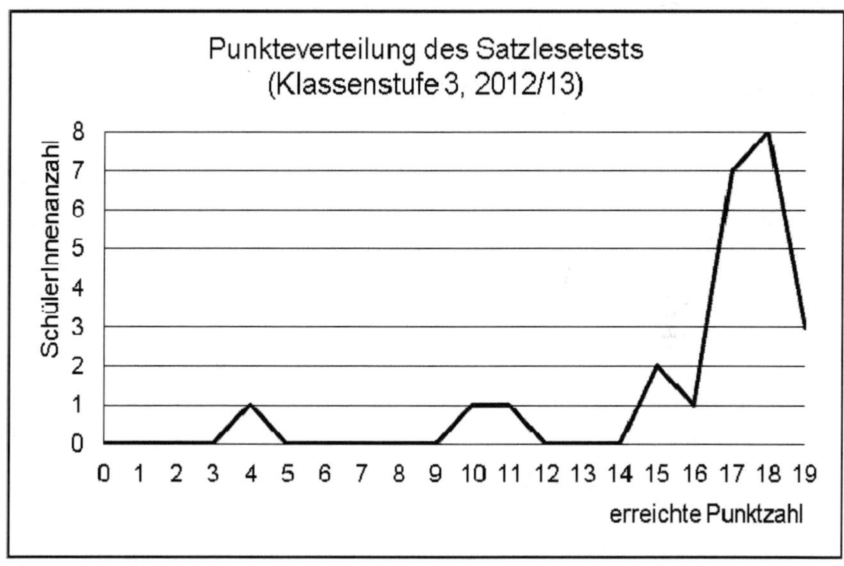

Abb. 9 Punkteverteilung des Satzlesetests in der Jahrgangsstufe 3 (Schuljahr 2012/13)

18 von insgesamt 24 Testteilnehmern bzw. -teilnehmerinnen erreichten 17, 18 bzw. 19 Punkte. Erfreulich ist außerdem, dass lediglich eine Leistung mit 4 Punkten im unteren Leistungsbereich liegt.

Insgesamt zeigt sich, dass sich bei nahezu allen Testsätzen die erfolgreiche Bearbeitungsquote (zum Teil stark) erhöht hat. Die bereits im

Vorjahr gut bearbeiteten Sätze wurden teilweise noch besser bearbeitet. Diese Entwicklung beruht zu einem großen Teil auf der sicheren Beherrschung des im täglichen Gebrauch kontinuierlich genutzten und häufig angewandten Wortschatzes. Während die Gründe für die Konzentration bestimmter Fehler in den Tests in der Jahrgangsstufe 2 in Schwierigkeiten mit den Präpositionen, dem Einfluss häufig im Unterricht verwendeter Kollokationen, dem Einfluss der Muttersprache, fehlenden lexikalischen Kenntnissen, fehlendem grammatischen Regelwissen, dem Leistungsniveau des Einzelnen und fehlendem Sachwissen bestehen, treten in Jahrgangsstufe 3 nur noch fehlendes grammatisches Regelwissen und Schwierigkeiten mit den Präpositionen als hauptsächliche Fehlerquellen auf.

Generell lassen die Ergebnisse der beiden durchgeführten Tests eine positive Entwicklung der Lesekompetenz der Immersionschülerinnen und -schüler nach einem Zeitraum von 3 Jahren erkennen. In der Mehrheit sind die Lernenden in der Lage, bekannte Wörter lautrichtig vorzulesen und ihnen die richtige Bedeutung zuzuordnen. Außerdem können sie syntagmatische Beziehungen in einfachen Sätzen mit bekannter Lexik erfassen, ohne Unterstützung durch Bildimpulse zu erhalten. Damit wurde eine wesentliche Grundlage für eine weitere Entwicklung der Lesekompetenz geschaffen, deren Ausbildung gerade unter den Bedingungen der Immersion von großer Bedeutung ist.

4 Kompetenzbereich Sprechen

Um die sprachproduktiven Fähigkeiten der Immersionschülerinnen und -schüler zu überprüfen, wurde das Verfahren ‚Erzählen einer Bildergeschichte' eingesetzt. Dabei wurde auf die Bildergeschichte „Frog, where are you?" (Mayer 1969) zurückgegriffen, welche bereits bei anderen wissenschaftlichen Untersuchungen zum immersiven Lernen erfolgreich zum Einsatz kam (vgl. z. B. Piske 2006 bzw. Wode in diesem Band). Die Geschichte umfasst im Original insgesamt 24 Bilder, von denen bei der Testung je nach Jahrgangsstufe 3 bis 8 Bilder verwendet wurden (vgl. Abb. 10).[6]

Die Kinder hatten die Aufgabe, die Bildergeschichte anhand der ihnen vorgelegten Bilder zu erzählen, wobei ihnen die Bilder einzeln und nacheinander präsentiert wurden. Die Schüleräußerungen wurden als Audiodatei gespeichert. Der Gebrauch der Fremdsprache wurde den Schülerinnen und Schülern nicht zwingend vorgeschrieben. So sollte sichergestellt werden, dass die Kinder möglichst frei von Sprechängsten agieren und die Muttersprache als Hilfsmittel begreifen, welches bei Bedarf eingesetzt werden kann. Bei Kindern, die während der Testung kaum oder gar keinen Gebrauch von der Fremdsprache machten, fragten die Testleiter bzw. -leiterinnen bei Begriffen wie „Frosch", „Kind" oder „Hund" nach, ob das englische Wort dafür bekannt sei.

Im Schuljahr 2011/12 erfolgte der Sprechtest in den Jahrgangsstufen 1 und 2, im Schuljahr 2012/13 in den Jahrgangsstufen 2 und 3 mit denselben Kindern. Dieses Vorgehen ermöglichte es, die Entwicklung der sprachproduktiven Fähigkeiten von Jahrgangsstufe 1 zu 2 bzw. 2 zu 3 nachzuvollziehen.

Die Testungen wurden jeweils im zweiten Schulhalbjahr (März bzw. April) durchgeführt, d. h. die erste Testung in Jahrgangsstufe 1 erfolgte nach etwas mehr als einem halben Jahr Immersionsunterricht. Hierbei ist anzumerken, dass der Erstkontakt zum Englischen für alle Kinder mit dem Schuleintritt erfolgte, d. h. keines der Kinder besuchte vorher eine zweisprachige Kindertagesstätte.

Die Testauswertung für die 1. Jahrgangsstufe zeigt, dass bei der Mehrheit der Lernenden deutschsprachige Äußerungen überwiegen. Oft erfolgt die Beschreibung der Bilder in Form von Aufzählungen, wobei vereinzelt englische Wörter (mitunter auf Nachfrage) eingebracht werden.

---

[6] In Jahrgangsstufe 1 wurden den Kindern 3 Bilder vorgelegt, in Jahrgangsstufe 2 waren es 5 Bilder und in Jahrgangsstufe 3 lagen den Kindern 8 Bilder vor.

Abb. 10 Bilder 1-8 der Bildergeschichte "Frog, where are you?" (Mayer 1969)

Abbildung 11 zeigt die „Erzählung" einer Schülerin, die als typisch für diese Testgruppe gewertet werden kann.

(Bild 1): the frog – dog – a Mond – Vogel – ein Bett und noch ein Kind

(Bild 2): Das Kind schläft, the frog geht aus dem Glas, der Hund schläft auch.

(Bild 3): Das Kind guckt and the frog is nicht mehr da.

Abb. 11 Transkript aus der Jahrgangsstufe 1

Der verhältnismäßig geringe Anteil fremdsprachiger Äußerungen – 6 von 19 Kindern formulierten ihre Geschichten ausschließlich auf Deutsch – überrascht keineswegs. Zum einen ist aus der Zweitspracherwerbsforschung bekannt, dass es zu Beginn des Zweitspracherwerbs eine längere Phase gibt, in der die Kinder die Sprache noch nicht aktiv verwenden. Diese so genannte „Latenzperiode" oder „silent period" kann unterschiedlich lang andauern und ist spracherwerbstheoretisch insofern von Bedeutung, als dass die Lernenden – auch wenn sie selbst noch keinen Output produzieren – in dieser Zeit reichhaltige Erfahrungen mit der neuen Sprache sammeln. Sie stellen z. B. Hypothesen über deren Regelhaftigkeit auf, überprüfen diese auf Richtigkeit und verwerfen sie u. U. wieder (vgl. Zydatiß 2000: 64). Erst nach dieser „Phase der internen, mental-kognitiven Verarbeitung des Sprachmaterials" (ebd.) treten die Kinder in die Phase der aktiven, eigenständigen Sprachproduktion.

Zum anderen gilt es zu bedenken, dass es sich bei der untersuchten Testgruppe um Schülerinnen und Schüler eines teilimmersiven Programms handelt, d. h. die Kontaktzeit zur Fremdsprache fällt geringer aus als beispielsweise in einem vollimmersiven Programm. Dass die tägliche Kontaktzeit zur Zweitsprache einen Einfluss auf die sprachliche Entwicklung der Kinder hat, wurde u. a. von Häckel/Piske (2011) in einer Studie mit zweisprachig betreuten Kindergartenkindern nachgewiesen.

Insgesamt lässt sich für die 1. Jahrgangsstufe feststellen, dass sich die produktive Sprachverwendung in den meisten Fällen auf Einzellexeme beschränkt, die in deutschsprachige Satzstrukturen eingesetzt werden. Am häufigsten werden dabei Substantive verwendet (*dog, frog, bird, picture, children, boy, glass, bed,* etc.). Zum Teil werden bereits Verben (*play, go, sleep, drink*) und Artikel (*the, a*) gebraucht. Häufig findet sich in den Äußerungen der Schülerinnen und Schüler die Konjunktion *and*.

In Jahrgangsstufe 2 ist ein deutlicher Entwicklungssprung zu erkennen, sowohl im Hinblick auf die Verwendung sprachlicher Mittel als auch in Bezug auf die Erzählkompetenz der Kinder. Bildbeschreibungen in Form von Aufzählungen sind nun kaum noch zu beobachten. Die Geschichten werden detailreicher und beziehen häufiger den Kontext des Bildgeschehens mit ein (z. B. *it is morning*). Zudem überwiegen nun englischsprachige Strukturen, in die vereinzelt deutsche Lexeme eingebettet werden. Abbildung 12 zeigt eine typische Äußerung für Jahrgangsstufe 2:

(Bild 1): a boy has a dog and a frog and it is night

(Bild 2): the dog and the boy are sleeping and the frog ...klettert aus dem Glas –

(Bild 3): now it is morning – the boy wakes up and see the boy is weg

(Bild 4): the boy look in the shoe and the dog look in the glass

(Bild 5): The boy ruft the frog and the dog look outside.

Abb. 12 Transkript aus der Jahrgangsstufe 2

Bemerkenswert ist die Entwicklung im Bereich der Verben. Verwendeten die Immersionsschülerinnen und -schüler in Jahrgangsstufe 1 lediglich vereinzelt Verben, so werden in Jahrgangsstufe 2 bereits 20 Verben in verschiedenen Zeit- und Flexionsformen gebraucht (z. B. *throw away, wakes up, came, is shining, had said*). Zwar werden hierbei noch viele Fehler gemacht, die Vielfalt der verwendeten Verbformen zeigt jedoch, dass ihre Existenz den Lernenden durchaus bewusst ist. Besonders häufig findet sich das *present progressive*, wobei ein häufiger Fehler darin besteht, dass die Konstruktion ohne das Hilfsverb verwendet wird (vgl. z. B. *boy and dog sleeping in the bed* oder *boy looking in the glass*). Einen möglichen Erklärungsansatz für diese Beobachtung bietet Pienemanns (1998) *Processability Theory*, die davon ausgeht, dass es universale Entwicklungsstadien im Zweitsprachenerwerb gibt, die von allen Lernenden in einer bestimmten Reihenfolge durchlaufen werden. Nach Pienemann wird die *ing*-Form in Erwerbssequenz II erworben und tritt in diesem frühen Entwicklungsstadium typischerweise noch ohne Hilfsverb auf (Bsp.: *John playing*). Ein in diesem Zusammenhang in der Testgruppe ebenfalls häufig zu beobachtendes Phänomen ist das *code-mixing*, d. h. das Vermischen deutscher und englischer Elemente. Neuschöpfungen wie z. B. "*frog rausspringing*", "*he is gucking out the window*" oder "*the boy are rufing the frog*" sind nicht nur Beweis für den kreativen Umgang der Kinder mit der Fremdsprache, sondern zeigen auch ein grundlegendes Verständnis für das Funktionieren des *-ing*-Partizips (vgl. dazu auch Wode in diesem Band).

Während der Entwicklungsschub zwischen Jahrgangsstufe 1 und 2 sehr augenfällig ist, fällt der sprachliche Fortschritt zwischen Jahrgangsstufe 2 und 3 auf den ersten Blick geringer aus. Wie schon in Jahrgangsstufe 2 werden die Geschichten mehrheitlich auf Englisch erzählt, wobei der muttersprachliche Anteil weiter abnimmt; 6 von 24 Geschichten werden vollständig auf Englisch erzählt. Abbildung 13 zeigt ein typisches Beispiel für Jahrgangsstufe 3:

(Bild 1:) A little boy has a dog, and a big glass, and in the glass is a frog, and it is night.

(Bild 2:) The boy sleep and the dog sleep, too. The frog, der Frosch haut ab.

(Bild 3:) Now it's day and the little boy looks for the frog, but the frog is not in the glass.

(Bild 4:) The boy looks in the boots and the dog looks under the bed.

(Bild 5:) The boy open the window and the dog is with the head in the glass.

(Bild 6:) The dog fall down outside and the boy looks on him.

(Bild 7:) The glass is broken and the boy has the dog in the arms and they are outside.

(Bild 8:) The boy don't find the frog, but he finds, but there are beens, the dog look at the beens what they are do and there is a big wood with big trees.

Abb. 13 Transkript aus der Jahrgangsstufe 3

Wie schon in Jahrgangsstufe 2 verwenden die Lernenden parataktische Satzstrukturen, wobei neben der Konjunktion *and* zunehmend die Konjunktion *but* auftritt (vgl. Abb. 13, Bild 3 und Bild 8). Vereinzelt finden sich in den Äußerungen der Schülerinnen und Schüler bereits hypotaktische Satzstrukturen, die z. T. schon fehlerfrei gebraucht werden (z. B. *The girl is very sad, because the frog is not in the glass*). Zudem zeugt die zunehmende Verwendung verschiedener kohäsiver Mittel von der Weiterentwicklung der fremdsprachlichen Erzählkompetenz der Lernenden. Während der Gebrauch englischer Pronominalformen in Jahrgangsstufe 2 nur bei wenigen Lernenden zu beobachten war, verwenden fast alle Schülerinnen und Schüler in Jahrgangsstufe 3 Personal- und z. T. Possessivpronomen (z. B. *A boy is watching his dog. He is in front of his bed*). Das Personalpronomen *they* findet sich erstmals in Lerneräußerungen der 3. Jahrgangsstufe (vgl. Abb. 13, Bild 7 und 8). Auch der Wechsel von unbestimmter zu bestimmter Referenz wird häufig als Mittel der Textverknüpfung von den Lernenden verwendet (z. B. *There is a dog and a frog and the frog is in a glass*). Diese Beobachtung lässt darauf schließen, dass den Lernenden der Unterschied zwischen neuer Information (unbestimmte Referenznahme durch unbestimmten Artikel) und bereits bekannter Information (Bezugnahme durch bestimmten Artikel) bewusst ist.

Insgesamt zeigen die Untersuchungen zum Sprechen, dass die Schülerinnen und Schüler nach drei Jahren Immersionsunterricht mehrheitlich in der Lage sind, eine Bildergeschichte, die inhaltlich in keinem Zusammenhang zum Unterrichtsgeschehen steht, frei und größtenteils zusammenhängend zu erzählen. Die Fortschritte zeigen sich vor allem in der Verwendung komplexer englischer Satzstrukturen, einer variantenreichen Lexik und in einer zunehmend richtigen Verwendung grammatischer Strukturen.

5 Zusammenfassung

Die wissenschaftliche Begleitung der Immersionsschule Laage erfolgte über einen Zeitraum von zwei Schuljahren. Die Ergebnisse zeigen einen deutlichen Zugewinn an fremdsprachlichen Kompetenzen in den Bereichen Hörverständnis, Leseverstehen und Sprechen.

Kompetenzen im Bereich des Hörverstehens sind bereits in der ersten Jahrgangsstufe relativ gut ausgeprägt. Eine klassen- und jahrgangsübergreifende Betrachtung lässt eine kontinuierliche Kompetenzentwicklung erkennen, die sich vor allem durch zunehmendes Detailverstehen auszeichnet. Bemerkenswert ist, dass die Lernenden auch in isolierten Hörverstehenssituationen, in denen der Einsatz von Top-down-Prozessen nur bedingt möglich ist, in der Lage sind, Gehörtes richtig zu dekodieren.

Auch im Kompetenzbereich Lesen ist eine positive Entwicklung zu verzeichnen. Am Ende der Jahrgangsstufe 3 sind die Schülerinnen und Schüler mehrheitlich in der Lage, bekannte Wörter lautrichtig vorzulesen und ihnen die entsprechende Bedeutung zuzuordnen. Der Satzlesetest hat darüber hinaus gezeigt, dass die Lernenden syntagmatische Beziehungen in einfachen Sätzen erfassen können. Die guten Testergebnisse weisen darauf hin, dass die gleichzeitige Einführung des Lesens in der Muttersprache und in der zu erlernenden Fremdsprache unter Immersionsbedingungen keinen negativen Einfluss auf die Entwicklung des Könnens der Lernenden auf diesem Gebiet hat. Eine Intensivierung des Lesestrategietrainings könnte Transferprozesse zwischen Mutter- und Fremdsprache begünstigen und zu einer weiteren Erhöhung der Lesekompetenz der Schülerinnen und Schüler beitragen.

Im Bereich des Sprechens lassen sich ebenfalls deutliche Kompetenzzuwächse feststellen. Während die Schülerinnen und Schüler in Jahrgangsstufe 1 fast ausschließlich in der Muttersprache sprachproduktiv tätig werden, greifen die Lernenden bereits in Jahrgangsstufe 2 nur noch vereinzelt auf muttersprachliche Lexeme und Strukturen zurück. In der dritten Jahrgangsstufe verwenden die Lernenden fast ausschließlich englischsprachige Strukturen. Zudem zeichnen sich die Lerneräußerungen durch eine höhere Komplexität und zunehmende sprachliche Richtigkeit aus.

Die vorliegende Untersuchung ordnet sich in aktuelle Diskussionen zu Effizienz und Mehrwert fremdsprachlicher Immersion in der Primarstufe ein. Sie bestätigt und untermauert die Ergebnisse ähnlicher Untersuchungen, z. B. in Schleswig-Holstein (vgl. Wode bzw. Gebauer in diesem Band) und zeigt, dass auch teilimmersive Programme die fremdsprachliche Kompetenzentwicklung in beeindruckender Weise unterstützen und somit zur Förderung der Mehrsprachigkeit beitragen. Neben den fremdsprachlichen Fähigkeiten darf die Entwicklung der muttersprachlichen sowie sachfachlichen Kompetenzen der Lernenden jedoch nicht außer Acht gelassen werden. Auch hier zeigen die bislang vorliegenden Untersuchungen, dass Immersion keine negativen Auswirkungen auf die Entwicklung der Muttersprache sowie die Leistungen in verschiedenen Sachfächern hat (vgl. z. B. Linke bzw. Gebauer in diesem Band).

Bibliographie

Bildungskommission NRW (1995): Zukunft der Bildung – Schule der Zukunft. Neuwied: Luchterhand.

Mayer, Mercer (1969): Frog, where are you? New York: Pied Piper.

Häckel, Alexandra/Piske, Thorsten (2011): Zur Entwicklung der sprachlichen Fähigkeiten bei deutsch-englisch bilingual betreuten Kindergartenkindern mit und ohne Migrationshintergrund. In: Krafft, Andreas/Spiegel, Carmen (Hrsg.): Sprachliche Förderung und Weiterbildung – transdiziplinär. Frankfurt: Peter Lang (Forum Angewandte Linguistik, Band 51), S. 11-31.

Hermes, Liesel (1998): Hörverstehen. In: Timm, Johannes-Peter (Hrsg.): Englisch lernen und lehren - Didaktik des Englischunterrichts. Berlin: Cornelsen, S. 221-228.

Pienemann, Manfred (1998): Language Processing and Second Language Development: Processability Theory. Amsterdam: John Benjamins.

Piske, Thorsten (2006): Zur Entwicklung der Englischkenntnisse bei deutschsprachigen Immersionsschülerinnen und -schülern im Grundschulalter. In: Schlüter, Norbert (Hrsg.): Fortschritte im frühen Fremdsprachenlernen – Ausgewählte Tagungsbeiträge Weingarten 2004. Berlin: Cornelsen, S. 206-212.

Schmid-Schönbein, Gisela (2001): Didaktik: Grundschulenglisch Anglistik-Amerikanistik. Berlin: Cornelsen.

Zydatiß, Wolfgang (2000): Bilingualer Unterricht in der Grundschule. Entwurf eines Spracherwerbskonzepts für zweisprachige Immersionsprogramme. Forum Sprache. Ismaning: Hueber.

Bildquellen

Funke, Cornelia (2003): Best girl friends. Hamburg: Oetinger.

Lindgren, Astrid (2005): Children's Day in Bullerbü. Hamburg: Oetinger.

Sauermann, Marcus (2004): Theo wants to be a knight. Hamburg: Oetinger.

Scheffler, Ursel (2006): Paula likes football. Hamburg: Oetinger.

Die Entwicklung von muttersprachlichen und sachfachlichen Kompetenzen bei immersiv unterrichteten Kindern: Ergebnisse eines Englisch-Immersionsprojekts an der Grundschule

Gabriele Linke

Abstract

Dieser Beitrag fasst Erkenntnisse zusammen, die in der zweijährigen wissenschaftlichen Begleitung von Grundschulklassen mit teilimmersivem Englischunterricht gewonnen wurden. Mehrere Tests wurden parallel in Immersions- und Nicht-Immersionsklassen absolviert. Weder im muttersprachlichen Bereich noch im Mathematik- und Sachunterricht wurden in teilimmersiv unterrichteten Klassen Leistungsdefizite festgestellt. Als Ursache für das teilweise tendenziell bessere Abschneiden der ImmersionsschülerInnen ist jedoch ein komplexes Feld von Faktoren anzunehmen, die nicht Gegenstand der Studie waren.

1 Problemlage: Englisch-Immersion in der Grundschule und ihr Einfluss auf die muttersprachlichen und sachfachlichen Kompetenzen

Bedenken von Eltern, die ein Kind in eine Englisch-Immersionsklasse einschulen wollen, betreffen sehr oft die möglichen nachteiligen Auswirkungen, die die englische Unterrichtssprache auf die Entwicklung der mathematischen und sachfachlichen Kompetenzen sowie der muttersprachlichen Lese- und Schreibkompetenzen haben könne. Dem liegt die Annahme zugrunde, dass das Erwerben von Sachwissen und fachspezifischen Fähigkeiten und Fertigkeiten durch die Vermittlung in der Fremdsprache bzw. das 'zusätzliche' Erlernen der Fremdsprache erschwert wird und deshalb schlechtere Leistungen zustande kommen würden als im muttersprachlich geführten Sachfachunterricht. Außerdem könne es sein, dass sich in Immersionsklassen vor allem die schriftsprachlichen Kompetenzen in der Muttersprache (L1) weniger gut entwickeln, weil deren zusätzliche Übung im muttersprachlichen Sachfachunterricht entfällt oder stark reduziert ist. Gerade für leistungsschwächere Lernende werden solche Bedenken geäußert.

Diesen Befürchtungen negativer Auswirkungen von Immersionsunterricht stehen Studien gegenüber, die "mindestens vergleichbare bis deutlich bessere Schulleistungen der immersiv unterrichteten Schüler im Lesen und in der Rechschreibung in der L1 sowie in Mathematik" feststellten (Kuska et al. 2010: 144). Oberflächlich betrachtet, könnte man hier schon innehalten und sich zufrieden geben: Die (in Deutschland wenigen) Studien haben ja gezeigt, dass die Befürchtungen von Leistungsnachteilen unbegründet sind und ImmersionsschülerInnen tendenziell bessere Leistungen erbrachten. Beim genaueren Hinsehen ergeben sich jedoch Fragen bezüglich der Validität der Ergebnisse vorliegender Studien, auf die in der Diskussion bereits immer wieder hingewiesen wurde und die auch in Bezug auf die Ergebnisse der hier vorgestellten Studie mit GrundschülerInnen beantwortet werden müssen.

Diese Fragen betreffen die intellektuellen und sozialen Eingangsvoraussetzungen, die bei immersiv und monolingual unterrichteten Kindern vergleichbar sein müssten, aber auch die Konstanz und Vergleichbarkeit von Lehrpersonal, Lehrangebot, -material und -methoden sowie die möglichen Auswirkungen der sozialen und intellektuellen Zusammensetzung der Klasse auf die Leistungen der einzelnen SchülerInnen (vgl. Kuska et al. 2010: 150). Um z. B. bessere Ergebnisse bei Tests auf den positiven Einfluss von immersivem Unterricht zurückführen zu können, müssten nicht nur die allgemeinen Voraussetzungen bei den SchülerInnen, sondern auch LehrerInnenmotivation, Anschauungsmaterial, Übungs- und Wiederholungsphasen usw. in monolingualem und immersivem Unterricht gleich sein, und dies ist in normalen, nicht-experimentellen Schulsituationen nicht zu gewährleisten.

Im folgenden Beitrag werden die Ergebnisse der zweijährigen wissenschaftlichen Begleitung von immersiv und monolingual unterrichteten Grundschulklassen vorgestellt und auf ihre Aussagekraft bezüglich der Frage nach vor- oder nachteiligen Auswirkungen immersiven Unterrichts auf muttersprachliche (Deutsch) und sachfachliche Kompetenzen hin geprüft.

2 Rahmenbedingungen der Studie

An der von der Rostocker Projektgruppe wissenschaftlich begleiteten Grundschule wird seit 2010 Immersionsunterricht in englischer Sprache ab dem ersten Schuljahr angeboten. Es handelt sich hierbei um Teil-Immersion, d. h. mindestens 50% des Unterrichts finden in der Fremdsprache statt. In den betrachteten Klassen ist Englisch Unterrichtssprache in den Fächern Mathematik und Sachkunde sowie Werken (Jahrgangsstufe 1 und 2) bzw. Kunst (Jahrgangsstufe 3). Bei den SchülerInnen handelt es sich ausschließlich um Kinder mit der Muttersprache Deutsch, sowohl in den immersiv als auch in den monolingual unterrichteten Klassen. Die Immersionsklassen stehen allen SchülerInnen offen, und eine Aufnahme bedarf keiner Empfehlung oder Leistungsprognose, sondern erfolgt allein auf Antrag der Eltern. Es ist jedoch nicht auszuschließen, dass z. B. im Kindergarten Empfehlungen für oder gegen die Einschulung eines Kindes in eine Immersionsklasse gegeben wurden.

Weil das Projekt im laufenden Schuljahr begann (und aus Zeitgründen) konnten keine Testungen des Vorwissens und der kognitiven Fähigkeiten der SchülerInnen und auch keine Erhebungen bezüglich der Bildungsabschlüsse ihrer Eltern sowie ihrer familiären und sozialen Situation durchgeführt werden, die eine Vergleichbarkeit der beiden Gruppen (immersiv oder monolingual unterrichtet) gewährleistet hätten. Die entscheidende Rolle der Eltern für die Zusammensetzung der Immersionsklassen konnte z. B. bei der wissenschaftlichen Begleitung nicht systematisch erfasst und berücksichtigt werden. Es wurden aber i. Allg. möglichst alle SchülerInnen der jeweiligen Jahrgangsstufe getestet, um eine möglichst hohe Zahl an ProbandInnen zu erreichen. Das heißt, dass Faktoren wie Eingangsvoraussetzungen und sozialer Hintergrund nicht kontrolliert werden konnten und deshalb zur Interpretation der Ergebnisse herangezogen werden müssen. Bei der wissenschaftlichen Begleitung unter 'natürlichen', nicht-kontrollierten schulischen Bedingungen muss in Kauf genommen werden, dass nicht die Validität von Untersuchungen unter Laborbedingungen erreicht werden kann. Die wissenschaftliche Begleitung mit Hospitationen und Testungen erstreckte sich über den Zeitraum von Herbst 2011 bis Sommer 2013 und erfasste die Grundschulklassen der Jahrgangsstufen 1–3. Dabei handelt es sich i. Allg. um je zwei immersiv und zwei monolingual unterrichtete Klassen in jeder Jahrgangsstufe und dadurch vergleichbare SchülerInnenzahlen in beiden Bereichen. Die SchülerInnenzahlen variieren, auch bei der gleichen Testgruppe, aufgrund von Fluktuation sowie Krankheit und anderen Versäumnisgründen am jeweiligen Tag der Testung.

3 Zielstellungen und Aufbau der Testungen

Um herauszufinden, wie sich Immersionsunterricht auf die Entwicklung ausgewählter Fähigkeiten in der Muttersprache, auf Wissen aus dem Sachunterricht und auf mathematische Fähigkeiten auswirkt, und um das Leistungsniveau in diesen drei Bereichen in monolingual und immersiv unterrichteten Klassen vergleichen zu können, wurden mit allen SchülerInnen der gleichen Jahrgangsstufen Testungen durchgeführt (vgl. Abb. 1), und zwar

- die standardisierten Tests ELFE (Leseverständnistest für Erst- bis Sechstklässler) zur Ermittlung der Leistungen in "Deutsch – Lesen" und DRT (Diagnostischer Rechtschreibtest) 2 und 3 für den Bereich "Deutsch – Rechtschreibung";
- die standardisierten Mathematik-Tests DEMAT (Deutscher Mathematiktest) 1+, 2+ und 3+, die deutschlandweit im Einsatz sind, zur Ermittlung des Leistungsniveaus in Mathematik in der jeweiligen Jahrgangsstufe. DEMAT, ELFE und DRT erlaubten auch Vergleiche mit den deutschlandweit ermittelten Eichwerten.
- Testungen zum Sachunterricht in den Jahrgangsstufen 2 und 3, für die die Aufgabenstellungen durch die Projektgruppe in Zusammenarbeit mit den beteiligten LehrerInnen entwickelt wurden. Durch Hospitationen und Gespräche mit den LehrerInnen in Immersions- und monolingual unterrichteten Klassen wurde sichergestellt, dass die in den Testungen gestellten Aufgaben sich auf in allen Klassen vermittelten Stoff beziehen und die Aufgabenstellungen eine altersgerechte Form haben.

	Frühjahr 2012	Anzahl der ProbandInnen	Frühjahr 2013	Anzahl der ProbandInnen
Jahrgangsstufe 1	ELFE	22 im 28 n-im	ELFE	34 im 26 n-im
	DEMAT 1+	23 im 26 n-im	DEMAT 1+	34 im 36 n-im
Jahrgangsstufe 2	ELFE	25 im 20 n-im	ELFE	21 im 39 n-im
	DRT	25 im 20 n-im	DRT	21 im 38 n-im
	DEMAT 2+	26 im 22 n-im	DEMAT 2+	23 im 39 n-im
	Sachunterricht	23 im 22 n-im[1]	Sachunterricht	23 im 38 n-im
Jahrgangsstufe 3	Noch keine Immersionsklasse		ELFE	23 im 29 n-im
			DRT	23 im 30 n-im
			DEMAT 3+	23 im 30 n-im
			Sachunterricht	23 im, 30 n-im

Abb. 1. Übersicht über die Testungen in Mathematik, Deutsch und Sachunterricht. Abkürzungen: im = immersiv unterrichtete SchülerInnen; n-im = nicht-immersiv (monolingual) unterrichtete SchülerInnen.

---

[1] Hier wurde nur eine monolingual unterrichtete Klasse getestet, um vergleichbare Gruppengrößen zu erhalten.

4 Ergebnisse

4.1 Ergebnisse der Leseverstehens- und Rechtschreibtests in Deutsch

4.1.1 Das Leseverstehen (ELFE-Test)

Dieser Test (Lenhard/Schneider 2006) besteht aus drei Teilen und umfasst je einen Wort-, Satz- und Textverständnistest, bei dem durch Ankreuzen oder Unterstreichen aus vier bis fünf Varianten die richtige auszuwählen war.

Die auffälligsten Ergebnisse bestehen darin, dass der Anteil der SchülerInnen mit schwach ausgeprägtem Leseverständnis in der monolingual unterrichteten Gruppe deutlich größer ist als in der immersiv unterrichteten, während die Gruppe mit (weit) überdurchschnittlichem Leseverständnis unter den immersiv unterrichteten Kindern am größten ist. Diese beiden Phänomene betreffen sowohl die 1. (Abb. 2) als auch die 2. und 3. Jahrgangsstufe (Abb. 3 und 4).

Prozentrang-gruppe	Im. 1. JGS 2012	Im. 1. JGS 2013	Nicht-Im. 1. JGS 2012	Nicht-Im. 1. JGS 2013	Bewertung des Lese-verständnisses (LV)
90 ≤ PR ≤ 100	0	12	0	0	weit überdurchschnitt-liches LV
75 ≤ PR ≤ 90	14	12	4	12	überdurchschnitt-liches LV
25 ≤ PR ≤ 75	50	44	39	23	normal ausgeprägtes LV
10 ≤ PR ≤ 25	18	12	18	23	unterdurchschnittl iches LV
0 ≤ PR ≤ 10	18	21	39	42	schwach bis sehr schwach ausgeprägtes LV

Abb. 2. ELFE: Prozentuale Verteilung der Prozentrang-Gruppen (gerundet) in der Immersions- und Nicht-Immersionsgruppe der 1. Jahrgangsstufe (JGS) im Vergleich der Testdurchgänge 2012 und 2013.

Die Entwicklung der SchülerInnen zeigt im Längsschnitt von Jahrgangsstufe 1 (2012) zu Jahrgangsstufe 2 (2013) für Immersions-

und Nicht-Immersionsgruppe eine Verbesserung der durchschnittlichen Leistungen und damit eine Erhöhung der Anteile im durchschnittlichen und überdurchschnittlichen Bereich; hinzu kommt für die Immersionsgruppe eine stärkere Ausdifferenzierung der Leistungen, indem sich auch SchülerInnen mit weit überdurchschnittlichem Leseverständnis profilieren, während bei den monolingual unterrichteten SchülerInnen eher Verschiebungen hin zu durchschnittlichen Leistungen zu beobachten sind (Abb. 3). Es ist jedoch einschränkend zu bemerken, dass bei der geringen Zahl von SchülerInnen, die in Jahrgangsstufe 2 (2013) in die höchste Leistungsgruppe aufstiegen (eine SchülerIn) – nicht ausreicht, um hier einen Trend zu konstatieren, da schon allein die 'Tagesform' einzelner ProbandInnen deren Wechsel in die nächsthöhere oder -niedrigere Kategorie verursachen kann.

Bewertung (PR-Gruppe)	Immersion 1. JGS 2012	Immersion 2. JGS 2013	Nicht-Immersion 1. JGS 2012	Nicht-Immersion 2. JGS 2013
weit über-durchschnittlich	0	4	0	0
über-durchschnittlich	14	22	4	10
durchschnittlich	50	48	39	51
unter-durchschnittlich	18	17	18	20
schwach	18	9	39	18

Abb. 3. ELFE: Prozentuale Verteilung der PR-Gruppen (gerundet) in der Immersions- und Nicht-Immersionsgruppe im Längsschnitt von Jahrgangsstufe 1 (2012) zu Jahrgangsstufe 2 (2013).

Die Unterschiede in der genauen Verteilung der SchülerInnen auf die fünf Leistungskategorien gibt es sowohl zwischen den Immersionsklassen als auch zwischen den monolingual unterrichteten Klassen jeweils einer Jahrgangsstufe, was auf das bei jedem Jahrgang variierende Eingangsniveau in beiden Unterrichtsformen hindeutet. Der Vergleich der Entwicklung von 2012 zu 2013 zwischen den Jahrgangsstufen 1 und 2 (Abb. 3) wie auch 2 und 3 (Abb. 4) zeigt jedoch für beide

Gruppen, immersiv und monolingual unterrichtete Kinder, relativ konstante Testergebnisse und nur leichte Verschiebungen, die überraschenderweise für die beiden Entwicklungsstufen unterschiedlich ausfallen. Während von Jahrgangsstufe 1 (2012) zu Jahrgangsstufe 2 (2013) eine Zunahme in den Kategorien des durchschnittlich und überdurchschnittlich ausgeprägten Leseverständnisses zu verzeichnen ist, zeigt die Entwicklung von Jahrgangsstufe 2 (2012) zu Jahrgangsstufe 3 (2013) in beiden Gruppen teilweise eine Verschiebung hin zu niedrigeren Leistungskategorien. Die Ursachen für letztere Veränderung wurden bei den Testungen nicht erfasst, aber wären wahrscheinlich in den damals aktuellen Unterrichtsbedingungen und der Jahrgangsspezifik zu suchen. Klar erkennbar ist jedoch, dass diese Tendenz sowohl die immersiv als auch die monolingual unterrichteten Kinder betrifft, also die Entwicklung der Kompetenzen weitgehend parallel verläuft.

Bewertung (PR-Gruppe)	Immersion 2. JGS 2012	Immersion 3. JGS 2013	Nicht-Immersion 2. JGS 2012	Nicht-Immersion 3. JGS 2013
weit überdurchschnittlich	0	0	0	0
überdurchschnittlich	12	9	5	3
durchschnittlich	52	61	45	34
unterdurchschnittlich	28	17	10	17
schwach	8	13	40	45

Abb. 4. ELFE: Prozentuale Verteilung der PR-Gruppen (gerundet) in der Immersions- und Nicht-Immersionsgruppe im Längsschnitt von Jahrgangsstufe 2 (2012) zu Jahrgangsstufe 3 (2013).

Diese in der Gesamtschau relativ konstante Verteilung der Leistungen auf die verschiedenen Leistungsbewertungsgruppen im Längsschnitt deutet darauf hin, dass weder die immersive noch die monolinguale Unterrichtsform eine deutlich schnellere und positivere Entwicklung des Leseverstehens herbeiführt. Erkennbar ist jedoch, dass Immersionsunterricht die Entwicklung des muttersprachlichen Leseverstehens nicht hemmt. Die Ursachen für das von Jahrgangsstufe 1 an durchschnittlich etwas bessere Abschneiden der ImmersionsschülerInnen werden vorrangig in ungleichen Eingangsvoraussetzungen zwischen den beiden Gruppen und einer nicht-intendierten Konzentration leistungsstärkerer SchülerInnen in den Immersionsklassen vermutet.

4.1.2 Die orthographische Kompetenz (DRT)

Der DRT wurde in beiden Testzeiträumen nach Rücksprache mit den LehrerInnen erst ab Jahrgangsstufe 2 durchgeführt, da in der ersten Jahrgangsstufe die mündliche Kommunikation gegenüber der Entwicklung des Schreibens im Vordergrund stand. Der DRT besteht aus einem Lückentext, der im Diktat auszufüllen ist (Müller 1997). Insgesamt sind im Diktat 32 Wörter bei DRT 2 und 44 Wörter bei DRT 3 einzusetzen.

Der DRT wird nach einer vorgegebenen Fehlertypologie ausgewertet, bei der Regel-, Wahrnehmungs- und Merkfehler unterschieden werden. Dabei werden Regelfehler, d. h. Verstöße gegen Rechtschreibnormen, die nicht hörbar sind (wie Groß- und Kleinschreibung), als weniger schwerwiegend eingestuft als Wahrnehmungsfehler, die gegen die 'lautgetreue' Schreibung verstoßen, und Merkfehler, d. h. die falsche Schreibung sehr häufiger Wörter und Morpheme (Müller 1997).

Für die zweite Jahrgangsstufe (DRT 2) ergab die Auswertung der Rechtschreibfehler insgesamt, dass in beiden Testjahrgängen (2012 und 2013) sowohl immersiv als auch monolingual unterrichtete SchülerInnen mit ihren durchschnittlichen Fehlerzahlen im deutschlandweit durchschnittlichen Leistungsbereich liegen, dass jedoch die Immersionsgruppe in beiden Testdurchgängen eine etwas geringere durchschnittliche Fehlerzahl (16,7 Fehlerpunkte) aufwies und also etwas besser abschnitt als die monolingual unterrichtete Gruppe (19,3 (2012) bzw. 19,2 (2013) Fehlerpunkte), auch wenn die festgestellten

Unterschiede nicht signifikant sind (vgl. Abb. 5).

	Immersion 2012	Nicht-Immersion 2012	Immersion 2013	Nicht-Immersion 2013
Schüleranzahl	25	20	21	38
Groß- und Kleinschreibung: Ø Fehler/SchülerIn	5,0	3,5	6,1	5,8
Merkfehler: Ø Fehler/SchülerIn	5,2	6,7	4,7	4,9
Ø Gesamtfehler-anzahl/SchülerIn	16,7	19,3	16,7	19,2

Abb. 5. DRT 2: Ausgewählte quantitative Ergebnisse im Vergleich Immersion – Nicht-Immersion im Längsschnitt von 2012 zu 2013.

Der Bereich der Groß- und Kleinschreibung (Regelfehler) wurde bei der Fehlerauswertung gesondert betrachtet, weil hier Interferenzen zwischen Englisch und Deutsch und damit eine durchschnittlich höhere Fehlerzahl bei den ImmersionsschülerInnen vermutet wurden. Die durchschnittliche Fehlerzahl pro SchülerIn betrug für Groß- und Kleinschreibung in der Immersionsgruppe 5,0 (2012) bzw. 6,1 (2013), und in der monolingual unterrichteten Gruppe 3,5 (2012) bzw. 5,8 (2013). Innerhalb der Groß- und Kleinschreibungsfehler ist z. B. 2013 der Anteil der falschen Kleinschreibung von Nomen mit 48,8 % in der Immersionsgruppe geringfügig höher als in der monolingual unterrichteten Gruppe (39,6 %), wo der Anteil der falschen Großschreibung von Verben usw. etwas höher ist. Dieses Ergebnis bestätigte in geringem Maße die Vermutung, dass die Groß- bzw. Kleinschreibung von Nomen aufgrund der Unterschiede zwischen Deutsch und Englisch für die ImmersionsschülerInnen ein potenzielles Problemfeld darstellt. Die Differenz von 1,5 (2012) bzw. 0,3 (2013) Fehlern und die darin um knapp 10 % höhere Präsenz der Kleinschreibung von Nomen könnten auf den Einfluss der Englisch-Immersion zurück gehen, sind aber in ihrem Umfang nicht signifikant und, wie der Unterschied zwischen den Jahrgängen zeigt, kein stabiler Zusammenhang.

In der dritten Jahrgangsstufe (DRT 3, 2013) fielen für alle Fehlerarten zusammen die Unterschiede zwischen der immersiv und der monolingual unterrichteten Gruppe ebenfalls nur gering aus, und ebenfalls zugunsten der Immersionsgruppe, in der die durchschnittliche Fehlerzahl pro SchülerIn 20,6 betrug, während in der monolingual unterrichteten Gruppe durchschnittlich 24,4 Fehler pro SchülerIn verzeichnet wurden. Groß- und Kleinschreibungsfehler traten aber auch in Jahrgangsstufe 3 (sehr) geringfügig öfter in der immersiv (durchschnittlich 6,8 Fehler pro SchülerIn) als in der monolingual unterrichteten Gruppe (6,7 Fehler) auf. Weiterhin war der Anteil der falschen Kleinschreibung von Nomen an der Fehlergruppe, ähnlich wie beim DRT 2, bei den ImmersionsschülerInnen mit 89,2% um knapp 10% höher als bei den Nicht-ImmersionsschülerInnen, bei der er 80,5 % ausmachte. Der sehr hohe Anteil dieser Fehler an den Groß- und Kleinschreibungsfehlern in beiden Gruppen deutet wieder darauf hin, dass es sich hier um eine generelle Schwierigkeit handelte, die in beiden Gruppen eine ähnliche Herausforderung darstellte, die von den ImmersionsschülerInnen mit nur leicht höherer Fehlerzahl auf ähnlichem Niveau bewältigt wurde.

Bei der Betrachtung der Entwicklung der orthographischen Kompetenz von der 2. zur 3. Jahrgangsstufe (Abb. 6) fällt, analog zu den Ergebnissen des ELFE-Tests, auf, dass hier in beiden Gruppen teilweise Verschiebungen hin zu niedrigeren Leistungskategorien stattfanden, deren Ursachen durch die Tests nicht erfasst werden konnten, wohl aber in den ganz konkreten Bedingungen für diesen Jahrgang liegen.

Zusammenfassend ist festzustellen, dass die Verteilung des Leistungsniveaus beim DRT 2 (2012 und 2013) und DRT 3 (2013), ganz ähnlich wie beim ELFE, für die Immersionsklassen einen etwas stärkeren Anteil im überdurchschnittlichen Leistungsbereich zeigt, während bei den monolingual unterrichteten SchülerInnen unterdurchschnittliche bis sehr schwache Leistungen etwas stärker im Spektrum vertreten sind, obwohl es in dieser Gruppe andererseits z. B. 2013 beim DRT 2 einen größeren Anteil weit überdurchschnittlicher Leistungen gibt (vgl. Abb. 7). Die Ursachen für das durchschnittlich bessere Abschneiden können zwar nicht eindeutig dem Immersionsunterricht zugeordnet werden, jedoch wird deutlich, dass ImmersionsschülerInnen im Durchschnitt keinerlei Rückstände gegenüber monolingual unterrichteten Kindern erkennen lassen. Wegen der geringen ProbandInnenzahl und der Schwankungen in den Eingangsvoraussetzungen zwischen den Jahrgängen lassen sich kaum weitere Verallgemeinerungen treffen, jedoch ist zu beobachten, dass sich Leistungsniveau und Fehlerschwerpunkte in den Gruppen ähneln und innerhalb einer Gruppe zwischen den Jahrgängen schwanken. Die in allen Immersionsgruppen beobachtete um knapp 10 % höhere Fehlerzahl bei der Kleinschreibung von Nomen, die auf den Einfluss des Englischen zurückgehen könnte, wird durch das generell bessere Abschneiden in den anderen Fehlerkategorien neutralisiert und erweist sich so als nahezu bedeutungslos für die Gesamtentwicklung der Rechtschreibfähigkeit.

Bewertung (PR-Gruppe)	Immersion 2. JGS 2012	Immersion 3. JGS 2013	Nicht-Immersion 2. JGS 2012	Nicht-Immersion 3. JGS 2013
weit über-durchschnittlich	0	4	0	0
über-durchschnittlich	24	9	15	3
durchschnittlich	72	61	60	70
unter-durchschnittlich	4	9	15	10
schwach	0	13	0	14
sehr schwach[2]	0	4	10	3

Abb. 6. DRT: Prozentuale Verteilung der PR-Gruppen (gerundet) in der Immersions- und Nicht-Immersionsgruppe im Längsschnitt von Jahrgangs-stufe 2 (2012) zu Jahrgangsstufe 3 (2013).

[2] Die unterste Prozentranggruppe ($0 < PR \leq 10$) wird im Folgenden noch einmal unterteilt in schwache ($6 < PR \leq 10$) und sehr schwache ($1 < PR \leq 5$) Leistungen.

Bewertung (PR-Gruppe)	Immersion 2. JGS 2012	Immersion 2. JGS 2013	Nicht-Immersion 2. JGS 2012	Nicht-Immersion 2. JGS 2013
weit über-durchschnittlich	0	5	0	10
über-durchschnittlich	24	19	15	8
durchschnittlich	72	67	60	49
unter-durchschnittlich	4	5	15	18
schwach	0	5	0	8
sehr schwach	0	0	10	8

Abb. 7. DRT 2: Prozentuale Verteilung der PR-Gruppen (gerundet) in der Immersions- und Nicht-Immersionsgruppe im Vergleich der 2. Jahrgangsstufe in den Jahren 2012 und 2013.

4.2 Die mathematischen Fähigkeiten (DEMAT)

Mathematik gehört zu den Fächern, die im Rahmen des Teilimmersionsprogramms in Englisch unterrichtet werden. Deshalb sollte mittels eines deutschen Standard-Mathematik-Schultests geprüft werden, ob sich die Fremdsprachigkeit negativ auf die Fachkompetenzen auswirkt.

DEMAT 1+

Der Mathematiktest DEMAT 1+ umfasst 36 Aufgaben aus den 9 Aufgabenbereichen „Mengen-Zahlen“, „Zahlenraum“, „Addition“, „Subtraktion“, „Zahlenzerlegung/-ergänzung“, „Teil-Ganzes“, „Kettenaufgaben“, „Ungleichungen“ und „Sachaufgaben“ (Krajewski/Küspert/Schneider 2002). Der Test wurde 2012 und 2013 in den immersiv und monolingual unterrichteten Klassen durchgeführt.

Beide Gruppen zeigten in beiden Jahrgängen insgesamt durchschnittliche bis leicht überdurchschnittliche Leistungen, allerdings liegt auch hier wieder, wie bei ELFE und DRT, in den Immersionsgruppen ein etwas größerer Prozentsatz im Bereich der ausgezeichneten und überdurchschnittlichen Leistungen und ein geringerer im Bereich der schwachen und sehr schwachen Leistungen (vgl. Abb. 8). Für 2013 zeigt die Testung jedoch, dass die Unterschiede im Leistungsniveau zwischen der Gruppe der immersiv- und der monolingual unterrichteten Kinder geringer sind als 2012. Dies deutet darauf hin, dass im früheren (zweiten) Immersionsjahrgang die nicht intendierte Selektion leistungsstärkerer Kinder als Resultat der elterlichen Entscheidung stark war, während für den nächsten (dritten) Jahrgang die immersive Unterrichtsform als erfolgreich und nicht-elitär etabliert war und deshalb die Selektionseffekte zurückgingen.

Bewertung (PR-Gruppe)	Immersion 1. JGS 2012	Immersion 1. JGS 2013	Nicht-Immersion 1. JGS 2012	Nicht-Immersion 1. JGS 2013
weit über-durchschnittlich	0	9	0	4
über-durchschnittlich	26	29	12	23
durchschnittlich	43	56	46	58
unter-durchschnittlich	9	0	15	4
schwach	22	0	8	0
sehr schwach	0	6	19	12

Abb. 8. DEMAT1+: Prozentuale Anteile der PR-Gruppen in den Gruppen Immersion und Nicht-Immersion (gerundet) im Vergleich der Testdurchgänge 2012 und 2013.

Ein weiteres wichtiges Ergebnis besteht darin, dass in beiden Jahrgängen (2012 und 2013) in immersiv und monolingual unterrichteten Gruppen die gleichen Aufgabentypen besonders erfolgreich („Mengen-Zahlen“) bzw. besonders mangelhaft („Sachaufgaben“) bearbeitet wurden (vgl. Abb. 9). Die weitgehend parallelen Ergebnisse in beiden

Gruppen für die verschiedenen Aufgabentypen deuten darauf hin, dass der jeweils empfundene Schwierigkeitsgrad der Aufgaben nicht von der Unterrichtssprache abhängt, was als ein starkes Argument für Englisch-Immersion gewertet werden kann.

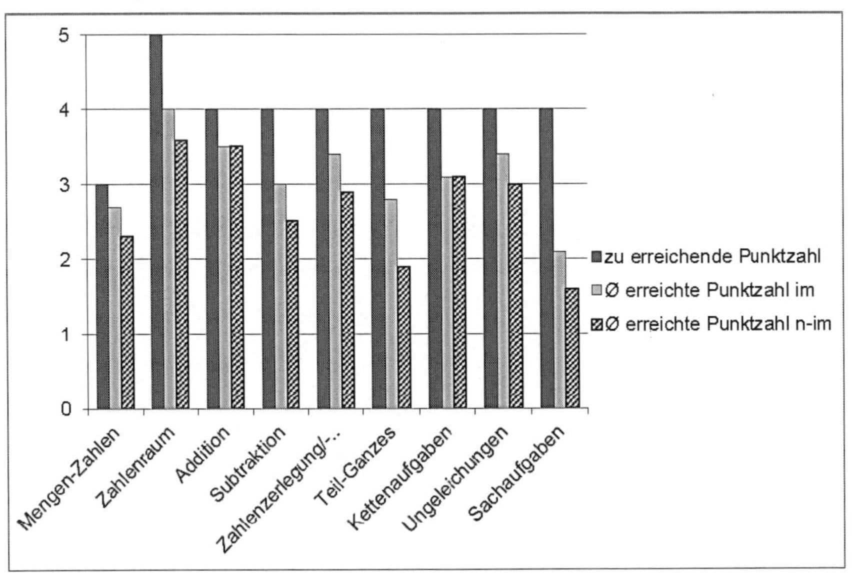

Abb. 9. DEMAT 1+: Zu erreichende Punktzahlen und durchschnittlich erreichte Punktzahlen für die einzelnen Aufgabenbereiche im Vergleich der Gruppen Immersion (im) und Nicht-Immersion (n-im) im Testjahrgang 2013.

DEMAT 2+

Der DEMAT 2+ umfasst 36 Aufgaben aus folgenden 10 Teilbereichen: „Zahleneigenschaften“, „Längenvergleich“, „Addition“, „Subtraktion“, „Verdoppeln“, „Division“, „Halbieren“, „Rechnen mit Geld“, „Sachaufgaben“ sowie „Geometrie“.

In beiden Testjahren liegt die Immersionstestgruppe, wie bereits in der ersten Jahrgangsstufe, mit ihren Ergebnissen im Durchschnitt leicht über der Nicht-Immersionsgruppe. Für die Testergebnisse 2012 ist der relativ hohe Anteil ausgezeichneter und überdurchschnittlicher Leistungen in der Immersionsgruppe und schwacher und sehr schwacher Leistungen in der monolingual unterrichteten Gruppe vermutlich darauf zurückzuführen, dass in diesem ersten Immersionsjahrgang der Selektionseffekt besonders stark war und zu größeren Differenzen zwischen den beiden Gruppen führte, als dies in den nachfolgenden Jahrgängen zu beobachten war (vgl. Abb. 10), d. h. beim Testjahrgang 2013 war das durchschnittliche Leistungsgefälle zwischen Immersions- und Nicht-Immersionsgruppe etwas geringer als 2012.

Bewertung (PR-Gruppe)	Immersion 2. JGS 2012	Immersion 2. JGS 2013	Nicht-Immersion 2. JGS 2012	Nicht-Immersion 2. JGS 2013
weit über-durchschnittlich	4	4	0	0
über-durchschnittlich	19	22	9	10
durchschnittlich	58	48	41	51
unter-durchschnittlich	15	17	27	21
schwach	4	4	14	3
sehr schwach	0	4	9	15

Abb. 10. DEMAT 2+: Prozentuale Anteile der PR-Gruppen in den Testgruppen Immersion und Nicht-Immersion im Vergleich der Testdurchgänge 2012 und 2013.

Ähnlich wie beim DEMAT 1+ in der ersten Jahrgangsstufe zeichnet sich auch in der 2. Jahrgangsstufe ab, dass die immersiv und die monolingual unterrichtete Gruppe in den selben Aufgabenbereichen besonders schwache („Zahleneigenschaften“) und besonders starke („Verdoppeln“) durchschnittliche Leistungen zeigten und zumindest in einigen anderen Bereichen in Relation zum Durchschnitt parallele Ergebnisse erzielt wurden, z. B. relativ gute Ergebnisse in „Division“ (vgl. Abb. 11).

Diese Beobachtung trifft für beide Testjahrgänge zu, wobei es neben den Parallelen in beiden Jahrgängen und Gruppen auch Schwankungen bei den durchschnittlichen Leistungen einzelner Teilgebiete gibt. Insgesamt ist auch hier kein nachteiliger Einfluss der Fremdsprachigkeit auf die Leistungsfähigkeit in Mathematik zu beobachten; jedoch verringert sich der Leistungsvorsprung der Immersionsklassen mit dem Nachlassen der nicht-intendierten Selektion parallel zur Etablierung des Immersionsunterrichts als einer erfolgreichen, nicht-elitären, allen SchülerInnen zugänglichen Unterrichtsform.

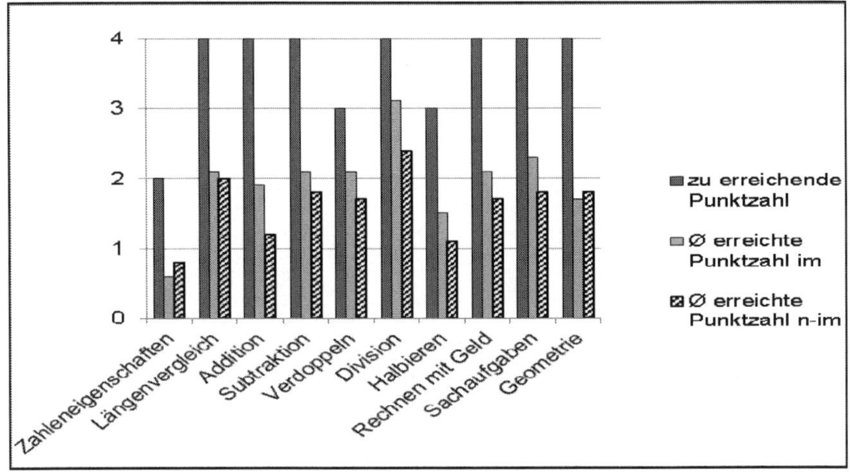

Abb. 11. DEMAT 2+: Zu erreichende Punktzahlen und durchschnittlich erreichte Punktzahlen für die einzelnen Aufgabenbereiche im Vergleich der Gruppen Immersion (im) und Nicht-Immersion (n-im) im Testjahrgang 2013.

DEMAT 3+

Der DEMAT 3+ umfasst 31 Aufgaben aus 9 Aufgabenbereichen; diese sind „Zahlenstrahl“, „Addition“, „Subtraktion“, „Multiplikation“, „Sachrechnungen“, „Spiegelzeichnungen“, „Formen legen“, „Längen schätzen“ und „Längen umrechnen“. In Jahrgangsstufe 3 gab es 2012 noch keine immersiv unterrichtete Gruppe, so dass nur 2013 getestet werden konnte.

In Jahrgangsstufe 3 ist die Differenz in der Prozentrang-Gruppenverteilung stärker ausgeprägt als bei den Ergebnissen des DEMAT 1+ und DEMAT 2+. Auffällig ist, dass in der Immersionsgruppe keine Leistungen auf die unterdurchschnittlichen Leistungskategorien entfallen, sondern ausschließlich Leistungen im durchschnittlichen und überdurchschnittlichen Bereich erbracht wurden (vgl. Abb. 12).

Bewertung (PR-Gruppe)	Immersion 3. JGS 2013	Nicht-Immersion 3. JGS 2013
weit überdurchschnittlich	17	3
überdurchschnittlich	4	7
durchschnittlich	78	60
unterdurchschnittlich	0	13
schwach	0	13
sehr schwach	0	3

Abb. 12. DEMAT 3+: Prozentuale Anteile der PR-Gruppen in den Gruppen Immersion und Nicht-Immersion (gerundet).

Zwar liegt auch die Mehrheit der Leistungen der monolingual unterrichteten Gruppe in diesem Bereich, aber der Anteil dieser Leistungen ist deutlich geringer als in der Immersionsgruppe. Diese ausgeprägte Differenz in der Leistungsverteilung in Jahrgangsstufe 3 legt die Annahme nahe, dass in dieser Jahrgangsstufe der Faktor der Eingangsselektivität in besonderem Maße zum Tragen kam, da es sich bei diesen Lernenden um den ersten Jahrgang mit Englisch-Immersion handelte. Weiter oben wurde bereits auf die nicht intendierte Konzentration leistungsstärkerer SchülerInnen in den Immersionsklassen eingegangen, die im 1. Immersionsjahrgang (2013: 3. Jahrgangsstufe) am stärksten war und erkennbar von Jahrgang zu Jahrgang nachließ. Weiterhin ist positiv zu vermerken, dass sowohl in der immersiv als auch der monolingual unterrichteten Gruppe ein deutlich besseres Abschneiden im DEMAT 3+ als 2012 im DEMAT 2+ zu verzeichnen ist, also unabhängig von der Unterrichtssprache ein Leistungszuwachs sichtbar ist.

Insgesamt liegen die durchschnittlich erreichten Punktzahlen der Immersionsgruppe (bis auf den Bereich „Multiplikation") durchgehend leicht über den Werten der monolingual unterrichteten Vergleichsgruppe, aber in beiden Gruppen werden die Aufgabenbereiche „Multiplikation", „Sachrechnungen" und „Längen umrechnen" am erfolgreichsten bearbeitet (vgl. Abb. 13).

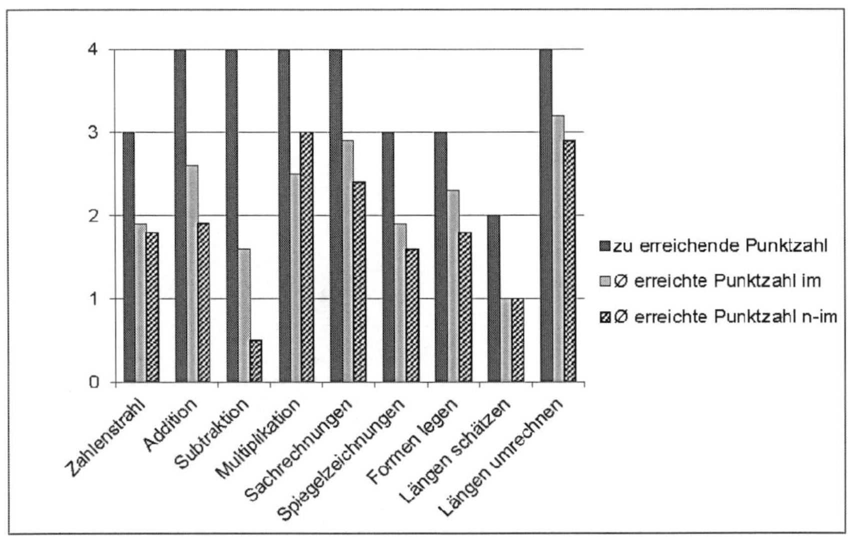

Abb. 13. DEMAT 3+: Zu erreichende Punktzahlen und durchschnittlich erreichte Punktzahlen für die einzelnen Aufgabenbereiche im Vergleich der Gruppen Immersion (im) und Nicht-Immersion (n-im).

Auch die Aufgaben aus den Bereichen „Zahlenstrahl" und „Formen legen" werden mehrheitlich erfolgreich bearbeitet. Lediglich für die zwei Aufgabenbereiche „Längen schätzen" und „Subtraktion" liegen die durchschnittlichen erreichten Punktzahlen bei 50% der maximal erreichbaren Punkte und darunter. Das Aufgabengebiet „Subtraktion" ist in beiden Gruppen der Teilbereich mit der schlechtesten Bearbeitungsrate; es wurden in der Immersionsgruppe durchschnittlich 1,6 von 4 möglichen Punkten erreicht, in der monolingual unterrichteten Gruppe nur durchschnittlich 0,5 Punkte. Das Gesamtbild wird vorrangig durch den leichten durchschnittlichen Leistungsvorsprung der ImmersionsschülerInnen sowie die Parallelität der Fehlerschwerpunkte in beiden Gruppen bestimmt.

4.3 Die Sachkundetests

Im Schuljahr 2011/12 wurde in Rücksprache mit den betreffenden LehrerInnen auf eine Testung in Jahrgangsstufe 1 verzichtet, da neben schulalltagsbezogenen Themen nur ein begrenztes Themenspektrum behandelt worden war. Diese Vorgehensweise wurde im Schuljahr 2012/13 übernommen. Demzufolge wurden die Testungen im Fach Sachkunde im Frühjahr 2012 in Jahrgangsstufe 2 und 2013 in den Jahrgangsstufen 2 und 3 durchgeführt.

Da für den Sachunterricht keine standardisierten Tests verfügbar sind, wurden die jeweiligen Tests für die Jahrgangsstufen 2 und 3 vom Projektteam selbst entwickelt. Dies geschah unter Orientierung am *Rahmenplan Grundschule Sachunterricht* des Landes Mecklenburg-Vorpommern (Ministerium o. J.) und in Anlehnung an die Sachunterrichtslehrbücher *Umweltfreunde 2* (Koch 2005) und *Umweltfreunde 3* (Koch 2010) sowie an in der Schule vorhandenes Unterrichtsmaterial.

Die Tests sollen zeigen, ob es möglicherweise zu Defiziten im Bereich des Sachfachwissens kommt, wenn Unterrichtsinhalte nicht in der Muttersprache vermittelt werden. Da alle Kinder Deutsch als Muttersprache hatten und für die am Immersionsunterricht teilnehmenden Kinder das erworbene Wissen auch in der Muttersprache verfügbar sein muss, wurden die Tests auf Deutsch gestellt. Der Test in der Jahrgangsstufe 2 war in beiden Testjahrgängen identisch. Er umfasst 9 Fragen zu Jahreszeiten, Monaten, Wochentagen sowie Fragen zu Wetter und Körperteilen.

Bei der Bearbeitung mussten keine schriftlichen Leistungen erbracht werden. Als 2012 der Test für Jahrgangsstufe 2 entwickelt wurde, wurde nach Rücksprache mit den LehrerInnen auf das Abfordern produktiver schriftlicher Äußerungen verzichtet, weil das Fordern von ausgeschriebenen Antworten zugleich eine sprachliche Leistung verlangen und bewerten würde und weil bei den begrenzten schriftsprachlichen Fähigkeiten der SchülerInnen in Jahrgangsstufe 2 die verlangte Schreibleistung zu einer Verunsicherung und Hemmung bezüglich des

Sachwissens führen könnte. Um einer solchen Hemmung aufgrund mangelnder Rechtschreibfähigkeit entgegenzuwirken, sollten Antworten durch Unterstreichung und Zuordnung gegeben werden (vgl. Abb. 14). Zudem haben durch diesen Antwortmodus die immersiv wie die monolingual Lernenden denselben Ausgangspunkt, unabhängig von der Unterrichtssprache. Die Bearbeitungszeit betrug 20 Minuten.

2. Welcher Monat liegt zwischen September und November?
Unterstreiche die richtige Antwort.

März – Dezember – Juli – Oktober – Februar – November

Abb. 14. Beispiel einer Aufgabe aus dem Sachkundetest für Jahrgangsstufe 2.

Die Testergebnisse in Jahrgangsstufe 2 zeigen in Bezug auf die Verteilung der SchülerInnen auf der Leistungsskala für beide Testjahrgänge, dass die erzielten Punktzahlen in der Testgruppe Nicht-Immersion insgesamt etwas breiter gefächert sind (für 2013, vgl. Abb. 15). Zudem zeigt sich in beiden Testdurchgängen, dass in der Immersionsgruppe insgesamt anteilig deutlich mehr Leistungen mit voller Punktzahl erbracht wurden. Ein Blick auf die gesamten Leistungen im oberen Punktebereich von 28 bis 24 Punkten zeigt jedoch, dass in beiden Gruppen, also auch bei den Nicht-ImmersionsschülerInnen, in beiden Testdurchgängen die erzielten Leistungen sich mehrheitlich im oberen Bereich befinden. Hier ist, wie bei den Ergebnissen der anderen Tests, die Tendenz zu beobachten, dass bei den Immersionsgruppen anteilig mehr SchülerInnen dem obersten Leistungsbereich zuzuordnen sind und niemand weniger als 50 % der Punktzahl erzielt, während aus den monolingual unterrichteten Gruppen anteilig mehr SchülerInnen im unteren Leistungsbereich liegen (Abb. 15).

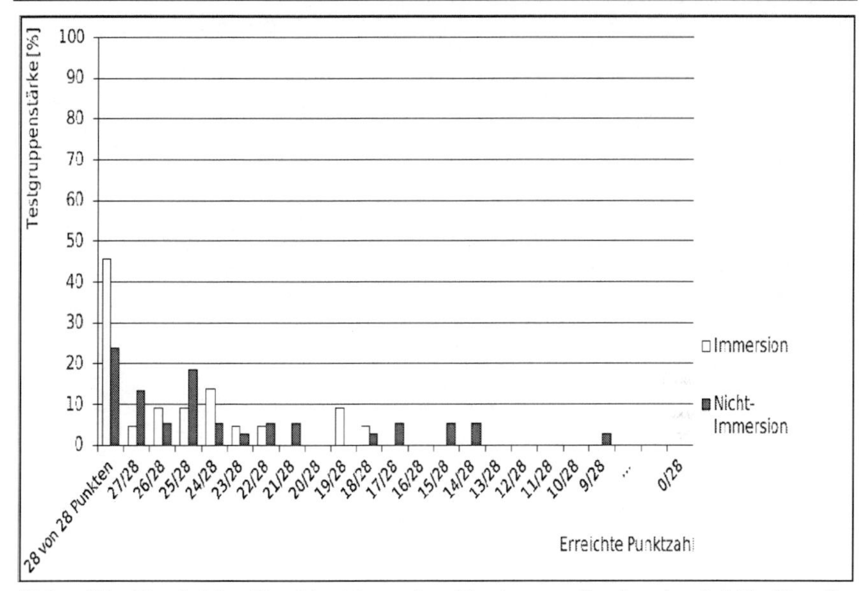

Abb. 15: Erreichte Punktzahlen der Testung „Sachunterricht" für die Jahrgangsstufe 2 im Testdurchgang 2013.

Vor allem im Testdurchgang 2013 lässt ein Blick auf die Raten der erfolgreichen Bearbeitung der einzelnen Aufgaben (vgl. Abb. 16) auch bei den Sachkundetests deutlich erkennen, dass Immersions- und Nicht-ImmersionsschülerInnen dieselben Aufgaben besonders häufig oder besonders selten korrekt bearbeiteten und somit der empfundene Schwierigkeitsgrad nicht von der Unterrichtssprache abhing. Im Testjahrgang 2012 ist dieser Zusammenhang nicht so stark ausgeprägt, aber auch hier liegen bei einigen Aufgaben die Bearbeitungsraten sehr nahe beieinander, und nur bei zwei Aufgaben erzielen die immersiv unterrichteten SchülerInnen sehr hohe und die monolingual unterrichtete Gruppe sehr geringe Bearbeitungsraten mit richtigem Ergebnis.

Insgesamt fällt auf, dass die Leistungsdiskrepanzen zwischen Immersionsgruppe und monolingual unterrichteter Gruppe 2012 deutlich ausgeprägter sind als 2013 (vgl. Abb. 16), was wiederum zumindest teilweise auf die relativ starke nicht-intendierte positive Selektion beim ersten Immersionsjahrgang zurückzuführen sein dürfte.

Frage/Aufgabe	Korrekte Bearbeitung **Immersion 2012**	Korrekte Bearbeitung **Immersion 2013**	Korrekte Bearbeitung **Nicht-Immersion 2012**	Korrekte Bearbeitung **Nicht-Immersion 2013**
1. Zuordnung „Frühling“, „Sommer“, „Herbst“, „Winter“ zu entsprechenden Bildern.	100%	91%	100%	100%
2. Welcher Monat liegt zwischen September und November?	65%	74%	82%	58%
3. Welche Monate gehören zum Sommer?	83%	65%	23%	42%
4. Zuordnung „Regen“, „Sonne“, „Gewitter“, „Wind“, „Schnee“ zu entsprechenden Bildern.	100%	100%	91%	100%
5. Welche Monate gehören zum Sommer?	87%	65%	32%	55%
6. Welche Früchte können im Herbst gesammelt werden?	65%	74%	68%	58%
7. Welche Monate gehören zum Frühling?	83%	61%	36%	63%
8. Zuordnung der Körperteile Bein, Fuß, Hand, Kopf, Arm	91%	83%	73%	89%
9. Welche beiden Tage gehören zum Wochenende?	87%	87%	68%	84%

Abb. 16: Prozentsätze der korrekten Bearbeitung einzelner Fragen des Tests „Sachunterricht“ in Jahrgangsstufe 2 im Vergleich von Immersion und Nicht-Immersion für die Testungen 2012 und 2013.

Frage/Aufgabe	Korrekte Bearbeitung **Immersion**	Korrekte Bearbeitung **Nicht-Immersion**
1. Welche Monate gehören zum Frühling?	100%	55%
2. Welcher Begriff passt nicht in die Reihe? (Auto, LKW, Traktor, Motorrad, Zug)	43%	47%
3. Aus wie vielen Ringen besteht das Symbol für die olympischen Spiele?	91%	47%
4. Wie viele Kontinente gibt es? Schreibe mindestens 3 auf.	70%	13%
5. Welcher Begriff passt nicht in die Reihe? (Gerste, Hafer, Reis, Roggen, Weizen)	70%	43%
6. Welcher Monat liegt zwischen September und November?	91%	90%
7. Worauf haben die Kinder früher geschrieben?	91%	97%
8. Zuordnung von Feiertagen/ Festen zu passenden Bildern	100%	100%
9. Beschriftung eines Kompasses („Süden“ vorgegeben)	61%	70%

Abb. 17: Prozentsätze der korrekten Bearbeitung der einzelnen Fragen des Tests „Sachunterricht“ in Jahrgangsstufe 3 (2013) im Vergleich von Immersion und Nicht-Immersion.

Für Jahrgangsstufe 3 wurde 2013 ein neuer Test entwickelt, der an den in Jahrgangsstufe 2 anknüpft. Inhaltlich umfassen die 9 Fragen des Tests die Themenbereiche „Kontinente“, „Himmelsrichtungen“, „Getreide“ sowie „Alltagshistorisches/Alltagswissen“ (vgl. hierzu auch Ministerium). Zwei Fragen zu Monaten und Jahreszeiten (Fragen 1 und 6) wurden aus dem Test der zweiten Jahrgangsstufe übernommen, um eine Einschätzung der Entwicklung des Sachfachwissens vornehmen zu können. In Jahrgangsstufe 3 mussten in geringem Umfang, d. h. bei zwei von neun Fragen, schriftliche Leistungen erbracht werden. Die Bearbeitungszeit betrug ebenfalls 20 Minuten.

Die Tendenzen aus Jahrgangsstufe 2 (2012) setzen sich in Jahrgangsstufe 3 (2013) fort. Überwiegend werden gute Bearbeitungsraten erzielt, aber im Durchschnitt schneidet die Immersionsgruppe etwas besser ab. Außerdem ist das Leistungsspektrum der monolingual unterrichteten Klassen breiter gefächert und umfasst auch den unteren Leistungsbereich, während die Immersionsgruppe stärker in der obersten Leistungsgruppe vertreten ist. Bei den meisten Fragen korrelieren die beiden Gruppen bezüglich der Raten der erfolgreichen Bearbeitung (Fragen 2 sowie 6-9); allerdings gibt es auch Abweichungen (Frage 4) (vgl. Abb. 17). Das Vorherrschen ähnlicher Bearbeitungsraten bei immersiv und monolingual unterrichteten Kindern stützt wieder die Annahme, dass der Unterricht in der Fremdsprache im Allgemeinen keine negativen Auswirkungen auf Wissen und Fähigkeiten in Sachkunde hat.

Das durchschnittlich bessere Abschneiden der Immersionsgruppe ist zum Einen sicher auf die hohe nicht-intendierte Eingangsselektion dieser Gruppe zurückzuführen. Es ist aber auch möglich, dass im Falle des Sachunterrichts die Form des Immersionsunterrichts sich positiv auswirkte. Aufgrund seiner speziellen Form ist immersiver Unterricht stärker repetitiv, was eine bessere Festigung von Basiskonzepten erklären könnte. Sprachliche Einheiten (für Grundlegendes) werden im fremdsprachlichen Unterricht öfter wiederholt, um die sprachlichen Strukturen zu festigen. Damit einhergehend werden auch die Inhalte öfter wiederholt. Es muss außerdem erwähnt werden, dass nicht ausgeschlossen werden kann, dass die Testkonzeption sich tendenziell stärker an Unterrichtsinhalten der Immersionsklassen orientiert, da Hospitationen mehrheitlich in diesen Klassen stattfanden und somit ein besserer Eindruck von Inhalten dieser Klassen gewonnen wurde. Der Vergleich der Sachkundeergebnisse mit denen der standardisierten Tests zeigt jedoch, dass die Verteilung auf Leistungskategorien usw. in den verschiedenen Tests und Testdurchgängen konsistent ist.

5 Diskussion und Schlussfolgerungen

In der Darstellung der Ergebnisse der Leseverstehenstests ELFE, Rechtschreibtests DRT, Mathematiktests DEMAT sowie der Sachkundetests wurde bereits deutlich, dass trotz der Verschiedenheit der getesteten Kompetenzen einige Phänomene bei allen Testergebnissen mehr oder weniger deutlich zutage treten. Diese sollen nun zur Ausgangsfrage nach möglichen Nachteilen von fremdsprachlichem Immersionsunterricht für die Entwicklung der muttersprachlichen und mathematischen Fähigkeiten sowie des sachkundlichen Wissens (in der Muttersprache) in Bezug gesetzt werden. Bei den Phänomenen handelt es sich um folgende:

- Das durchschnittlich (etwas) bessere Abschneiden der immersiv unterrichteten im Vergleich zu den monolingual unterrichteten Gruppen

Dieses Ergebnis ist ein wichtiges Argument in der Diskussion um mögliche Nachteile von immersivem Unterricht für die muttersprachliche Entwicklung und fachliche Wissensbestände, die, wenn fremdsprachig vermittelt, doch auch in der Muttersprache verfügbar sein müssen. Dieses durchschnittlich bessere Abschneiden der Immersionsgruppen kann jedoch nicht als Indiz für generell starke positive Effekte von Immersion auf die muttersprachliche Entwicklung und fachliche Kompetenzen gewertet werden, da in der Studie ein gleiches Ausgangsniveau beider Gruppen hinsichtlich kognitiver, sozialer usw. Voraussetzungen von Jahrgangsstufe 1 an nicht gewährleistet werden konnte. Auch die Unterrichtsmethoden und -inhalte wurden in dieser kleinen Studie nicht erfasst und können, mit ihrer Variation im Detail, punktuell die Ergebnisse beeinflusst haben. Dies wurde weiter oben mit Bezug auf den Sachkundetest in Jahrgangsstufe 3 diskutiert. Weiterhin ist zu beachten, dass die Immersionsgruppen zwar durchschnittlich etwas bessere Leistungen zeigten, aber bei einzelnen Teilaufgaben durchaus auch die monolingual unterrichteten SchülerInnen bessere Ergebnisse erzielten (z. B. DRT 2, 2013), so dass es keinen 'automatischen' Vorteil für ImmersionsschülerInnen bei allen Testteilen gab.

Der Anteil der SchülerInnen, deren Testergebnisse im untersten Leistungssegment liegen, ist in den monolingual unterrichteten Gruppen deutlich größer als in den Immersionsgruppen. Da dies von Jahrgangsstufe 1 an der Fall ist, kann auch hierfür die Ursache nur in der nicht-intendierten Selektion für die Immersionsklasssen liegen, in die kaum SchülerInnen mit Lernschwierigkeiten eingeschult wurden. Diese Situation wird jedoch dadurch relativiert, dass i. Allg. in beiden Gruppen – auf manchen Gebieten sehr deutliche – Lernzuwächse erzielt wurden und dass bei einigen einzelnen Testaufgaben sogar mehr Ergebnisse aus den monolingual unterrichteten Gruppen im obersten Leistungssegment lagen als aus der Immersionsgruppe.

- Das Nachlassen des durchschnittlichen Leistungsunterschieds zwischen immersiv und monolingual unterrichteten Klassen im Zuge der Etablierung von Immersion

In Gesprächen mit LehrerInnen und Eltern wurde deutlich, dass vor allem bei der Einführung der Immersionsklassen noch vielfach die Meinung anzutreffen war, dass Immersion eine zusätzliche intellektuelle Belastung darstelle und deshalb für nicht überdurchschnittlich begabte Kinder (bzw. aus der Sicht weniger ehrgeiziger Eltern) nicht zu empfehlen sei. Deshalb war für den ersten Jahrgang der Englisch-Immersionsklassen eine Konzentration leistungsstärkerer SchülerInnen in diesen beiden Klassen zu beobachten (vgl. Abschn. 2). Mit besseren Informationen für interessierte Eltern und den praktischen Lernerfolgen der ImmersionsschülerInnen (und Lehrerfolgen der LehrerInnen) verlor der Immersionsunterricht offenbar zunehmend den Nimbus des Elitären; die Ängste vor der Zusatzbelastung und damit die nicht-intendierte Selektion nahmen ab. Dies sind vermutlich die Gründe, warum in den nachfolgenden Jahrgängen der durchschnittliche Leistungsvorsprung der Immersionsklassen geringer ausfiel als beim ersten.

- Parallele Fehlerschwerpunkte in immersiv und monolingual unterrichteten Gruppen in den Tests

Bei allen Tests zeigte sich, dass die Mehrzahl der Fehlerschwerpunkte wie auch der am erfolgreichsten gelösten Aufgaben für immersiv und monolingual lernende SchülerInnen übereinstimmten. Das spricht dafür, dass die Sprache, in der Wissen vermittelt und Fähigkeiten entwickelt werden, i. Allg. nicht der entscheidende Faktor ist, sondern dass jahrgangs- bzw. altersspezifisch (oder wegen schulspezifischer Schwerpunktsetzungen und anderer Faktoren) bestimmte kognitive und sprachliche Anforderungen besonders gut oder besonders mangelhaft bewältigt werden. Auf jeden Fall aber führt immersiver Unterricht nicht zu durchschnittlich schlechteren Testergebnissen.

- Orthographische Kompetenzen in der Muttersprache und Interferenzen zwischen englischer und deutscher Rechtschreibung

Auf dem potenziell problematischen Gebiet der deutschen Rechtschreibung wurden insgesamt durchschnittlich in den Immersionsklassen keine schlechteren Ergebnisse erzielt als in den monolingual unterrichteten Klassen. Bei der Groß/Kleinschreibung von Nomen im Deutschen wurden allerdings geringfügig höhere Fehlerzahlen bei den ImmersionsschülerInnen beobachtet, die jedoch durch geringere Fehlerquoten bei anderen Fehlerarten ausgeglichen wurden. Auf diesem Gebiet ist jedoch der durchschnittliche Leistungsvorsprung der ImmersionsschülerInnen nicht durchgehend deutlich ausgeprägt.

6 Fazit

Aus dieser Zusammenschau und Diskussion der Ergebnisse lässt sich einerseits ableiten, dass Englisch-Immersion in der Grundschule keine negativen Auswirkungen auf die muttersprachlichen und sachfachlichen Kompetenzen zeigte und deshalb, wegen des Zugewinns an fremdsprachlichen Kompetenzen, empfehlenswert ist. Ob bzw. inwieweit diese Unterrichtsform an sich eine deutliche positive Auswirkung auf die kognitive und sprachliche Entwicklung von SchülerInnen hat, kann anhand dieser Studie nicht beurteilt werden, da der Zeitraum der Beobachtung zu kurz war und viele nicht kontrollierte Faktoren die Ergebnisse beeinflussen konnten. Wissenschaftliche Aussagen dazu tragen noch überwiegend hypothetischen Charakter (vgl. Gebauer et al. in diesem Band).

Es wurde beim Versuch der Interpretation der Ergebnisse deutlich, dass eine Eingangsselektion der ImmersionsschülerInnen, auch wenn sie nicht von der Schule ausgeht, als ein wesentlicher Faktor wirkt. Um Immersionsunterricht für alle SchülerInnen zu öffnen, ist es wichtig, dass Eltern, Kindergärten usw. darüber aufgeklärt werden, dass diese Unterrichtsform sich nicht an Hochbegabte wendet, sondern i. Allg. für alle Kinder sinnvoll und machbar ist. Allerdings stehen noch Studien aus, die untersuchen, wie sich immersiver Unterricht auf Kinder mit Lernschwierigkeiten bzw. im untersten Leistungssegment auswirkt – hierzu konnten keine Erkenntnisse gewonnen werden, dies ist jedoch eine praxisrelevante Forschungsfrage. Daneben sollte der Enthusiasmus, mit dem die ImmersionslehrerInnen diese noch recht neue Unterrichtsform umsetzen, weiterentwickeln und so zum Erfolg führen, nicht unterschätzt, sondern durch neue Materialien, Fortbildungen und institutionelle Netzwerke unterstützt werden.

Bibliographie

Koch, Inge (2005): Umweltfreunde 2: Arbeitsheft. Berlin: Volk und Wissen.

Koch, Inge (2010): Umweltfreunde 3: Arbeitsheft. Berlin: Volk und Wissen/Cornelsen.

Krajewski, Kristin/Küspert, Petra/Schneider, Wolfgang (2002): Deutscher Mathematiktest für erste Klassen (DEMAT 1+). Göttingen: Beltz Test.

Krajewski, Kristin/Liehm, Susann/Schneider, Wolfgang (2004): Deutscher Mathematiktest für zweite Klassen (DEMAT 2+). Göttingen: Beltz Test.

Kuska, Sandra Kristina/Zaunbauer, Anna C. M./Möller, Jens (2010): Sind Immersionsschüler wirklich leistungsstärker? Ein Lernexperiment. In: Zeitschrift für Entwicklungspsychologie und Pädagogische Psychologie 42 (3), S. 143-153.

Lenhard, Wolfgang/Schneider, Wolfgang (2006): Ein Leseverständnistest für Erst- bis Sechstklässler: ELFE 1-6. Göttingen: Hogrefe.

Ministerium für Bildung, Jugend und Sport des Landes Brandenburg; Senatsverwaltung für Bildung, Jugend und Sport Berlin; Ministerium für Bildung, Wissenschaft und Kultur des Landes Mecklenburg-Vorpommern (Hrsg.) (o. J.): Rahmenplan Grundschule Sachunterricht. [Internet: 04.08.2014].

Müller, Rudolf (1997). Diagnostischer Rechtschreibtest für 2. Klassen (DRT 2). Weinheim: Beltz.

Müller, Rudolf (1997). Diagnostischer Rechtschreibtest für 3. Klassen (DRT 3). Weinheim: Beltz.

Roick, Thorsten/Gölitz, Dietmar/Hasselhorn, Marcus (2004): Deutscher Mathematiktest für dritte Klassen (DEMAT 3+). Göttingen: Beltz Test.

Englischer Immersionsunterricht in der Grundschule: Effekte und vermittelnde Prozesse

Sandra Kristina Gebauer/Anna C. M. Zaunbauer/Jens Möller

Abstract

Der Immersionsunterricht, bei dem die Schülerinnen und Schüler (fast) ausschließlich in einer Zweitsprache unterrichtet werden, stellt eine zunehmend beliebte Alternative zu dem teilweise stark kritisierten schulischen Fremdsprachenerwerb dar. Im folgenden Beitrag sollen basierend auf einer Längsschnittstudie zu englischem Immersionsunterricht nicht nur aktuelle Ergebnisse zu Effekten von Immersionsunterricht auf die Schulleistung dargestellt, sondern auch erste Einblicke in zugrunde liegende Prozesse gegeben werden. In der vorgestellten Studie wurden Schülerinnen und Schüler in Immersionsprogrammen und Schülerinnen und Schüler im konventionellen Unterricht (mit Fremdsprachenunterricht ab Klassenstufe 3) über die gesamte Grundschulzeit hinweg begleitet. Betrachtet wurden die Schülerleistungen in Englisch, Deutsch und Mathematik sowie diverse Schülervariablen, die mit Schulleistungen zusammenhängen (z. B. sozioökonomischer Status, Intelligenz, Motivation). Aufgrund der positiven Effekte durch Immersionsunterricht wird aktuell ein Folgeprojekt geplant, in dem die vermittelnden Prozesse für diese Effekte genauer untersucht werden sollen. Von Interesse sind in diesem Rahmen vor allem durch Mehrsprachigkeit geförderte kognitive Fähigkeiten im Bereich der Exekutivfunktionen.

1 Immersionsunterricht international und in Deutschland

1.1 Immersionsunterricht international

Den zunehmenden gesellschaftlichen und beruflichen Anforderungen an Englischkenntnisse in Deutschland stehen Befunde entgegen, die zeigen, dass deutsche Schülerinnen und Schüler im konventionellen Fremdsprachenunterricht häufig keine ausreichende Kompetenz in der Zweitsprache (L2) Englisch erwerben (Klieme 2008; Köller u. a. 2004). Diesem Problem begegnen verschiedene Schulen in Deutschland dadurch, dass sie Schülerinnen und Schülern durch englische Teilimmersion einen intensiveren und authentischeren Kontakt mit der L2 Englisch bei gleichwertiger Betonung des Erwerbs von erstsprachlichen Kenntnissen ermöglichen.

Internationale Studien belegen den Erfolg immersiven Unterrichts: Verglichen mit Schülerinnen und Schülern im konventionellen Fremdsprachenunterricht erreichen immersiv unterrichtete Schülerinnen und Schüler sowohl bessere L2-Kenntnisse als auch ähnliche oder sogar bessere L1-Leistungen (z. B. für eine Übersicht vgl. Baker 2011; Genesee 2005). Diese Studien konnten die Befürchtungen der Eltern bezüglich etwaiger Leistungseinbußen in der Erstsprache oder anderen Schulfächern durch immersiven Unterricht weitgehend widerlegen (vgl. z. B. Genesee 2004). Die meisten Schülerinnen und Schüler zeigen eine funktionale Beherrschung der L2 ohne Verschlechterung der L1 (Marsh et al. 2002; Reeder et a.l 1999). Häufig übertreffen die L1-Leistungen immersiv unterrichteter Schülerinnen und Schüler sogar die entsprechenden Leistungen monolingual unterrichteter Schülerinnen und Schüler, u. a. in Bezug auf Grammatik, Zeichensetzung und Lesekompetenzen (Turnbull et al. 2003; Turnbull et al. 2001).

Hinsichtlich der L2-Kompetenzen belegen verschiedene Autoren höhere rezeptive und produktive Fertigkeiten bei immersiv unterrichteten Schülerinnen und Schülern im Vergleich zu Schülerinnen und Schülern im regulären Fremdsprachenunterricht (Arai 2006; aus linguistischer

Perspektive vgl. Wode et al. 2002). Nold et al. (2008) fanden beim Vergleich von bilingualem Unterricht mit regulärem Fremdsprachenunterricht ebenfalls bessere L2-Kompetenzen bei bilingualen Schülerinnen und Schülern, insbesondere in Bezug auf das L2-Hörverstehen. Genesee (1978) berichtet zudem von Leistungen im L2-Leseverständnis, die mit denen von Muttersprachlern vergleichbar sind. Ähnliche Befunde konnten auch in Deutschland repliziert werden. So entsprach das englische Leseverständnis von deutschen Viertklässlern, die immersiv unterrichtet wurden, dem Durchschnittsbereich australischer Drittklässler (Zaunbauer et al. 2005). Allerdings weisen andere Studien auf gewisse Schwierigkeiten beim Lesen von L2-Texten hin (Geva/Clifton 1994). Zudem erreichten nach Kowal und Swain (1997) die produktiven L2-Fertigkeiten selbst bei immersivem Unterricht nicht das Niveau von Muttersprachlern. Für die L2-Kompetenz scheinen insbesondere Umfang und Intensität des Kontakts mit der L2 und die Qualität des immersiven Unterrichts entscheidend zu sein (vgl. Turnbull et al. 2000).

Bezüglich der Leistungen in Mathematik und den Naturwissenschaften werden meist positive Effekte immersiven Unterrichts gefunden (Dubé/MacFarlane 1991), auch wenn die Leistungstests in der L1 vorgegeben werden. Insbesondere für Mathematik finden sich in der internationalen Literatur konsistente Belege für Vorteile immersiv unterrichteter Schülerinnen und Schüler, die auf einen förderlichen Effekt von Immersionsunterricht auf mathematische Leistungen hindeuten (z. B. Cheng u. a. 2010; Turnbull et al. 2003). Eine ausreichende Kompetenz in der L2 stellt allerdings die Voraussetzung für den Lernerfolg dar. Für Immersionsunterricht, der erst in höheren Jahrgängen einsetzt, werden anfängliche Schwierigkeiten im mathematischen Bereich berichtet (Dubé/ MacFarlane 1991). Starke negative Effekte auf die Leistungen in nichtsprachlichen Fächern (Geschichte, Erdkunde, Naturwissenschaften) fanden Marsh u. a. (2002), die sie auf mangelnde L2-Fertigkeiten sowohl auf Seiten der Schülerinnen und Schüler als auch auf Seiten der Lehrerinnen und Lehrer in Kombination mit hohen sprachlichen Anforderungen durch die Unterrichtsmaterie zurückführten (vgl. Hoare/ Kong 2001).

1.2 Immersionsunterricht in Deutschland: MoBi – Die Studie

Trotz der umfangreichen internationalen Befunde war lange unklar, inwieweit sich diese Erkenntnisse für Immersionsunterricht in Deutschland generalisieren lassen. In Deutschland wurde daher eine Längsschnittstudie mit regulär monolingual und immersiv unterrichteten deutschen Grundschulkindern durchgeführt. Die MoBi-Studie (*Mo*no- und *Bi*linguales Lernen) fand im Rahmen des DFG-Projekts „Lernen im immersiven Unterricht: Die Bedeutung von Schülervariablen" statt. Untersucht wurden insgesamt 657 Schülerinnen und Schüler (46.5% weiblich; 53.4% Immersionsschülerinnen und -schüler) aus fünf Schulen in Schleswig-Holstein und Hamburg, die über immersiv und konventionell unterrichtete Klassen verfügten. Ihr durchschnittliches Alter betrug bei der ersten Testung im ersten Halbjahr der ersten Jahrgangsstufe ungefähr 6.5 Jahre (*SD* = 5 Monate). Sie wurden in zwei Kohorten über die gesamte Grundschulzeit begleitet. Die Mehrheit der Schülerinnen und Schüler wies einen monolingualen Sprachhintergrund auf: Deutsch war ihre erste und einzige zu Hause erlernte Sprache (98.1%) und wurde zu Hause am häufigsten verwendet (89.3%).

Der Immersionsunterricht erfolgte als Teilimmersion, indem der Unterricht mit Ausnahme des Faches Deutsch in allen Fächern auf Englisch stattfand. Die Gruppe konventionell unterrichteter Kinder fungierte als Vergleichsgruppe. Da die Schülerinnen und Schüler nicht zufällig den beiden Gruppen zugeordnet wurden, sondern Elternentscheidungen und institutionelle Rahmenbedingungen die Zuordnung eines Kindes bestimmten, war mit starken Selektionseffekten zu rechnen, deren Nicht-Berücksichtigung zu verzerrten Forschungsbefunden führt. Die kognitiven Grundfähigkeiten und der sozioökonomische Hintergrund der Familien wurden daher als Kovariaten in allen statistischen Analysen berücksichtigt, um Gruppenunterschiede in diesen Variablen zu kontrollieren (vgl. Zaunbauer/Möller 2007).

L1

Im Rahmen dieser Längsschnittstudie wurde die Entwicklung erstsprachlicher Leseflüssigkeit und Rechtschreibleistung in den ersten vier Jahrgangsstufen von immersiv und konventionell unterrichteten Schülerinnen und Schülern verglichen. Latente Wachstumskurvenmodelle zeigten, dass beide Schülergruppen in beiden Leistungsbereichen bei Berücksichtigung der Kovariaten dasselbe Ausgangsniveau in der ersten Jahrgangsstufe aufwiesen. In der Leseflüssigkeit zeigte sich jedoch ein schnellerer Leistungszuwachs bei den immersiv unterrichteten Schülerinnen und Schülern, während sich die Rechtschreibleistung in beiden Gruppen ähnlich positiv entwickelte. Damit bestätigt sich die internationale Befundlage, dass Immersionsschülerinnen und -schüler keine Nachteile im L1-Lesen und -Schreiben erleiden, obwohl sie vor allem in einer Fremdsprache unterrichtet werden (für Details s. Gebauer et al. 2012). In einzelnen Leistungsbereichen wie der Leseflüssigkeit der L1 scheinen sich sogar Vorteile durch den Immersionsunterricht auszuprägen.

L2

Zaunbauer et al. (2012) befassten sich in ihrem Beitrag mit den Englischleistungen (Wortschatz, Leseflüssigkeit und Leseverständnis) immersiv und konventionell unterrichteter Schülerinnen und Schüler und ihrer Vorhersage. In beiden Gruppen nahm der englische Wortschatz von der ersten bis zur vierten Jahrgangsstufe zu, wobei immersiv unterrichtete Schülerinnen und Schüler konventionell unterrichteten Schülerinnen und Schülern zu jedem Messzeitpunkt deutlich überlegen waren. Die englische Leseflüssigkeit und das englische Leseverständnis immersiv unterrichteter Schülerinnen und Schüler verbesserten sich von der dritten zur vierten Jahrgangsstufe. Sie lagen am Ende der Grundschulzeit im Durchschnittsbereich der muttersprachlichen Norm und deutlich über dem Englischniveau konventionell unterrichteter Schülerinnen und Schüler. Der Immersionsunterricht hat somit einen großen Einfluss auf die Leistungen in der L2, die auf Unterschiede im Ausmaß des Kontaktes mit der Zielsprache, der Authentizität und der inhaltlichen Schwerpunktsetzung verglichen mit konventionellem Unterricht zurückgeführt werden können. Die Befunde zu den hervorragenden L2-Leistungen von Immersionsschülerinnen und -schülern stimmen mit den internationalen Studien überein.

Mathematik

In der MoBi-Studie wurde längsschnittlich die mathematische Leistungsentwicklung mithilfe von curricular validen Mathematiktests untersucht. Die Ergebnisse der Analysen zeigten bereits am Ende der ersten Jahrgangsstufe Vorteile zugunsten der immersiv unterrichteten Schülerinnen und Schüler sowie im gesamten Verlauf eine schnellere Leistungsentwicklung als bei den konventionell unterrichteten Schülerinnen und Schülern. Dies ist besonders bemerkenswert vor dem Hintergrund, dass Mathematik in den immersiven Klassen auf Englisch unterrichtet wird, die Tests aber deutschsprachig waren. Die deutschen Befunde geben wie die internationalen Befunde deutliche Hinweise auf positive Effekte des Immersionsunterrichts auf mathematische Leistungen.

2 Erklärungsansätze für Effekte des Immersionsunterrichts

Die eigenen Analysen wie auch die internationalen Studien ergaben Leistungsvorteile immersiv unterrichteter Schülerinnen und Schüler in verschiedenen Bereichen. Zur Erklärung der besseren Leistungen immersiv unterrichteter Schülerinnen und Schüler lassen sich in Anlehnung an die Interdependenz- und Schwellenhypothese von Cummins (1979; 2000a; 2000b) zwei Ansätze nennen, die durch weitere Befunde aus der MoBi-Studie gestützt werden: förderliche Effekte aufgrund von a) Transferprozessen und aufgrund von b) kognitiven Vorteilen.

2.1 Vermittelnde Prozesse: Transfereffekte

Dem Transfer-Ansatz zufolge können Leistungsvorteile durch Transferprozesse zwischen L2 und L1 verursacht sein. So nimmt Cummins (2000a, 2000b) an, dass es aufgrund eines gemeinsamen Speichers (Basiskompetenz oder *common underlying proficiency*; CUP) zwischen Sprachen zu Austauschprozessen kommt (vgl. Abbildung 1). Gewisse Aspekte wie Leseverständnis oder Leseflüssigkeit, die in der einen Sprache gelernt wurden, müssen dann in der anderen Sprache nicht mehr separat gelernt werden. Dagegen werden Oberflächenmerkmale der Sprache, die auch in der alltäglichen Kommunikation relevant sind, kaum transferiert (z. B. die Orthographie; vgl. Deacon et al. 2009). Interlinguale Transferprozesse wurden empirisch in verschiedenen Kontexten nachgewiesen (z. B. van Gelderen et al. 2007; Jarvis 2003; Oller/Cobo-Lewis 2002). Sie wurden bei immersiv unterrichteten Schülerinnen und Schülern bisher jedoch kaum untersucht.

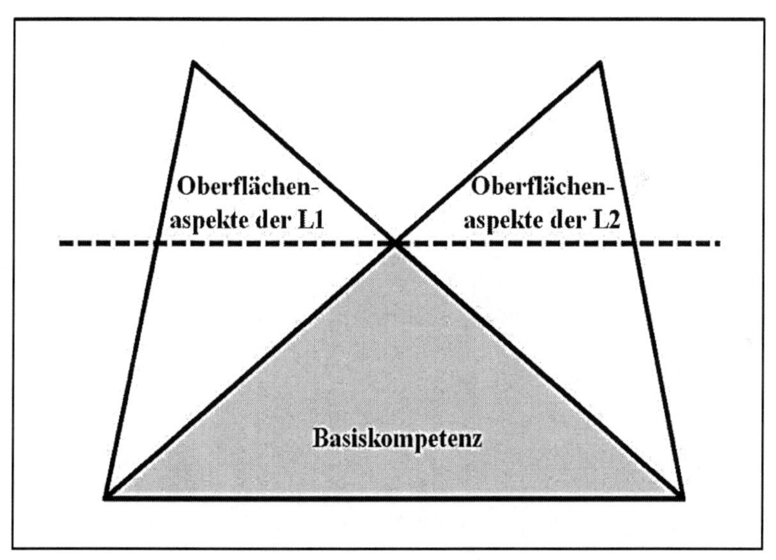

Abb. 1: Graphische Darstellung der Interdependenzhypothese von Cummins (2000a; 2000b)

Transferprozesse in der MoBi-Studie

In der Studie von Gebauer et al. (2013) wurde untersucht, ob verbesserte L1-Leistungen durch die Existenz sprachspezifischer Transfereffekte zwischen L1 und L2 bedingt sein können. In Anlehnung an Cummins' Interdependenz- und Schwellenhypothese wurden zum Nachweis von Transferprozessen wechselseitige Effekte zwischen Leseverständnis und Leseflüssigkeit in der L1 und der L2 bei teilimmersiv unterrichteten Schülerinnen und Schülern in den Jahrgangsstufen 3 und 4 analysiert (die Leseflüssigkeit wurde nur in der vierten Jahrgangsstufe erfasst). Analysen ergaben in Bezug auf das Leseverständnis moderate interlinguale Effekte. Daneben fanden sich kleine bis mittlere Effekte vom Leseverständnis auf die Leseflüssigkeit sowohl innerhalb der jeweiligen Sprache als auch zwischen den Sprachen. Die größten interlingualen Effekte zeigten sich in dieser Studie von der L2 auf die L1. Die Befunde deuten auf die Existenz von positiven Transferprozessen zwischen den Sprachen hin.

2.2 Vermittelnde Prozesse: Kognitive Förderung

Gemäß dem kognitiven Ansatz könnten Leistungsvorteile immersiv unterrichteter Schülerinnen und Schüler durch verbesserte kognitive Fertigkeiten (z. B. verbesserte Gedächtnisleistungen) infolge einer zunehmenden L2-Kompetenz bedingt sein, wie sie bei Bilingualen mit hoher Sprachkompetenz in beiden Sprachen beobachtet wurde (vgl. Bialystok 2005; Thorn/Gathercole 2001). Kognitive Vorteile durch den Erwerb einer L2 werden in Cummins' Schwellenhypothese (1979) dann erwartet, wenn sowohl in der L1 als auch in der L2 kritische Schwellen überschritten wurde (vgl. Abbildung 2), wobei diese Schwellen bisher nicht operationalisiert wurden (vgl. Takakuwa 2005).

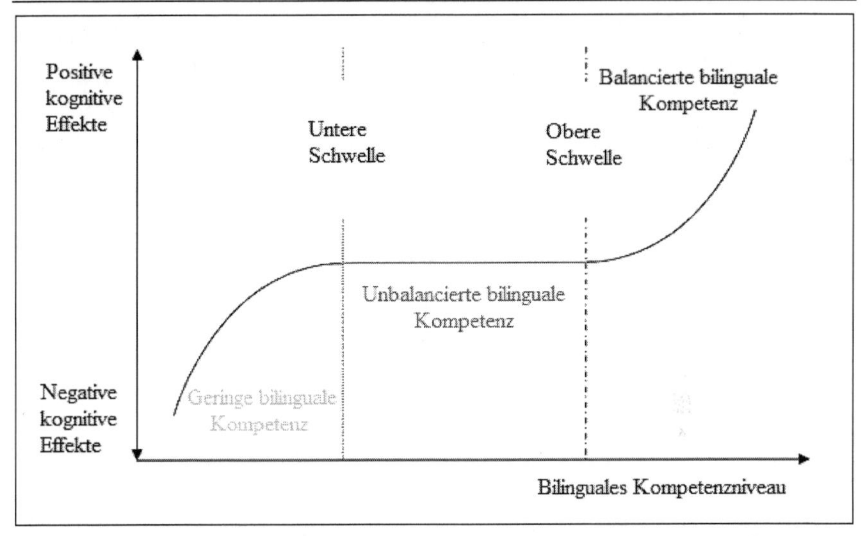

Abb. 2: Graphische Darstellung der Schwellenhypothese von Cummins (1979)

Gleichzeitig sprechen viele Studien dafür, dass Mehrsprachigkeit zu kognitiven Vorteilen führt: Sprachliche und mathematische Leistungen, aber auch Fertigkeiten wie Kreativität, kognitive Flexibilität, divergentes Denken, Aufmerksamkeit, Konzentration und insbesondere die metasprachliche und phonetische Bewusstheit können vom Fremdsprachenlernen profitieren (vgl. z. B. Bialystok 2005). Vor allem scheint es, dass Mehrsprachigkeit die Handlungssteuerungsprozesse fördert, die mit der Bilingualität verbunden sind, die sogenannten Exekutivfunktionen (Bialystok/Martin 2004). Vereinfacht ausgedrückt ist bei mehrsprachigen Schülerinnen und Schülern die Unterdrückung der lexikalischen Repräsentation der gerade nicht verwendeten Sprache notwendig (Bialystok 2005). Bei bilingualen Personen wird dieser Inhibitionsprozess stärker trainiert als bei monolingualen Personen, da jeder Gebrauch einer Sprache zur Aktivierung des Unterdrückungsmechanismus führt. Bialystok (2005) argumentiert, dass diese Förderung der Inhibition sprachbezogener Prozesse auf andere kognitive Bereiche übertragen werden kann und somit auch die Leistung bei anderen Aufgaben fördert, die die Inhibition irrelevanter Informationen erfordern. Dieser Inhibitionsmechanismus bewahre zudem das Arbeitsgedächtnis davor, mit irrelevanten Informationen überlastet zu werden und durch die Überlastung die Effektivität kognitiver Prozesse zu verringern (Hasher et al. 1999). Ob kognitive Vorteile die Leistungsvorteile im Immersionsunterricht vermitteln, ist bisher jedoch noch offen.

Kognitive Vorteile in der MoBi-Studie

Kuska et al. (2010) untersuchten in einer experimentellen Studie, inwiefern sich unterschiedliche Lern- und Gedächtnisleistungen zwischen immersiv und konventionell unterrichteten Schülerinnen und Schülern nachweisen ließen. Um den Einfluss der didaktischen Gestaltung des Unterrichts und der Lehrereigenschaften konstant zu halten, wurde der Lernstoff immersiv und konventionell unterrichteten Schülerinnen und Schülern in einer standardisierten Lernsituation als Film zum Thema „Das Ohr" dargeboten. Durch die Standardisierung der Lernsituation in dieser letzten Teilstudie wurden Effekte der Lehrperson und des Unterrichts (z. B. der besonderen didaktischen Gestaltung des immersiven Unterrichts und/oder besondere Lehrereigenschaften wie erhöhtes Engagement der Lehrkräfte im immersiven Unterricht) auf die Schülerleistungen minimiert. Die Lernleistung wurde anschließend anhand eines Wissenstests erfasst. Eine Follow-Up-Erhebung nach drei Monaten ermöglichte zusätzlich die Erfassung von Gedächtnisleistungen. Unterschiede zwischen immersiv und konventionell unterrichteten Schülerinnen und Schülern in den kognitiven Fähigkeiten sowie im sozioökonomischen Hintergrund wurden wie in den anderen Studien in den Analysen statistisch kontrolliert. Die Ergebnisse bestätigten die Annahme besserer Lern- und Gedächtnisleistungen immersiv unterrichteter Schülerinnen und Schüler gegenüber konventionell unterrichteten Schülerinnen und Schülern auch in dieser standardisierten Lernsituation. Sie stellen einen Hinweis auf das Bestehen kognitiver Vorteile durch Immersionsunterricht dar, für deren Auftreten die Unterrichtsgestaltung und Lehrereigenschaften eher eine untergeordnete Rolle spielen dürften.

2.3 Limitierungen bisheriger Befunde

Nicht zu vernachlässigen ist neben dem Einfluss der L2-Instruktion jedoch, dass zusätzliche oder von Immersion auch gänzlich unabhängige Effekte auf die Schülerleistungen wirken können. Die besondere didaktische Gestaltung des Unterrichts sowie bestimmte Eigenschaften von Immersionslehrerinnen und -lehrern fanden jedoch in Studien zum immersiven Unterricht bisher nicht ausreichend Berücksichtigung. Weder wurden die verschiedenen möglichen Einflussfaktoren auf die Leistung explizit erfasst, um sie separat in den statistischen Analysen zu behandeln, noch wurden sie statistisch kontrolliert (vgl. Baker 2011). Ein weiterer Einflussfaktor auf die Schülerleistungen können zudem Kompositionseffekte sein, die aus der positiv selektierten Zusammensetzung der immersiven Klassen entstehen können und die bisher nicht methodisch erfasst werden konnten. Dadurch ist die Interpretation von Leistungsvorteilen als direkte Effekte der L2-Instruktion eingeschränkt. Somit bleibt als Forschungsdesiderat insbesondere der Blick in die Blackbox des Unterrichts bestehen, der durch Unterrichtsbeobachtungen und Lehrerbefragungen weiterführende Erkenntnisse verspricht.

3 Ausblick: Die Europa-Studie

Das ursprüngliche Forschungsinteresse am immersiven Unterricht galt der Überprüfung von potentiellen Defiziten in der Muttersprache und in den Schulleistungen, die aus dem fremdsprachlich geführten Unterricht resultieren könnten. Einbußen in den Schulleistungen wurden jedoch, wie der hier überblicksartig und exemplarisch an den eigenen Studien präsentierte Forschungsstand zeigt, selten gefunden. Stattdessen wurden oft Leistungsvorteile der immersiv unterrichteten Schülerinnen und Schüler festgestellt, die naturgemäß in der L2, aber auch in Mathematik sehr ausgeprägt sind. Leichte Vorteile fanden sich selbst in einzelnen Leistungskomponenten der L1, obwohl die L1 in der Schule wenig genutzt wird. In den übrigen Komponenten der L1 zeigten sich zudem vergleichbare Leistungen. Insgesamt kann somit ein positives Fazit für den immersiven Unterricht im Bundesgebiet gezogen werden. Es bleiben dennoch verschiedene Fragen offen, die in weiteren Studien untersucht werden sollten: So sollten einerseits die postulierten ver

mittelnden Prozesse wie Transferprozesse und kognitive Vorteile genauer betrachtet werden, andererseits sollte aber auch der Unterrichtsgestaltung und der Lehrkraft mehr Beachtung geschenkt werden.

Zudem sind die beschriebenen Ergebnisse der MoBi-Studie auf die spezifische Form der frühen Teilimmersion an deutschen Grundschulen beschränkt. Zu Effekten der dualen Immersion in Deutschland, wie sie beispielsweise an den Staatlichen Europa-Schulen Berlins (SESB) realisiert wird, fehlen bisher empirische Befunde. Um zu untersuchen, ob duale Immersion ähnliche positive Effekte wie frühe Teilimmersion hat und darüber hinaus eine geeignete Form der Integration von Schülerinnen und Schülern aus Partnerländern darstellt, führen wir[1] in den nächsten Jahren ein Projekt zur Evaluation der Staatlichen Europa-Schulen Berlins durch (EUROPA-Studie).

Dieses Projekt soll hier abschließend kurz beschrieben werden.

---

[1] Das Land Berlin, vertreten durch die Senatorin für Bildung, Wissenschaft und Forschung, hat Prof. Dr. Jürgen Baumert, Max-Planck-Institut für Bildungsforschung (MPIB) in Berlin, und Prof. Dr. Jens Möller, Institut für Psychologie der Christian-Albrechts-Universität zu Kiel (CAU), mit der wissenschaftlichen Begleitung und Evaluation der Staatlichen Europa-Schule Berlin (SESB) beauftragt. Wissenschaftliche Kooperationspartner sind darüber hinaus Prof. Dr. Olaf Köller vom Leibniz-Institut für die Pädagogik der Naturwissenschaften und Mathematik (IPN) an der CAU Kiel sowie Prof. Dr. Michael Becker-Mrotzek vom Mercator-Institut für Sprachförderung und Deutsch als Zweitsprache der Universität Köln. Mit einem Teil der Durchführung wurde das IEA Data Processing and Research Center (DPC) in Hamburg beauftragt. Die EUROPA-Studie wird zudem durch die Stiftung Mercator in Essen finanziell gefördert.

An den 30 Standorten der Staatlichen Europa-Schule Berlin (SESB) werden Schülerinnen und Schüler mit verschiedenen Erstsprachen gemeinsam zweisprachig unterrichtet. Jede Schule konzentriert sich auf eine der neun angebotenen nichtdeutschen Sprachen (Englisch, Französisch, Griechisch, Italienisch, Polnisch, Portugiesisch, Russisch, Spanisch, Türkisch). Jede Klasse setzt sich aus 50% erstsprachlich deutschen Kindern und 50% Kindern mit der nichtdeutschen Erstsprache zusammen. Beide Sprachen werden gleichwertig als Unterrichtssprache eingesetzt, so dass ungefähr die Hälfte der Fächer auf Deutsch und die andere Hälfte in der nichtdeutschen Sprache unterrichtet wird. Ein besonderer Fokus soll zudem auf den interkulturellen Austausch gelegt werden. Die SESB strebt eine hohe bilinguale Sprachkompetenz der Schülerinnen und Schüler bei gleichzeitiger Stärkung der interkulturellen Kompetenz an. Eine systematische wissenschaftliche Evaluation des Schulkonzepts steht bislang noch aus.

Im Rahmen der EUROPA-Studie sollen ab 2014 querschnittlich und längsschnittlich sprachliche, fachliche und interkulturelle Kompetenzen der Schülerinnen und Schüler mit konventionell unterrichteten Schülerinnen und Schülern verglichen werden. Darüber hinaus soll die Umsetzung des SESB-Konzepts in Bezug auf die Zusammensetzung der Schülerschaft und den Einsatz der Lehrkräfte überprüft werden. Begleitend erfolgt eine Elternbefragung. Ein besonderer Vorteil der EUROPA-Studie liegt in der Erfassung der Kompetenzen in den nichtdeutschen Sprachen anhand von Tests aus den internationalen Schulleistungsstudien TIMSS, PIRLS und PISA. Dieses Vorgehen ermöglicht es, die Leistungen der SESB-Schülerinnen und -Schüler mit denen von Kindern aus den Ländern, in denen diese Sprachen als Verkehrssprache gesprochen werden, zu vergleichen.

Teil der EUROPA-Studie ist die längsschnittliche Erfassung der Exekutivfunktionen (u. a. der Inhibitionsleistung) wie auch der Einsatz paralleler Testhefte in der L1 und der L2, so dass eine genauere Darstellung der Entwicklung der Exekutivfunktionen und der Transferprozesse in dualer Immersion sowie ein Vergleich mit konventionell unterrichteten Schülerinnen und Schülern möglich wird. Darüber hinaus ermöglichen die Lehrerfragebögen einen umfangreicheren Einblick in die Ausbildung und Didaktik der Lehrkräfte. So sollte die EUROPA-Studie in den nächsten Jahren zu weiteren Erkenntnissen im Zusammenhang mit Immersionsunterricht beitragen können.

Bibliographie

Arai, Kouichi (2006): Schools evaluates its immersion experience. Daily Yomiuri, Oct. 19th.

Baker, Colin (2011): Foundations of bilingual education and bilingualism. 5. Auflage. Bristol: Multilingual Matters.

Bialystok, Ellen (2005): Consequences of bilingualism for cognitive development. In: Kroll, Judith F./de Groot, Annette M. B. (Hrsg.): Handbook of bilingualism: Psycholinguistic approaches . New York: Oxford University Press. S. 417-432.

Bialystok, Ellen./Martin, Michelle M. (2004): Attention and inhibition in bilingual children: Evidence from the dimensional card sort task. In: Developmental Science 7, S. 325-339.

Cheng, Liying u.a. (2010): English language immersion and students' academic achievement in English, Chinese and mathematics. In: Evaluation & Research in Education 23(3), S. 151-169.

Cummins, Jim (1979): Linguistic interdependence and the educational development of bilingual children. In: Review of Educational Research 49 (2), S. 222-251.

Cummins, Jim (2000a): Language, power and pedagogy: Bilingual children in the crossfire. Clevedon: Multilingual Matters.

Cummins, Jim (2000b): Putting language proficiency in its place: Responding to critiques of the conversational/academic language distinction. In: Cenoz, Jasone/Jessner, Ulrike (Hrsg.), English in Europe: The acquisition of a third language. Clevedon: Multilingual Matters.

Deacon, S. Hélène/Wade-Woolley, Lesly/Kirby, John R. (2009): Flexibility in young second-language learners: Examining the language specificity of orthographic processing. In: Journal of Research in Reading 32, S. 215-229.

Dubé, Lucille/MacFarlane, Alina (1991): Middle immersion: Is it a better option than early or late? In: Le Journal de L'immersion/Immersion Journal 14, S. 21-27.

Gebauer, Sandra Kristina/Zaunbauer, Anna C. M./Möller, Jens (2012): Erstsprachliche Leistungsentwicklung im Immersionsunterricht: Vorteile trotz Unterrichts in einer Fremdsprache? In: Zeitschrift für Pädagogische Psychologie 26, S. 183-196.

Gebauer, S. Kristina/Zaunbauer, Anna C. M./Möller, Jens (2013): Cross-Language Transfer in English Immersion Programs: Reading Comprehension and Reading Fluency. In: Contemporary Educational Psychology 38, S. 64-74.

Genesee, Fred (1978): A longitudinal evaluation of an early immersion program. In: Canadian Journal of Education 3, S. 31-50.

Genesee, Fred (2004): What do we know about bilingual education for majority language students? In: Tej K. Bhatia/William Ritchie (Hrsg.): Handbook of bilingualism and multiculturalism. Malden, MA: Blackwell, S. 547-576.

Genesee, Fred (2005): Second language immersion: A summary for teachers, administrators and parents. In: McConnell, Robert (Hrsg.): Immersion Handbook. Tallinn: Estonian Language Immersion Centre, S. 5-26.

Geva, Esther/Clifton, Susan (1994): The development of first and second language reading skills in early French immersion. In: The Canadian Modern Language Journal 50, S. 646-667.

Hasher, Lynn/Zacks, Rose T./May, Cynthia P. (1999): Inhibitory control, circadian arousal, and age. In: Gopher, Daniel/Koriat, Asher (Hrsg.): Attention and performance, 17: Cognitive regulation of performance: Interaction of theory and application. Cambridge, MA: MIT Press, S. 653-675.

Hoare, Philip/Kong, Stella (2001): A framework of attributes for English immersion teachers in Hong Kong and implications for immersion teacher education. In: Asia Pacific Journal of Language in Education 4, S. 79-106.

Jarvis, Scott (2003): Probing the effects of the L2 on the L1: A case study. In: Cook, Vivian (Hrsg.): The effects of the second language on the first. Clevedon, UK: Multilingual Matters, S. 81-102.

Klieme, Eckhard (Hrsg.) (2008): Unterricht und Kompetenzerwerb in Deutsch und Englisch. Ergebnisse der DESI-Studie. Weinheim: Beltz.

Kowal, Maria/Swain, Merrill (1997): From semantic to syntactic processing: How can we promote it in the immersion classroom? In: Johnson, Robert Keith/Swain; Merrill (Hrsg.), Immersion education: International perspectives. Cambridge: Cambridge University Press, S. 284-309.

Köller, Olaf u.a. (2004): Öffnung von Bildungswegen in der Sekundarstufe II und die Wahrung von Standards: Analysen am Beispiel der Englischleistungen von Oberstufenschülern an integrierten Gesamtschulen, beruflichen und allgemein bildenden Gymnasien. In: Zeitschrift für Pädagogik 50, S. 679-700.

Kuska [Gebauer], S. Kristina/Zaunbauer, Anna C. M./Möller, Jens (2010): Sind Immersionsschüler wirklich leistungsstärker? Ein Lernexperiment. In: Zeitschrift für Entwicklungspsychologie und Pädagogische Psychologie 42, S. 143-153.

Marsh, Herbert W./Hau, Kit-Tai/Kong, Chit-Kwong (2002): Multilevel causal ordering of academic self-concept and achievement: Influence of language of instruction (English compared with Chinese) for Hong Kong students. In: American Educational Research Journal 39, S. 727-763.

Nold, Günter u.a. (2008): Klassen in bilingualem Sachfachunterricht: Englisch als Arbeitssprache. In: Klieme, Eckhard u.a. (Hgs.): Unterricht und_Kompetenzerwerb in Deutsch und Englisch: Ergebnisse der DESI-Studie. Weinheim: Beltz, S. 451-457.

Oller, D. Kimbrough/Cobo-Lewis, Alan B. (2002): The ability of bilingual and monolingual children to perform phonological translation. In: Oller, D. Kimbrough /Eilers, Rebecca E. (Hrsg.): Language and literacy in bilingual children. Tonawanda, NY: Multilingual Matters.

Reeder, Kenneth/Buntain, Jennifer/Takakuwa, Mitsunori (1999): Intensity of L2 instruction and biliterate proficiency in the intermediate years of a French immersion program. In: The Canadian Modern Language Review 56, S. 49–72.

Takakuwa, Mitsunori (2005): Lessons from a paradoxical hypothesis: A methodological critique of the threshold hypothesis. In: Cohen, James/McAlister, Kara T./Rolstad, Kellie/MacSwan, Jeff (Hrsg.): ISB4: Proceedings of the 4th International Symposium on Bilingualism. Somerville, MA: Cascadilla Press, S. 2222-2232.

Thorn, Annabel S. C./Gathercole, Susan E. (2001): Language differences in verbal short-term memory do not exclusively originate in the process of subvocal rehearsal. In: Psychonomic Bulletin & Review 8, S. 357-364.

Turnbull, Miles/Hart, Doug/Lapkin, Sharon (2000): French immersion students' performance on Grade 3 and 6 provincial tests: Potential impacts on program design. Toronto: OISE/UT Modern Language Centre.

Turnbull, Miles/Hart, Doug/Lapkin, Sharon (2003): Grade 6 French immersion students' performance on large-scale reading, writing, and mathematics tests: Building explanations. In: Alberta Journal of Educational Research 49, S. 6-23.

Turnbull, Miles/Lapkin, Sharon/Hart, Doug (2001): Grade 3 immersion students' performance in literacy and mathematics: Province-wide results from Ontario (1998-99). In: The Canadian Modern Language Review 58, S. 9-26.

Van Gelderen, Amos u.a. (2007): Development of adolescent reading comprehension in language 1 and language 2: A longitudinal analysis of constituent components. In: Journal of Educational Psychology 99, S. 477-491.

Wode, Henning u.a. (2002): Englisch durch bilinguale Kitas und Immersionsunterricht an der Grundschule: Erfahrungen aus der Praxis und Forschungsergebnisse. In: Voss, Bernd /Stahlheber, Eva (Hrsg.): Fremdsprachen auf dem Prüfstand: Innovation – Qualität – Evaluation. Dokumentation zum 19. Kongress für Fremdsprachendidaktik der Deutschen Gesellschaft für Fremdsprachenforschung (DGFF), Dresden 2001. Berlin: Pädagogischer Zeitschriftenverlag, S. 139–149.

Zaunbauer, Anna C. M./Bonerad, Eva-Maria/Möller, Jens (2005): Muttersprachliches Leseverständnis immersiv unterrichteter Kinder. In: Zeitschrift für Pädagogische Psychologie 19, S. 263-265.

Zaunbauer, Anna C. M./Gebauer, S. Kristina/Möller, Jens (2012): Englischleistungen immersiv unterrichteter Schülerinnen und Schüler. In: Unterrichtswissenschaft 40, S. 315-333.

Zaunbauer, Anna C. M./Möller, Jens (2007): Schulleistungen monolingual und immersiv unterrichteter Kinder am Ende des ersten Schuljahres. In: Zeitschrift für Entwicklungspsychologie und Pädagogische Psychologie 39, S. 141-153.

Teil II
Bilingualer Unterricht

Bilingualer Unterricht: innovativ – integrativ – diskursiv

Katja Schmidt

Abstract

Dieser Beitrag stellt bilingualen Unterricht als innovatives, integratives und diskursives Unterrichtskonzept vor. Dazu wird zunächst eine Begriffsbestimmung vorgenommen. Anschließend wird auf die Entwicklung dieser Unterrichtsform in Deutschland einschließlich ihrer unterschiedlichen Organisationsformen eingegangen. Die Bedeutung der integrativen Entwicklung sprachlicher und sachfachlicher Kompetenzen sowie die Notwendigkeit unterstützender Maßnahmen (*scaffolding*) werden im abschließenden Teil des Beitrags diskutiert.

1 Einleitung

Bilingualer Unterricht – ein Erfolgsmodell: So konstatiert es u. a. Wolfgang Biederstädt (2013: 4) und beruft sich dabei auf die stetig steigende Zahl bilingualer Angebote an deutschen Schulen. In der Tat ist in diesem Bereich ein rasantes Wachstum zu verzeichnen. Laut KMK-Bericht (2013) hat sich die Zahl der Schulen, an denen bilingual unterrichtet wird, zwischen 1999 und 2013 mehr als vervierfacht (von 366 auf über 1500 Schulen im gesamten Bundesgebiet). Zurückzuführen ist diese Entwicklung u. a. auf die zunehmende Bedeutung fremdsprachlicher Kompetenzen in allen Bereichen des öffentlichen Lebens. Sowohl in privaten als auch in beruflichen Kontexten ist die Beherrschung einer Fremdsprache in Wort und Schrift zur Schlüsselqualifikation geworden. Hinzu kommt auf europäischer Ebene die Forderung nach einer individuellen Mehrsprachigkeit, d. h. alle BürgerInnen der Europäischen Union sollen neben ihrer Muttersprache mindestens zwei weitere Sprachen beherrschen.

Ausschlaggebend für die Wahl eines bilingualen Angebotes ist bei vielen SchülerInnen daher vorrangig der Wunsch nach vertieften Fremdsprachenkenntnissen. Der Mehrwert, den die Integration von Sachfach und Sprache mit sich bringt, wird selten in die Überlegungen einbezogen. Dabei ist es gerade die Verzahnung sachfachlicher und sprachlicher Inhalte, die das Potenzial bilingualen Unterrichts ausmacht und neue Perspektiven eröffnet. Die Umsetzung dieses Gedanken in ein pädagogisches Konzept soll im Folgenden aufgezeigt werden.

2 Begriffsbestimmung

Sowohl auf nationaler als auch auf internationaler Ebene existieren eine Reihe von Termini, die zur Bezeichnung dieser Unterrichtsform herangezogen werden: *content-based foreign language instruction* (Brinton et. al. 1995), *bilingual content teaching* (Möllering 2010), *bifokaler Unterricht* (Rittersbacher 2007), *inhaltsorientierter Zweitsprachenunterricht* (Mohan/Slater 2013), *Sachfachunterricht in der Zielsprache* (Keßler/Schlemminger 2013), usw. Die Vielzahl der Begriffe zeigt bereits, dass der Grundgedanke des bilingualen Lernens und Lehrens – nämlich die Vermittlung bzw. Aneignung sachfachlicher Inhalte in einer Fremdsprache – unterschiedliche Ausformungen bzw. Perspektivierungen erfahren hat. Liegt der Fokus bei der Bezeichnung *content-based foreign language instruction* eher auf der Erweiterung der fremdsprachlichen Kenntnisse, weisen Termini wie *bilingual content teaching* darauf hin, dass der Schwerpunkt des Unterrichts auf der Erarbeitung sachfachlicher Inhalte (im Medium der Fremdsprache) liegt.

Eine alternative Bezeichnung, die eine Fokussierung auf eine der beiden Dimensionen vermeidet, ist der Terminus *CLIL* (*Content and Language Integrated Learning*). Dieser Begriff hat sich erfreulicher Weise im europäischen Kontext durchgesetzt, was u. a. auf den Eurydice-Bericht (2006) zurück zu führen ist, in dem der Terminus – basierend auf Marsch/Langé (2000) – wie folgt definiert wird:

> The acronym CLIL is used as a generic term to describe all types of provision in which a second language (a foreign, regional or minority language and/or another official state language) is used to teach certain subjects in the curriculum other than language lessons themselves. (Eurydice 2006:8)

Diese Definition ist zwar sehr weit gefasst, um den unterschiedlichen sozialen und bildungspolitischen Kontexten in Europa Rechnung zu tragen (vgl. dazu auch Wolff 2007), die Wahl des Begriffes CLIL verdeutlicht jedoch sehr gut die Grundidee der Unterrichtsform: Sprach- und Sachfachlernen erfolgen integriert, d. h. das Lernen von Inhalten und das Lernen von Sprache sind eng miteinander verzahnt und nicht voneinander trennbar.[1]

Im bundesdeutschen Bildungskontext findet man neben der Bezeichnung CLIL häufig die Termini *bilingualer Sachfachunterricht* oder *bilingualer Unterricht.* Die Kultusministerkonferenz (KMK) definiert diese Unterrichtsform als „Fachunterricht in den nicht-sprachlichen Fächern (...), in dem überwiegend eine Fremdsprache für den fachlichen Diskurs verwendet wird" (KMK 2013: 3). Durch diese Definition erhält der Begriffsanteil *bilingual* seine Rechtfertigung: zwar erfolgt der Unterricht zu großen Teilen in der Fremdsprache, es gibt jedoch auch muttersprachliche Anteile, die den Aufbau schulsprachlicher Fähigkeiten in der L1 sicherstellen sollen. In diesem Punkt unterscheidet sich bilingualer Unterricht von Immersionsprogrammen[2], bei denen der Unterricht in den

---

[1] Zu den Dimensionen des CLIL-Konzepts vgl. Kuty in diesem Band.
[2] Zum Konzept der Immersion vgl. Wode (in diesem Band).

gewählten Sachfächern durchgängig und ausschließlich in der Fremdsprache erfolgt.

3 Entwicklung in der Bundesrepublik Deutschland[3]

Bilingualer Unterricht blickt in Deutschland auf eine fast 50-jährige Praxis zurück. In Folge des 1963 geschlossenen „Vertrages über die deutsch-französische Zusammenarbeit“, der insbesondere der Förderung der Sprache des Nachbarlandes dienen sollte, wurde 1969 an einem Gymnasium in Singen der erste bilinguale deutsch-französische Bildungsgang eingerichtet. Dabei sollte die Sprache zunächst nicht als *lingua franca*, sondern als Sprache des europäischen Nachbarn mit dem Ziel der Friedenserziehung gelehrt und gelernt werden (vgl. Krechel 2008). Während in den 1970er Jahren der Schwerpunkt auf der Etablierung deutsch-französischer bilingualer Züge lag, zeichnete sich in den 1980er Jahren eine Zunahme deutsch-englischer bilingualer Zweige ab (vgl. Finkbeiner/Fehling 2002). Seit den 1990er Jahren wächst die Zahl bilingualer Angebote rapide. So stieg die Anzahl der Schulen mit bilingualen Bildungsgängen zwischen 1999 und 2005 von 366 auf 847 (KMK 2006: 9). Bis 2013 konnte eine weitere Zunahme auf über 1500 bilingual unterrichtende Schulen verzeichnet werden (KMK 2013: 4). Dabei sind neben Französisch und Englisch nun auch andere Sprachen wie Italienisch, Spanisch, Griechisch, Türkisch, Dänisch, Portugiesisch oder Russisch vertreten (KMK 20013: 13). Zudem erfolgte nach der langen Tradition an Gymnasien eine Ausweitung auf andere Schularten. In zunehmendem Maße wird bilingualer Unterricht auch an Grundschulen, Realschulen und Gesamtschulen sowie im berufsbildenden

---

[3] vgl. dazu auch Schmidt (2013: 11f.).

Bereich angeboten (KMK 2013: 10). Weiterhin ist festzustellen, dass die Vielfalt der bilingualen Sachfächer zugenommen hat. War bilingualer Unterricht anfänglich auf gesellschaftswissenschaftliche Fächer wie Geschichte oder Sozialkunde beschränkt, werden nun auch vermehrt mathematisch-naturwissenschaftliche und musisch-ästhetische Fächer in der Fremdsprache unterrichtet (KMK 2013: 13f.).

4 Organisationsformen bilingualen Lernens und Lehrens[4]

Je nach Bundesland haben sich im Laufe der Zeit eine Vielzahl von Organisationsformen bilingualen Lernens und Lehrens herausgebildet. Die KMK unterscheidet dabei in Abhängigkeit von der Intensität des bilingualen Unterrichts drei verschiedene Modelle:

- Bilinguale Züge
- Bilingualer Sachfachunterricht, in dem die Fremdsprache als Arbeitssprache über mindestens ein Schuljahr genutzt wird.
- Bilinguale Module, d. h. kürzere bilinguale Sequenzen (vgl. KMK 2013: 8)

Bilinguale Züge sind in Deutschland am weitesten verbreitet. So gibt es allein in Nordrhein-Westfalen 170 Schulen mit einem bilingualen Zug (KMK 2013: 37). Charakteristisch für dieses Modell ist eine relativ fest gefügte Struktur in Bezug auf Auswahl, Anzahl und Reihenfolge der bilingual unterrichteten Sachfächer (Helbig 2007: 179) sowie ein fortlaufendes Curriculum (Finkbeiner/Fehling 2002: 10). Die SchülerInnen haben in der 5. und 6. Klasse erweiterten Fremdsprachenunterricht (so genannten verstärkten Vorlauf). Ab der 7. Klasse beginnt der eigentliche bilinguale Unterricht in einem bis maximal drei

[4] vgl. dazu auch Schmidt (2013: 22ff.).

Sachfächern.[5] Diese werden dann kontinuierlich bis zum Ende der Sekundarstufe I oder der gymnasialen Oberstufe in der Fremdsprache unterrichtet. Den Abschluss kann ein bilinguales Abitur bilden; in jedem Fall aber erfolgt ein Eintrag ins Abiturzeugnis über den erfolgreichen Abschluss eines bilingualen Zuges (Abendroth-Timmer 2007: 73).

Beim **durchgängigen bilingualen Sachfachunterricht** wird die Fremdsprache als Arbeitssprache durchgehend in einem Fach über mindestens ein Schuljahr genutzt. Dies ist sowohl in der Mittelstufe als auch in der gymnasialen Oberstufe möglich. Bei letzterem wird das Fach dann mit einer schriftlichen und/oder mündlichen Abschlussprüfung in der Fremdsprache abgeschlossen (KMK 2013: 9).

Bilinguale Module erweitern die Palette bilingualer Angebote und werden von vielen Schulen als Einstiegsmodell genutzt (vgl. Petersen in diesem Band). Dabei kommt die Fremdsprache phasenweise, d. h. für eine begrenzte Zeit im Fachunterricht zum Einsatz. Im regulär deutschsprachig geführten Fachunterricht werden einzelne thematisch zentrierte Einheiten in der Fremdsprache unterrichtet. Diese Organisationsform bilingualen Lernens kommt laut Zydatiß (2007: 34) vor allem in den „neuen“ bilingualen Sachfächern (z. B. Kunst oder Chemie) und Arbeitssprachen (z. B. Spanisch) sowie an nicht-gymnasialen Schularten zum Einsatz. Der Vorteil bilingualer Module liegt im flexiblen Einsatz einer Arbeitssprache in epochalen Unterrichtsphasen, der keine Änderungen auf struktureller Ebene erfordert (Abendroth-Timmer 2007: 74). Zudem werden auch SchülerInnen mit geringerem Interesse an Sprachen eingebunden (ebd.).

Zusätzlich zu den von der KMK genannten Modellen existiert eine Reihe weiterer Organisationsformen. So sei an dieser Stelle z. B. auf das Konzept der **Kompetenzkurse** (Zydatiß 2007: 35) hingewiesen. Dabei erarbeiten sich SchülerInnen der gymnasialen Oberstufe ausgewählte Inhalte eines Sachfaches über authentische, fremdsprachige Materialien,

---

[5] Häufig wird mit Geschichte begonnen, später kommt dann Geographie und/oder Sozialkunde/Politik dazu.

wobei die Unterrichtssprache weiterhin Deutsch bleibt. Somit werden in den Kompetenzkursen insbesondere Arbeitstechniken wie das intensive oder selektive Lesen fremdsprachiger Texte sowie das eigenständige Erschließen von Wortbedeutungen ausgebildet. Für Zydatiß (ebd.) wird damit ein „substantieller Beitrag zur Studierfähigkeit und zu einer vertieften Allgemeinbildung künftiger Abiturienten" geleistet.

5 Integriertes Inhalts- und Sprachlernen

Forschung und Praxis des bilingualen Unterrichts waren lange Zeit fremdsprachendidaktisch geprägt, d. h. es stand vor allem die Erweiterung der fremdsprachlichen Kompetenzen im Zentrum des Interesses. Mittlerweile herrscht Einigkeit darüber, dass bilingualer Unterricht ebenso aus der Perspektive des Sachfaches gedacht werden muss, denn: "Language outcomes are driven by content." (Mehisto/ Marsh/Frigols 2008: 103). Sprachliches Lernen kann also nur anhand von Inhalten erfolgen. Umgekehrt ist fachliches Lernen immer an Sprache gebunden. Inhalt und Sprache bedingen sich folglich gegenseitig. In der Praxis stellt diese Synthese jedoch oft ein Problem dar, denn „die sachliche und die sprachliche Planung des Unterrichts fallen nach wie vor auseinander, wo sie eine integrierte Einheit bilden müssten" (Lamfuß-Schenk 2000: 77).

Zwar lässt sich dieses Dilemma nicht ohne weiteres lösen, dennoch gibt es eine Reihe von Ansätzen, die zu einem integrierten Verständnis von Sprach- und Sachfachlernen beitragen. So stellt beispielsweise Halliday mit seiner Registertheorie (1978) ein Modell zur Verfügung, in dem Sprache im engen Zusammenhang mit Kontext und Bedeutung betrachtet wird. Der Begriff Register bezieht sich in diesem Modell auf den Gebrauch von Sprache in einem (fach-)spezifischen Kontext: „We can refer to a ‚mathematics register', in the sense of the meanings that belong to the language of mathematics ..., and that a language must express if it is being used for mathematical purposes." (Halliday 1978:

195) Die fachlichen Konzepte lassen sich demnach nur mit Hilfe des entsprechenden Registers vermitteln. Umgekehrt ist das Register ein Mittel, mit dessen Hilfe Lehrende und Lernende in Interaktion treten und fachliche Bedeutung konstruieren (vgl. dazu auch Mohan/Slater 2013: 258ff).

Eine weitere integrative Sichtweise auf fachliches und sprachliches Lernens eröffnet sich, wenn man die Prozesse der Begriffsbildung bzw. des Begriffslernens in bilingualen Unterrichtskontexten näher betrachtet. „Begriffsbildung beschreibt bestimmte Veränderungen des Wissens von naiven, alltäglichen Vorstellungen zu wissenschaftlich angemessenen Begriffen (conceptual knowledge)" (Fries 2013: 145). Lernprozesse im bilingualen Unterricht zeichnen sich dadurch aus, dass muttersprachlich vorgeformte Alltagskonzepte (z. B. *Regen* als „Wasser von oben") durch fremdsprachliche Bedeutungsaushandlung in wissenschaftliche fremdsprachliche Konzepte (z. B. *rain* als „precipitation") umgewandelt werden, d. h. die Alltagskonzepte werden erweitert bzw. verfeinert und manifestieren sich in einem entsprechenden fremdsprachlichen Begriff.[6] Dass dieser Prozess nicht rein fachlicher oder rein sprachlicher Natur sein kann liegt auf der Hand: sprachliches und fachliches (also konzeptuales) Lernen fallen bei der fremdsprachlichen Begriffsbildung zusammen.

Die größte Herausforderung bei der Transformation eines alltagsweltlichen in ein fremdsprachliches wissenschaftliches Begriffssystem besteht darin, alltagssprachliche Kompetenzen in schulsprachliche Fähigkeiten zu überführen. Bereits in den 1980er Jahren stellte Cummins fest, dass zwischen ihnen ein qualitativer Unterschied besteht:

[6] vgl. ausführlich dazu Hallet (2002).

> Considerably less knowledge of the L2 itself is required to function appropriately in conversational settings than in academic settings as a result of the greater contextual support available for communicating and receiving meaning. (Cummins 1984: 150)

Cummins schlussfolgert daraus, dass es zwei Arten von Sprachkompetenz gibt: erstens, eine eher alltagsorientierte Sprachkompetenz, die er als BICS (*Basic Interpersonal Communication Skills*) bezeichnet und zweitens, eine eher formal-akademische Sprachkompetenz, die er als CALP (*Cognitive Academic Language Proficiency*) bezeichnet. Betrachtet man den bilingualen Unterricht, so stellt man fest, dass die Vermittlung bzw. Aneignung kognitiv anspruchsvoller sachfachlicher Inhalte auch auf sprachlicher Ebene erhöhte Anforderungen an die Lernenden stellt. Fachspezifische Inhalte des Sachfaches müssen in der Fremdsprache diskursiv verarbeitet und versprachlicht werden, z. B. bei der Rezeption von Fachtexten und der anschließenden Weitergabe der gewonnenen Informationen. Dies erfordert von den Lernenden zum einen erhebliche kognitive Abstraktionsleistungen und zum anderen deren angemessene fremdsprachliche Realisierung. Die Fokussierung auf die Entwicklung bildungssprachlicher Fähigkeiten (CALP) trägt damit zu einer Integration fachlicher und sprachlicher Kompetenzen bei und sollte demnach als Grundprinzip bilingualen Unterrichtens gelten.

6 Diskursfunktionen als Mittler zwischen Sprache und Inhalt

Die Entwicklung formal-akademischer fremdsprachlicher Kompetenz (CALP) darf sich jedoch nicht auf die Vermittlung von Fachvokabular beschränken. Vielmehr müssen fachspezifische Denkweisen und sprachlich-diskursive Konventionen des jeweiligen Sachfaches erlernt und eingeübt werden. Dazu gehört auch die „Fähigkeit zur sprachlichen Verknüpfung von Fachkonzepten zu größeren und abstrakteren Einheiten, zu fachtypischen Texten und Kommunikationsformen (*genres*)" (Vollmer 2007: 286). Die von Vollmer als *genres* bezeichneten Kommunikationsformen sind seit geraumer Zeit auch unter dem Begriff *Diskursfunktion* bekannt. Diskursfunktionen sind laut Kidd (1996: 289) am besten als Gegenstück zu *everyday communicative functions* (z. B. *apologizing, greeting, complementing, offering)* zu verstehen und kommen vor allem in Kommunikationssituationen zum Tragen, die einen fachlich-akademischen Sprachgebrauch erfordern. Typische Diskursfunktionen sind z. B. das Beschreiben, das Schlussfolgern, das Bewerten, das Zusammenfassen oder das Argumentieren. Wie viele dieser Diskursfunktionen existieren, ist schwer zu bestimmen, da bislang wenig systematische Forschung auf diesem Gebiet betrieben wurde. Einen ersten Versuch der Systematisierung unternimmt Kidd, indem er zwischen *Makro*- und *Mikrofunktionen* unterscheidet:

> Microfunctions are small-scale; they involve the performance of rather specific language tasks with comparatively narrow purposes. Macrofunctions, on the other hand, are larger-scale uses in the sense that they pertain to more general language tasks with broader purposes. (Kidd 1996: 290)

Während *Mikrofunktionen* auf wenige distinktive Satzmuster und Diskursmarker zurückgreifen und in relativ kurzen Diskursabschnitten realisiert werden, umfassen *Makrofunktionen* längere Diskursabschnitte und sind meist nicht an spezielle Satzmuster oder Diskursmarker gebunden. Typische *Makrofunktionen* sind nach Kidd das Erklären, Berichten und Beschreiben; typische *Mikrofunktionen* hingegen das Hypothesen bilden, Definieren und Vergleichen (Kidd 1996: 302ff.).

Eine weitere Taxonomie unterbreiten Vollmer und Thürmann (2010), die auf Grundlage einer umfassenden Analyse von Rahmenplänen und Lehrbüchern 6 Stufen „kommunikativ-kognitiver Strategien und Diskursfunktionen" identifizieren:

- Benennen und Definieren
- Beschreiben und Darstellen
- Berichten und Erzählen
- Erklären und Erläutern

- Bewerten und Beurteilen
- Argumentieren und Stellung beziehen

Zwar beziehen sich die Autoren auf den Bereich Deutsch als Zweitsprache, die dargestellte Progression im Anspruchsniveau der Diskursfunktionen lässt sich m. E. jedoch gut auf den bilingualen Unterricht übertragen. Dabei ist die Steigerung im sprachlichen Anspruch eng mit einem steigenden kognitiven Anspruch verbunden. Vollmer/ Thürmann (2010) verstehen Diskursfunktionen demnach als:

> integrative Einheit von Inhalt, Sprache und Denken, die mit Makrostrukturen des Wissens sowie mit basalen Denkoperationen und deren Versprachlichung in elementaren Texttypen in Beziehung gesetzt werden können und in denen sich dieses Wissen und Denken sozial wie sprachlich vermittelt ausdrückt. (Vollmer/Thürmann 2010: 116)

Wenn also Diskursfunktionen als verbindende Ebene zwischen fachbezogenen Inhalten, kognitiven Operationen und deren fremdsprachlicher Realisierung fungieren, müssen sie als solche bewusst in das Unterrichtsgeschehen eingebunden werden. Die wenigen empirischen Untersuchungen dazu zeigen jedoch, dass dies nur selten der Fall ist. So stellt Dalton-Puffer (2007) in ihrer Studie zum Definieren und Hypothesen Bilden fest, dass diese Diskursfunktionen erstens nur äußerst selten im Unterrichtsdiskurs auftauchen und zweitens an keiner Stelle auf der Metaebene besprochen werden. Schmidt (2013) kommt in ihrer Studie zum Definieren im bilingualen Biologieunterricht zu ähnlichen Ergebnissen und leitet daraus die Forderung nach einer expliziten Bewusstmachung von Form und Funktion von Diskursfunktionen ab, um den SchülerInnen eine selbstbestimmte Teilnahme am Diskurs des Faches zu ermöglichen.

7 *Scaffolding:* Sprachgerüste zur Unterstützung der Lernenden

Die Entwicklung eines Repertoires an Diskursfunktionen ist eng verbunden mit der Bereitstellung so genannter „Sprachgerüste", auch bekannt unter dem Begriff *scaffolding*. Im weitesten Sinne können darunter „verbale, grafische und unterrichtsmethodische Stützmaßnahmen" (Zydatiß 2010: 2) verstanden werden, die es den Lernenden ermöglichen, an der unterrichtlichen Kommunikation teilzunehmen und sich die Unterrichtsinhalte anzueignen. Auf der sprachlichen Ebene kann dabei zwischen *input-oriented* und *output-oriented scaffolding techniques* (Massler/Ioannou-Georgiou 2010) unterschieden werden. Während erstere auf das Verständnis des fremdsprachlichen Inputs abzielen, sollen letztere den Lernenden dabei helfen, sachfachliche Inhalte in der Fremdsprache zu verbalisieren. Dabei reicht es nicht aus, den Lernenden Vokabellisten mit dem entsprechenden Fachvokabular zur Verfügung zu stellen. Vielmehr sollten den SchülerInnen Formulierungshilfen, wie z. B. Mustersätze, Satzanfänge, sprachliche Mittel zur Herstellung von Satzkohäsion oder zum Anzeigen zeitlicher, örtlicher sowie kausaler Relationen angeboten werden. Auch strukturelle Hilfen, die den Lernenden die logische Form von Diskursfunktionen deutlich machen, können hilfreich sein (vgl. Abb. 1).

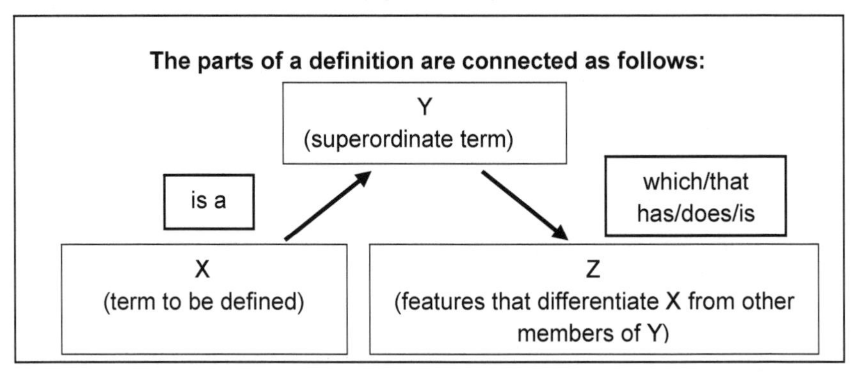

Abb. 1: Logisch-strukturelle Stützmaßnahme für die Diskursfunktion Definieren

Auch in der unterrichtlichen Interaktion können Scaffolding-Techniken zum Einsatz kommen. Von Bedeutung ist hierbei vor allem ein „reflektiert kontrollierter Sprachgebrauch der Lehrkraft" (Thürmann 2013: 238), welcher sich durch eine hohe inhaltliche Redundanz bei gleichzeitiger Variation im sprachlichen Ausdruck auszeichnet. Neben der verständnisunterstützenden Wirkung eines solchen Sprachgebrauchs, wird den Lernenden so auch ein Modell für eigene sprachliche Äußerungen zur Verfügung gestellt. Des Weiteren sollte die unterrichtliche Interaktion so gestaltet werden, dass sie eine hohe SchülerInnenpartizipation ermöglicht. So können bereits feine Veränderungen des dreischrittigen Schemas *initiation – response – evaluation* zu einer Erhöhung der Redeanteile auf SchülerInnenseite führen. Statt einer Bestätigung oder Falsifizierung der Schülerantwort im dritten Schritt des triadischen Dialogs kann die Lehrkraft durch eine weiterführende Frage zum Überdenken der Antwort anregen, so dass Aushandlungsprozesse mit einer symmetrischen Rollenverteilung zwischen LehrerInnen und SchülerInnen ausgelöst werden (vgl. dazu Schmidt 2013). Schließlich können auch bestimmte Formen des Feedbacks den Lernprozess unterstützen. Neben inhaltsorientierten Rückmeldungen sollte auch sprach- und strukturorientiertes Feedback eingesetzt werden, welches zur Selbstkorrektur anregt und damit den aktiven Erwerb fachlicher und sprachlicher Handlungsfähigkeit ermöglicht (ebd.).

8 Fazit

Sowohl in der Praxis als auch in der Forschung herrscht Einigkeit darüber, dass bilingualer Unterricht sich von einer Randerscheinung zu einer weithin akzeptierten Unterrichtsform entwickelt hat. Was als *grassroots-movement* begann, hat in den vergangenen zwei Jahrzehnten eine substantielle theoretische Fundierung erfahren. Davon zeugen nicht nur die zahlreichen Einzelstudien, sondern auch die zunehmende Zahl an Handbüchern (vgl. z. B. Hallet/Königs 2013) und

Einführungen (vgl. z. B. Doff 2010). Diese erfreuliche Entwicklung kann jedoch nicht darüber hinwegtäuschen, dass es noch immer an Lehrmaterialien für den bilingualen Unterricht mangelt. Zwar bieten mittlerweile fast alle Schulbuchverlage Materialien für die „typischen" bilingualen Sachfächer (wie z. B. Geschichte oder Geographie) an, oft sind die Lehrkräfte jedoch weiterhin auf das Erstellen eigener Materialien angewiesen (vgl. z. B. Swensson in diesem Band). Die Schaffung von Vernetzungsstrukturen zwischen bilingual unterrichtenden LehrerInnen scheint vor diesem Hintergrund eine dringende Aufgabe für die Zukunft.

Bibliographie

Abendroth-Timmer, Dagmar (2007): Akzeptanz und Motivation. Empirische Ansätze zur Erforschung des unterrichtlichen Einsatzes von bilingualen und mehrsprachigen Modulen. Kolloquium Fremdsprachenunterricht 33. Frankfurt am Main: Lang.

Biederstädt, Wolfgang (2013): Ein innovatives Unterrichtskonzept. In: Biederstädt, Wolfgang (Hrsg.): Bilingual unterrichten. Englisch für alle Fächer. Berlin: Cornelsen, 5-14.

Brinton, Donna M./Snow, Marguerite Ann/Wesche, Marjorie Bingham (1995[4]): Content-based second language instruction. Boston, Mass.: Heinle & Heinle Publ.

Cummins, Jim (1984): Bilingualism and special education. Issues in assessment and pedagogy. Austin, Tex: Pro-Ed.

Eurydice (eds.) (2006): Content and Language Integrated Learning (CLIL) at School in Europe. Brüssel: The Information Network on Education in Europe.

Dalton-Puffer, Christiane (2007): Die Fremdsprache Englisch als Medium des Wissenserwerbs: Definieren und Hypothesenbilden. In: Caspari, Daniela (Hrsg.): Bilingualer Unterricht macht Schule. Beiträge aus der Praxisforschung. Kolloquium Fremdsprachenunterricht 29. Frankfurt am Main: Lang, S. 67-79.

Doff, Sabine (Hrsg.) (2010): Bilingualer Sachfachunterricht in der Sekundarstufe: Eine Einführung. Tübingen: Narr.

Finkbeiner, Claudia/Fehling, Sylvia (2002): Bilingualer Unterricht: aktueller Stand und Implementierungsmöglichkeiten im Studium. In: Finkbeiner, Claudia (Hrsg.): Bilingualer Unterricht. Lehren und Lernen in zwei Sprachen. Praxis Schule & Innovation. Hannover: Schroedel, S. 9-22.

Fries, Verena (2013): Begriffsbildung und Begriffslernen. In: Hallet, Wolfgang/Königs, Frank (Hrsg.): Handbuch Bilingualer Unterricht. Content and Language Integrated Learning. Seelze: Kallmeyer/Klett, S. 145-152.

Hallet, Wolfgang (2002): Auf dem Weg zu einer bilingualen Sachfachdidaktik. Bilinguales Lernen als fremdsprachige Konstruktion wissenschaftlicher Begriffe. In: Praxis des neusprachlichen Unterrichts 49.2, S. 115-126.

Hallet, Wolfgang/Königs, Frank (Hrsg.) (2013): Handbuch Bilingualer Unterricht. Content and Language Integrated Learning. Seelze: Kallmeyer/Klett.

Helbig, Beate (2007): Bilinguales Lehren und Lernen. In: Bausch, Karl-Richard (Hrsg.): Handbuch Fremdsprachenunterricht. UTB Pädagogik, Sprachwissenschaften 8043. Tübingen: Francke, S. 179-186.

Keßler, Jörg-U/Schlemminger, Gérald (2013): Babylonisches Sprachengewirr. Wie benennen wir unseren Untersuchungsgegenstand? In: Hollm, Jan/Hüttermann, Armin/Keßler, Jörg-U./Schlemminger, Gérald/Ade-Thurow, Benjamin (Hrsg.): Bilinguales Lernen und Lehren in der Sekundarstufe I. Landau: Verl. Empirische Pädagogik, S. 15-26.

Kidd, Richard (1996): Teaching academic language functions at the secondary level. In: Canadian Modern Language Review 52.2, S. 285-307.

KMK (2006): Konzepte für den bilingualen Unterricht - Erfahrungsbericht und Vorschläge zur Weiterentwicklung. Bonn: KMK.

KMK (2013): Konzepte für den bilingualen Unterricht – Erfahrungsbericht und Vorschläge zur Weiterentwicklung. Bonn: KMK.

Krechel, Hans-Ludwig (2008): Anmerkungen zur Didaktik des bilingualen Sachfachunterrichts. In: Scheersoi, Annette/Klein, Hans Peter/Bohn, Matthias (Hrsg.): Bilingualer Biologieunterricht. Frankfurter Beiträge zur biologischen Bildung 6. Aachen: Shaker, S. 1-24.

Halliday, M.A.K. (1978): Language as social semiotic. The social interpretation of language and meaning. London: University Park Press.

Lamfuß-Schenk, Stefanie (2000): Fremdverstehen im bilingualen Geschichtsunterricht. In: Neusprachliche Mitteilungen 53.2, S. 74-80.

Marsh, David/Langè, Gisella (2000): Using Languages to Learn and Learning Languages to Use. Jyväaskylá: University of Jyväaskylá.

Massler, Ute/Ioannou-Georgiou, Sophie (2010): Best practice: How CLIL works. In: Massler, Ute/Burmeister, Petra (Hrsg.): CLIL und Immersion. Fremdsprachlicher Sachfachunterricht in der Grundschule. Braunschweig: Westermann.

Mehisto, Peeter/Marsh, David/Frigols, Maria Jesus (2008): Uncovering CLIL. Content and Language Integrated Learning in Bilingual and Multilingual Education. Oxford: Macmillan.

Mohan, Bernard/Slater, Tammy (2013): "Inhaltsorientierter Zweitsprachenunterricht" – Zusammenspiel von fachlichem und sprachlichem Lernen. In: Gogolin, Ingrid/Lange, Imke/Michel, Ute, Reich, Hans H. (Hrsg.): Herausforderung Bildungssprache – und wie man sie meistert. Münster/New York/München/Berlin: Waxmann, S. 257-271.

Möllering, Martina (2010), Bilingual Content Teaching: a Case Study of Tertiary German in an Australian Context. In: ForumSprache, Vol. 3, S. 45-55.

Rittersbacher, Christa (2007): Zur Eignung der Naturwissenschaften - insbesondere der Chemie - für den bilingualen Unterricht: Die Synergetik sprachlicher und sachfachlicher Phänomene. In: Gnutzmann, Claus/Königs, Frank G./Zöfgen, Ekkehard (Hrsg.): Fremdsprachen Lehren und Lernen 36. Themenschwerpunkt: Fremdsprache als Arbeitssprache in Schule und Studium. Tübingen: Narr, S. 111-125.

Schmidt, Katja (2013): Diskurskompetenz im bilingualen Biologieunterricht. Eine empirische Untersuchung zum Definieren. Saarbrücken: Süddeutscher Verlag für Hochschulschriften.

Thürmann, Eike (2013): Scaffolding. In: Hallet, Wolfgang/Königs, Frank (Hrsg.): Handbuch Bilingualer Unterricht. Content and Language Integrated Learning. Seelze: Kallmeyer/Klett, S. 236-243.

Vollmer, Helmut Johannes (2007): Zur Modellierung und empirischen Erfassung von Fachkompetenz am Beispiel der Geographie. In: Vollmer, Helmut Johannes (Hrsg.): Synergieeffekte in der Fremdsprachenforschung. Empirische Zugänge, Probleme, Ergebnisse. Kolloquium Fremdsprachenunterricht 27. Frankfurt am Main: Lang, S. 279-298.

Vollmer, Helmut/Thürmann, Eike (2010): Zur Sprachlichkeit des Fachlernens. Modellierung eines Referenzrahmens für Deutsch als Zweitsprache. In: Ahrenholz, Bernt (Hrsg.): Fachunterricht und Deutsch als Zweitsprache. Tübingen: Narr, S. 107-132.

Wolff, Dieter (2007): Bilingualer Sachfachunterricht in Europa: Versuch eines systematischen Überblicks. In: Gnutzmann, Claus/Königs, Frank G./Zöfgen, Ekkehard (Hrsg.): Fremdsprachen Lehren und Lernen 36. Themenschwerpunkt: Fremdsprache als Arbeitssprache in Schule und Studium. Tübingen: Narr, S. 13-29.

Zydatiß, Wolfgang (2007): Bilingualer Sachfachunterricht in Deutschland: eine Bilanz. In: Gnutzmann, Claus/Königs, Frank G./Zöfgen, Ekkehard (Hrsg.): Themenschwerpunkt: Fremdsprache als Arbeitssprache in Schule und Studium. Fremdsprachen Lehren und Lernen 36. Tübingen: Narr, S. 30-47.

Zydatiß, Wolfgang (2010): Scaffolding im Bilingualen Unterricht. In: Der Fremdsprachliche Unterricht Englisch, Jahrgang 44, Heft 106, S. 2-6.

"Try to say it in English, please!" Erfahrungsbericht zur Heranführung an den bilingualen Unterricht in der Orientierungsstufe und Sekundarstufe I

Juliane Swensson

Abstract

Die Vernetzung der Unterrichtsfächer Biologie, Geschichte und Geografie in der Orientierungsstufe der Don-Bosco-Schule Rostock führt die SchülerInnen bereits an das globale Betrachten von Themeneinheiten und an fächerübergreifendes Lernen heran. Im Rahmen eines dreijährigen Modellversuchs wird eine zusätzliche Vernetzung des Sprachen- und Fachunterrichts in regelmäßigen Projekten praktiziert, in denen die englische Sprache als Arbeitssprache im Sachfachunterricht dient. Aus den ersten Kontakten mit einem fachspezifischen Wortschatz und der Akzeptanz der englischen Sprache als Kommunikationsmittel über Alltagssituationen hinaus konnte eine Erweiterung des bilingualen Angebots auf den Biologieunterricht in Klasse 7 im Gymnasialzweig erwachsen. Der folgende Artikel berichtet über Erfahrungen mit der methodischen Herangehensweise, Materialbeschaffung, Durchführung und Bewertung bilingual unterrichteter Projekteinheiten aus dem Geschichts- und Biologieunterricht sowie über die Resonanz bei den SchülerInnen, Eltern und im Kollegium.

1 Die Heranführung an bilingualen Unterricht in der Orientierungsstufe

1.1 Fremdsprachige fächerverbindende Einzelstunden und Wortschatzerweiterung in der Jahrgangsstufe 5

Das Schulprofil der Don-Bosco-Schule Rostock begünstigt die Durchführung von bilingualem Unterricht, indem die drei Sachfächer Geschichte, Geografie und Biologie zum Vernetzten Unterricht (VU) vereint sind und von einer Lehrkraft abgedeckt werden. Diese sechs Wochenstunden Sachunterricht konnten durch die günstige Fächerkombination der Lehrkraft (Biologie/Englisch) um fünf Englischstunden erweitert werden. Dadurch ergab sich die Möglichkeit, Themenkomplexe zwischen Sach- und Sprachunterricht zu vernetzen bzw. verschieben, z. B. in Form von gelegentlichen Projekteinheiten in englischer Sprache in Klasse 5. Zunächst wurden vereinzelte Unterrichtsstunden eingestreut, wenn sich die Unterrichtsthemen aus den Rahmenplänen überschnitten bzw. vernetzen ließen. So konnte beispielsweise das Thema „Animals and Pets“ aus dem Englischunterricht mit „Kontinente und Ozeane“ aus der Geografie zur vernetzten Unterrichtsreihe „Animals around the world“ verbunden werden. Neben solchen im Klassenverband durchgeführten Unterrichtsstunden in der Fremdsprache wurde interessierten SchülerInnen ein zusätzliches Materialangebot in Form von Wahlaufgaben in Freiarbeitsstunden gemacht. Diese Aufgaben vertieften die jeweils aktuellen VU-Themen und ermöglichten eine Festigung der fachlichen Inhalte in der Fremdsprache. Somit konnte beispielsweise im Bereich Biologie das Fachvokabular zu „Body parts of a frog“ (vgl. Anhang 1) oder „Life cycle of a frog“ auf Wort- und Satzebene in Form von Legespielen mit einer Setzleiste, Memorys oder Kreuzworträtseln geübt werden. Ein umfangreiches Materialangebot lässt sich im Internet teilweise kostenlos oder gegen eine geringe

Gebühr herunterladen.[1] Die SchülerInnen reagierten mit großem Interesse und hoher Anstrengungsbereitschaft auf die englischsprachigen Übungsangebote in unterschiedlichen Anforderungsbereichen, da bereits erarbeitete Unterrichtsinhalte aus neuen Perspektiven betrachtet und erworbene Fachkennnisse nun auf die Fremdsprache übertragen werden konnten.

Parallel zur fakultativen und themenbezogenen Wortschatzerweiterung wird im Englischunterricht eine intensive Vokabelarbeit durchgeführt, um auf den bilingualen Unterricht vorzubereiten und den fremdsprachlichen Lernfortschritt zu beschleunigen. Dazu hat die Lehrkraft das Lernkonzept der „Words of the week" (WOWs) entwickelt, nach dem die SchülerInnen wöchentlich zwischen 14 und 24 neue Vokabeln (Anzahl steigt sukzessiv mit dem Lernalter der SchülerInnen) dazulernen. In diesem Rahmen bearbeiten sie innerhalb einer Woche selbstständig ein Übungsblatt mit jeweils fünf verschiedenen Aufgabenformaten, wobei jeden Tag nur eine Aufgabe gelöst werden soll. In Form verschiedener Worträtsel (*crossword, word search etc.*) und Übersetzungsaufgaben auf Satzebene setzen sich die SchülerInnen täglich ca. 5 Minuten mit dem Übungswortschatz auseinander und können ihn so spielerisch üben und verinnerlichen. Diese Art des Vokabellernens schafft eine ausgeprägte Regelmäßigkeit und erlaubt den SchülerInnen eine Routinebildung, durch die sie über einen langen Zeitraum hinweg ein stark erhöhtes Pensum an gelerntem und behaltenem Vokabular gegenüber Vergleichsklassen vorweisen.

Die Auswahl der WOWs orientiert sich am vorgegebenen Lehrbuchortschatz und wird durch Fachvokabular zu jeweils aktuell behandelten Sachthemen im VU erweitert.

Die Erstellung der Übungsblätter erfordert von der Lehrkraft einen zusätz-lichen Arbeitsaufwand. Jedoch lassen sich Worträtsel in den verschiedensten Formaten im Internet auf kostenlosen Plattformen[2] einfach

[1] z. B. http://www.montessoriprintshop.com/Free_Montessori_Downloads.html
[2] z. B. http://www.discoveryeducation.com/free-puzzlemaker/

mit eigenem Vokabular generieren und in Word-Dokumente einfügen, sodass mit etwas Übung ein solches Arbeitsblatt schnell erstellt werden kann und regelmäßig einsetzbar ist (vgl. Anhang 2 und 3).

1.2 Fächerverbindende Module in Klasse 6

Nachdem in der Jahrgangsstufe 5 der bilinguale Unterricht durch vereinzelte Projektstunden vorbereitet werden konnte, wurde in derselben Lerngruppe im 6. Schuljahr ein längeres englischsprachiges Modul durchgeführt. In diesem Rahmen wurde die Themeneinheit „Antikes Rom“ aus dem Vernetzten Unterricht vollständig in den Englischunterricht integriert. Über einen Zeitraum von drei Wochen fand tatsächlicher fächerverbindender Unterricht statt, in dem es auch für die SchülerInnen keine Grenzen mehr zwischen VU und Englisch gab. Die wiederholte Bemerkung von Schülerseite: „Wir haben jetzt *Ancient Rome*“, anstelle von VU oder Englisch auf dem Stundenplan, zeugte von hoher Akzeptanz der Fächervernetzung.

Als Arbeitsmaterial diente ein von der Lehrkraft zusammengestellter Themenhefter mit Informationstexten aus verschiedenen originalsprachigen Kinderbüchern zum Thema (siehe Literaturliste). Die Auswahl der Texte erfolgte unter Berücksichtigung des Schwierigkeitsgrades von Lexik und Grammatik. Hierzu bieten sich Sachbücher für englischsprachige Grundschulkinder an, da diese die Lerninhalte leicht verständlich und anschaulich wiedergeben, ohne dabei nicht altersgerecht zu erscheinen. Der Themenhefter beinhaltet neben den bebilderten Informationstexten auch Übungsblätter, welche die Textinhalte in Grafiken und Tabellen nochmals aufgreifen, sowie ein Vokabelverzeichnis. Die Lerner arbeiteten während der Projektzeit teilweise selbstständig an Fragestellungen, die sie mit Hilfe der Informationstexte beantworten konnten. Hierbei zeigten die SchülerInnen eine hohe Eigenständigkeit im Umgang mit Verständnisproblemen. Sie nutzten bereits in diesem Stadium Worterschließungsstrategien und bedienten sich der beigefügten Vokabellisten, ohne die Lehrkraft mit einzubeziehen, die in diesen Arbeitsphasen lediglich als Lern-Coach und nicht als Sprachvermittler fungierte. Die von den SchülerInnen erstellten Plakate zeigten in der Ergebnispräsentation, dass es der Lernergruppe gelungen ist; die fremdsprachigen Texte auf der Sachebene zu erfassen und die Inhalte vereinfacht in grafischen Übersichten oder selbstständig formulierten Stichworten wiederzugeben.

Obwohl in diesem fächerverbindenden Modul der Schwerpunkt auf dem Sachfach lag und die Fremdsprache hauptsächlich als Transmitter diente, fanden ebenso Betrachtungen auf der Sprachebene statt. Neben der intensiven thematischen Wortschatzerweiterung konnten auch grammatische Phänomene und sprachliche Strukturen mit einbezogen werden. Es bietet sich an die Zeitform des *simple past* zu üben, wenn man geschichtliche Themen behandelt. Zudem vertieften die SchülerInnen im Rahmen dieser Unterrichtseinheit ihre fremdsprachlichen Fähigkeiten in der Bild- und Wegbeschreibung.

2 Erweiterung auf eine Vernetzung von Englisch und Biologie in Jahrgangsstufe 7

In der Orientierungsstufe wurden die SchülerInnen durch intensives Wortschatztraining und die Gewöhnung an die Verwendung der englischen Sprache über Alltagssituationen hinaus an den bilingualen Unterricht herangeführt. Im dritten Lernjahr sollte der Modellversuch in Klasse 7 fortgeführt und von sukzessiv integrierten Einzelmodulen auf eine regelmäßige Verwendung der Fremdsprache im Sachfach erweitert werden.

Zunächst musste das Projektvorhaben von Seiten der Schule unterstützt werden. Zur institutionellen Absicherung fanden Gespräche mit der Schulleitung und den Fachschaften Englisch und VU statt. Bereits bei der Kommunikation innerhalb des Kollegiums traten große Meinungsverschiedenheiten auf. Die Reaktionen auf den Vorschlag der Einführung von bilingualem Unterricht reichten von unterstützender Begeisterung bis hin zu ängstlicher Ablehnung, dass den FachlehrerInnen die Unterrichtsstunden weggenommen werden könnten.

Neben den Fragestellungen zur Auswahl der Klassenstufe, des Sachfachs und damit des Einsatzes der Lehrkräfte wurde besonders die Einbindung der Eltern diskutiert. Es sollte der Eindruck einer Entwicklung von Eliteklassen und damit verbundener Ungerechtigkeit bei der Auswahl der SchülerInnen, die am bilingualen Unterricht teilnehmen dürfen, vermieden werden. Um diese institutionellen Schwierigkeiten überwinden und auf Erfahrungswerte zurückgreifen zu können, einigte sich das Kollegium auf die Durchführung eines Pilotprojekts, in dem die Lehrkraft in einer 7. Klasse den Biologieunterricht mit dem Englischunterricht nach eigenem Ermessen in bilingualen Modulen vernetzt.

2.1 Vorstellung der Projektklasse und Schülermotivation

Der Modellversuch wird in einer 7. Klasse im Gymnasialzweig an der Don-Bosco-Schule Rostock durchgeführt. In der Klasse lernen 29 SchülerInnen, die die Orientierungsstufe in drei unterschiedlichen Klassen durchlaufen haben. Die Zusammenstellung der Klasse erfolgte zu drei gleichmäßigen Teilen. Somit stammt ein Drittel der SchülerInnen aus der Lernergruppe, die die Vorbereitungsphase auf den bilingualen Unterricht in Klasse 5 und 6 absolviert hat.

Abgesehen von der Gestaltung des Englischunterrichts in der Orientierungsstufe haben alle SchülerInnen in der dritten Klasse mit dem Englischunterricht begonnen und greifen damit auf eine vierjährige Lernerfahrung in der Fremdsprache zurück. Alle SchülerInnen der Projektklasse sind deutsche MuttersprachlerInnen ohne familiär geprägten zweisprachigen Hintergrund.

Die SchülerInnen wurden nicht speziell für den Modellversuch in dieser Klasse ausgewählt. In der ersten Biologiestunde erfuhren sie, dass der Sachfachunterricht teilweise auf Englisch erfolgen würde. Diese Ankündigung nahmen sie überwiegend mit Leichtigkeit und Neugier auf, wobei besonders die SchülerInnen, die vorher an englischsprachige Sachmodule herangeführt wurden, mit Selbstverständlichkeit oder gar Freude reagierten. Nur einige wenige SchülerInnen äußerten Besorgnis, die sie nach motivierendem Zuspruch der Lehrkraft schnell ablegten. Ihnen wurde versichert, dass sie bei Verständnisproblemen jederzeit Hilfe und zusätzliche Erklärungen in Anspruch nehmen könnten. Außerdem wurde eine absolute Freiwilligkeit bei der Verwendung der englischen Sprache im Biologieunterricht betont.

Die Eltern wurden in einem Elternbrief über die Einbindung ihrer Kinder in den Modellversuch informiert. Auch hier wurden ausdrücklich die Chancen eines zusätzlichen Lernzuwachses in verschiedenen Kompetenzbereichen und eine transparente Unterrichtsgestaltung hervorgehoben sowie das Angebot zur stetigen unverzüglichen Kontaktaufnahme bei Rückfragen oder Schwierigkeiten gemacht. Die Resonanz der Elternschaft daraufhin war durchweg positiv und zeigte deren großes Vertrauen in die Arbeit der Lehrkraft.

2.2 Aufbau und methodische Herangehensweise an den bilingualen Biologieunterricht

Nach Absprache mit der Fachschaft Englisch und der Schulleitung sollte die Forderung der Rahmenpläne nach bilingualen Unterrichtssequenzen in einer Klasse der Jahrgangsstufe 7 an der Don-Bosco-Schule Rostock erfüllt werden. Dafür wurde eine projektweise Vernetzung des Sprachen- und Fachunterrichts geplant, in dem Teile des Biologieunterrichts in englischer Sprache erteilt werden und die Fremdsprache als Arbeitssprache im Sachfachunterricht dient. Der Fokus liegt somit in erster Linie auf dem Sachfach, also der inhaltlichen Betrachtung biologischer Fragestellungen und nicht auf der Vermittlung der Fremdsprache. Um einen uneingeschränkten Wissenserwerb im Fach Biologie zu gewährleisten, der nicht von fremdsprachlicher Kompetenz abhängig ist, und weil keine Nachteile gegenüber SchülerInnen entstehen sollen, die am herkömmlichen Biologieunterricht teilnehmen, werden Fachbegriffe grundsätzlich auf Deutsch eingeführt und lediglich durch die englischen Bezeichnungen ergänzt. Damit kann eine Überforderung der nicht bilingual vorbereiteten SchülerInnen vermieden werden. Mitschriften im Hefter werden überwiegend auf Deutsch verfasst, wobei englische Notizen intensiv besprochen werden. Fachvokabular wird auf die wichtigsten Begriffe reduziert und als Ergänzung im Englischunterricht behandelt und trainiert („Words of the week"). Im Vordergrund stehen der Erwerb von kommunikativen Strukturen sowie der Abbau von Berührungsängsten mit der Fremdsprache.

Der Gebrauch der englischen Sprache beruht auf einer absoluten Freiwilligkeit der SchülerInnen, wobei dieser durch stetige Ermutigungen und verschiedene Belohnungsformen durch die Lehrkraft positiv bestärkt wird. Unterrichtsgespräche und Testfragen werden in den bilingualen Phasen auf Deutsch und Englisch formuliert, wobei es den SchülerInnen frei steht, in welcher Sprache sie antworten. Orthografische und grammatische Fehler fließen dabei nicht in die Bewertung ein, da besonders in der Einstiegsphase der Fremdsprachengebrauch vorrangig ist. Die SchülerInnen werden in Leistungskontrollen für den Gebrauch der englischen Sprache durch Zusatzpunkte belohnt und stetig motiviert.

In englischsprachigen Unterrichtsphasen ist eine hohe Anschaulichkeit bei der Informationsvermittlung unerlässlich. Deshalb wird der Unterrichtsstoff mit der Unterstützung von Bildern oder anhand von Modellen auf Englisch erklärt. Dabei ist zu beachten, möglichst einheitliche, einfache Sprachstrukturen zu verwenden, die den SchülerInnen geläufig sind. Neues, unbekanntes Vokabular sollte entweder vorher eingeführt oder in diesen Phasen unverzüglich visualisiert und festgehalten werden. Anschließend wird der vermittelte Stoff auf Deutsch zusammengefasst und wiederholt, um ein inhaltliches Verständnis sicherzustellen. Vielen SchülerInnen gelingt eine sofortige gedankliche

Übersetzung der englischen Erklärungen, da sie bekannte Sprachstrukturen mit visuellen Reizen verknüpfen können. Da man sich jedoch nicht auf eine automatische Übersetzung in den Köpfen der SchülerInnen verlassen kann, ist die Phase der Wiederholung in der Muttersprache zu Beginn sehr wichtig. Sie liefert den SchülerInnen zudem eine Art der Motivation, wenn sie erkennen, dass sie den Inhalt auch in der Fremdsprache verstanden haben. Somit wird die fachliche Wiederholung des vermittelten Stoffes nicht als langweilig empfunden, sondern dient neben der Festigung auch dem Erkennen des eigenen Lernfortschritts. Ebenso ist eine Umkehrung der Methodik denkbar und durchaus zu empfehlen, um dem Unterricht eine gewisse Abwechslung zu geben. Somit können die Fachinhalte ebenso auf Deutsch eingeführt werden und die anschließenden Übungsphasen bzw. Anwendungsaufgaben in der Fremdsprache erfolgen. Die englische Sprache soll vorrangig als Kommunikationsmittel im Biologieunterricht dienen und in gesonderten Übungsphasen ein Werkzeug für die Vertiefung und Festigung sein.

In Bezug auf die freiwillige Sprachwahl in Unterrichtsgesprächen sollte die Lehrkraft unabhängig von der der genutzten Sprache der SchülerInnen möglichst viel in der Fremdsprache kommunizieren. Nach deutschsprachigen Schüleräußerungen ist eine englischsprachige Paraphrasierung vorteilhaft. Bei auftretenden Verständnisproblemen können SchülerInnen untereinander als Sprachmittler dienen.

Aufgrund des erhöhten zeitlichen Aufwands bei der Stoffvermittlung in beiden Sprachen kommt es natürlich zu Verschiebungen innerhalb des Lehrplans. Zur Abdeckung aller obligatorischen Lerninhalte im Laufe eines Schuljahres dient die Vernetzung des Biologieunterrichts mit dem Englischunterricht. Durch eine besondere Strukturierung der Stundentafel kann die zeitliche Verzögerung ausgeglichen werden. Die im Rahmenplan vorgesehenen zwei Wochenstunden Biologie wurden von der Lehrkraft um eine Stunde aus dem Englischstundenkontingent erweitert, so dass die zeitliche Verzögerung in der zweisprachigen Themenbearbeitung durch die Vernetzung mit den Englischstunden ausgeglichen wurde.

Im siebten Schuljahr sind vier Stunden Englischunterricht in der Woche vorgesehen. Diese vier Stunden wurden von der Lehrkraft in drei Kategorien eingeteilt und den SchülerInnen transparent gemacht. Somit stehen zwei Grammatikstunden („Grammar lesson“), eine Stunde „Speaking lesson“ und eine Stunde „Biology“ auf dem Stundenplan.

In den „Grammar lessons“ werden einzelne Lehrbuchinhalte unter Einbeziehung der Betrachtung und Übung grammatischer Phänomene vermittelt.

In den „Speaking lessons“ wird der mündliche Sprachgebrauch trainiert, indem die SchülerInnen regelmäßig Dialoge oder Rollenspiele entwerfen, üben und vor der Klasse präsentieren. Diese Stunden bereiten den SchülerInnen besonders viel Spaß. Der didaktische Hintergrund dieser routinierten Unterrichtsform ist vor allem das Verlieren der Sprechangst. Die SchülerInnen betrachten die regelmäßige Kommunikation in der Fremdsprache vor der Klasse schnell als Selbstverständlichkeit. Sie trainieren und festigen englischsprachige Redewendungen, Vokabeln und grammatische Strukturen im Spiel. Die Rollenspiele werden jeweils unter einer bestimmten Aufgabenstellung entworfen. Die „Speaking lessons“ dienen teils der Aufarbeitung von Sachthemen aus dem Biologieunterricht, teils der Übung von Themen und Sprachstrukturen aus den „Grammar lessons“. So wurde beispielsweise die Thematik „Healthy lifestyle“ in Form einer Talkshow bzw. einer Fernsehsendung oder einer Situation im Supermarkt oder Restaurant aufgegriffen und vielgestaltig von den SchülerInnen diskutiert.

2.3 Materialbeschaffung

Die deutschen Schulbuchverlage haben in den vergangenen Jahren damit begonnen, vereinzelte Arbeitsmaterialien für den bilingualen Unterricht auf den Markt zu bringen (bspw. CLIL-Arbeitshefte von Klett und Cornelsen, vgl. Literaturliste). Jedoch ist es aufgrund der mangelnden Nachfrage bisher nicht rentabel genug, komplette englischsprachige Lehrwerke für den Bereich der Orientierungs- und Sekundarstufe I zu konzipieren. Somit sind Lehrkräfte, die sich für einen bilingualen Unterricht entscheiden, noch auf eigene Literaturrecherche und Materialsichtung sowie Beschaffung geeigneter Bücher angewiesen.

In Lehrwerken aus dem englischsprachigen Raum treten neben einem zu anspruchsvollen sprachlichen Niveau kaum Übereinstimmungen mit der Verteilung der Lerninhalte der deutschen Rahmenpläne auf. Eher bieten sich englischsprachige Sachbücher für Kinder an, in denen einzelne Themen anschaulich und visuell auch für Lernende im Jugendalter gestaltet sind (vgl. Literaturliste).

Im erprobten Biologieunterricht im Rahmen des Modellversuchs dient das deutsche Biologiebuch vorrangig als Informationsquelle und Arbeitsmaterial. Daneben bietet das Internet eine Vielfalt an „Worksheets" und „Lesson plans" zum kostenlosen Download (vgl. Literaturliste). Obwohl die Internetrecherche aufgrund der Informationsmenge sehr zeitaufwändig ist, lohnt es sich, die angebotenen Materialen zu sichten, da diese oftmals auch Ideen und Anregungen zur Gestaltung eigener Arbeitsblätter und Lernmittel bieten. Auf diese Weise konnte sich die Lehrkraft das Angebot muttersprachlicher LehrerkollegInnen aus dem Ausland zu Nutze machen und eine Sammlung von Arbeitsblättern und Texten zusammenstellen, die dem Sprachniveau der Lerngruppe entsprechen und dennoch authentisch wirken. Bei der Erstellung eigener Materialien ist darauf zu achten, dass die Abfassungen nicht aufgesetzt klingen, das Bildmaterial das inhaltliche Verständnis unterstützt und dabei nicht vom eigentlichen Sachverhalt ablenkt.

2.4 Unterrichtsbeispiele aus der Themeneinheit zur gesunden Ernährung

Um den Unterricht für SchülerInnen und Eltern transparent zu gestalten, ist es sinnvoll, zu Beginn des Schuljahres einen Themenplan im Schülerhefter zu verfassen. Diese Form der Orientierung bietet auch den Eltern die Möglichkeit zu sehen, dass der im Rahmenplan festgelegte Lernstoff trotz der Zweisprachigkeit im Verlauf des Schuljahres unterrichtet wird und sich die zeitliche Verzögerung durch die Vernetzung des Fremdsprachen- und Biologieunterrichts zum Ende des Schuljahres aufhebt. Somit wurde zu Beginn des Schuljahres der Themenplan nach den Vorgaben des schulinternen Rahmenplans festgelegt.

Im Folgenden sollen einige Unterrichtsbeispiele kurz vorgestellt werden.

Zu Beginn des bilingualen Biologieunterrichts sollten die SchülerInnen motiviert werden, die englische Sprache auch im Sachfach zu verwenden. Zur Veranschaulichung wurde ihnen aufgezeigt, wie gut sie bereits in der Lage sind, sich auch im Fach Biologie auszudrücken. Dazu wurden im Unterrichtsgespräch mit der Blitzlichtmethode so viele *body parts* wie möglich an der Tafel gesammelt. Die SchülerInnen waren überrascht und stolz, wie viele Wörter ihnen bekannt waren und dass sie schon am Ende der ersten Unterrichtsstunde, mit nur wenigen neu eingeführten Vokabeln, den Aufbau des menschlichen Körpers am Modell des *human skeleton* in englischer Sprache erklären konnten. Diese Form des Einstiegs in den bilingualen Unterricht hatte einen motivierenden Charakter für die bevorstehende neue Unterrichtsform.

In der Themeneinheit zur gesunden Ernährung konnten die praktischen Unterrichtssequenzen, in denen Lebensmittel in Form von experimentellen Nachweisen auf ihre Nahrungsbestandteile untersucht werden („Testing food items for nutrients"), anschaulich in der Fremdsprache durchgeführt werden. Im Rahmen dieser Unterrichtsreihe sollten die SchülerInnen lernen, Arbeitsanweisungen auf Englisch zu verstehen und Experimente zu protokollieren. Dazu wurde die Thematik „Lab safety" im Vorfeld zu einer zusätzlichen Unterrichtssequenz. Um Verhaltensregeln für die Arbeit in einem Fachraum mit Chemikalien zu erarbeiten, sollten die SchülerInnen anhand von Abbildungen auf einem Arbeitsblatt „DOs and DON'Ts" formulieren[3] Auf diese Weise konnten die SchülerInnen ihre fremdsprachlichen Kenntnisse anwenden, um einen Sachkontext zu erarbeiten. Nachdem die ausgearbeiteten Regeln anschließend im Plenum besprochen wurden, sollten die SchülerInnen diese anhand eines Raps[4] aus einem englischsprachigen Text heraushören und notieren. Dabei ging es um die Anwendung und Paraphrasierung des Gelernten. Zum Abschluss folgte eine Anwendungsaufgabe, bei der die SchülerInnen einen Videoausschnitt zu sehen bekamen. In der Mr.-Bean-Episode „The Chemistry Experiment" (aus „Back to school")[5] wird humorvoll gezeigt, wie der Hauptdarsteller in einem Labor experimentiert und dieses durch Fehlverhalten komplett zerstört. Der zweiminütige Ausschnitt eignet sich als sprachfreier, visueller Impuls für das Aufgreifen der vorher besprochenen Lerninhalte zu den *lab safety rules*. Während die SchülerInnen das Video sahen, übten sie das *note taking*, indem sie nach einer gezielten Aufgabenstellung auf Details achten sollten und neu gelerntes Vokabular im Kontext anwendeten. Im Anschluss sollten die SchülerInnen mithilfe ihrer Notizen eine Nacherzählung in der Fremdsprache verfassen. Im Rahmen dieser Aufgabe konnte zum einen der Sachkontext in der Fremdsprache wiederholt werden, zum anderen wurde so die Methode des *note-taking-while-viewing* sowie die Ausformulierung von Stichpunkten in der Vergangenheitsform unter Einbeziehung von Satzverknüpfungs- und Textstrukturelementen wie Einleitung, Hauptteil und Schluss geübt.

In ähnlicher Vorgehensweise versucht die Lehrkraft den Unterricht in bilingualen Phasen so zu gestalten, dass der Wissenserwerb für das Sachfach stets mit einer Übungsphase zur Vertiefung bzw. Erweiterung

---

[3] vgl. Kopiervorlage vom Ernst Klett Verlag (Autorin: Silvia Stahl): „Laboratory safety", siehe Anhang 4

[4] Musikdatei und Arbeitsblatt mit Text und Aufgabenstellung zum Download unter: www.educationalrap.com/song/lab-safety/

[5] http://www.youtube.com/watch?v=6aK2CKrdjbE

der Fremdsprachenkenntnisse verknüpft wird. Ebenso wird versucht, Faktoren des interkulturellen Lernens in den bilingualen Biologieunterricht mit einzubinden. So wurden beispielsweise die Essgewohnheiten in Deutschland, den USA und Großbritannien miteinander verglichen. Dazu wurden Statistiken aus dem Internet ausgewertet und in englischer Sprache bewertet. Ebenso wurden mit den SchülerInnen verschiedene Modelle zur gesunden Ernährung (Ernährungskreis der DGE, „My Plate" und „Food pyramid") besprochen, um ihnen unterschiedliche kulturelle Sichtweisen und Bewertungen, sowie national gebundene Standardisierungen zu verdeutlichen.

2.5 Erfahrungen bzw. Reaktionen von SchülerInnen und Eltern

Die Reaktionen der SchülerInnen auf die Ankündigung des geplanten Pilotprojektes waren größtenteils von neugieriger Vorfreude geprägt. Nur einzelne SchülerInnen der Gruppe, die vorher nicht die Vorbereitung in der Orientierungsstufe miterlebt hatte, zeigten eingangs Bedenken. Sie äußerten die Befürchtung, durch die Einbeziehung der Fremdsprache weniger vom Biologieunterricht zu verstehen.

Allerdings verloren auch diese SchülerInnen schnell ihre Ängste vor einer Beeinträchtigung ihres Lernfortschritts, da sie durch die stetige Freiwilligkeit bei der Sprachwahl sowie die Erarbeitung neuen Stoffs in beiden Sprachen keine Nachteile der besonderen Unterrichtsgestaltung mehr erkennen konnten. Vielmehr sehen viele SchülerInnen den bilingualen Biologieunterricht als Chance, sich in der Fremdsprache auszuprobieren. Im Unterricht ist auch eine Kombination von Deutsch und Englisch zugelassen. Somit können SchülerInnen versuchen, sich auf Englisch auszudrücken und fehlendes Vokabular durch deutsche Ausdrücke zu ersetzen. Fehler werden nicht als solche benannt, sondern durch ein stetiges korrektives Feedback durch die Lehrkraft allmählich beseitigt. Die zusätzliche Belohnung des Fremdsprachengebrauchs durch eine besondere Bepunktung in Tests, sowie die Tatsache, mit der Lehrkraft in derselben Sprache zu kommunizieren, stellen für die SchülerInnen einen hohen Ansporn da. Das Interesse und die Freude am bilingualen Unterricht zeigten sie durch Äußerungen wie: „Können wir das nicht auf Englisch machen? Das macht viel mehr Spaß!" oder „Dürfen wir im Test auch wieder auf Englisch antworten?".

Ein ausführlicheres Feedback zum bilingual gestalteten Biologieunterricht gaben die SchülerInnen nach dem ersten Schulhalbjahr in Form eines anonymen Fragebogens. In der Auswertung der Schülerbefragung wurde deutlich, dass die Hälfte der Lernergruppe ein hohes Interesse am Englischunterricht hat. Nur zwei SchülerInnen zeigten kein Interesse an der Fremdsprache. Alle SchülerInnen drückten ein Interesse am Fach Biologie aus. Dieses Ergebnis zeigt die äußerst positive Ausgangslage für eine motivierte Teilnahme am bilingualen Biologieunterricht.

Nach eigener Einschätzung beurteilten neun SchülerInnen ihre Leistungen im Englischunterricht nach einem Halbjahr als verbessert und 18 SchülerInnen als unverändert. 16 SchülerInnen gaben an, dass sie den englischsprachigen Unterrichtssequenzen gut bis sehr gut folgen können, während 13 SchülerInnen leichte Schwierigkeiten bekundeten.

Auf die Frage, was den Lernern am bilingualen Unterricht besonders gefällt, wurden unter anderen der erhöhte Gebrauch der Fremdsprache, die Vermittlung von Fachvokabular, die Methodenvielfalt und der damit verbundene Spaßfaktor, sowie die Tatsache, dass zwei Dinge gleichzeitig gelernt werden, genannt.

Das erhöhte Lernpensum durch zusätzlich benötigtes Vokabular empfinden andere SchülerInnen wiederum als störend. Außerdem bewerteten einige Lerner das hohe Anforderungsniveau des Unterrichts durch komplizierte Fachbegriffe in englischer Sprache, sowie zeitweise auftretende Verständnisschwierigkeiten als nachteilig.

Als längerfristige Vorteile des bilingualen Biologieunterrichts formulierte die Hälfte der Lernergruppe eine schnellere Verbesserung der Englischkenntnisse, besonders in der Sprechfähigkeit, durch den erhöhten Gebrauch der Fremdsprache. Außerdem wurden die Beherrschung von englischen Fachbegriffen, mehr Zeit für die Betrachtung der biologischen Themeneinheiten durch den erhöhten Stundensatz sowie der Aspekt der Vorbereitung auf ein Auslandsjahr und Vorteile für die berufliche Zukunft als vorteilhaft aufgeführt.

Auf die abschließende Frage, ob sie den bilingualen Biologieunterricht abwählen würden, wenn sie die Möglichkeit dazu hätten, antworteten nur drei der 29 Lerner mit „Ja, sofort.", 10 SchülerInnen mit „Vielleicht" und 15 mit „Nein, bestimmt nicht."

Natürlich ist das Ergebnis der Befragung keinesfalls repräsentativ, da sie lediglich das Empfinden und die Meinung einer Lernergruppe nach sechs Monaten widerspiegelt. Dennoch zeigt sie eine Zufriedenheit der SchülerInnen und motiviert die Lehrkraft zur Fortführung des Projektes.

Die Eltern der SchülerInnen zeigten überwiegend eine positive Resonanz auf die Vernetzung des Biologieunterrichts mit der Fremdsprache. Viele signalisierten, dass sie die bilinguale Unterrichtsgestaltung als zeitgemäß und hilfreich für die Lernentwicklung ihrer Kinder sehen. Nur vereinzelt suchten Eltern das Gespräch mit der Lehrkraft, um ihre Bedenken zu äußern, da sie befürchteten, ihre Kinder könnten den Anschluss im Fach Biologie durch Schwierigkeiten in der Fremdsprache verlieren. Nachdem ihnen der Aufbau der Unterrichtsgestaltung dargelegt wurde, zeigten auch sie großes Vertrauen in die Arbeit der Lehrkraft. Diese Entwicklung ist äußerst wichtig für das Gelingen des Projektes, da eine negativ geleitete Elternmeinung den Kindern die eigenständige Urteilsbildung und damit Objektivität nehmen könnte. Dies lässt sich deutlich in der Auswertung des Fragebogens erkennen, in dem die Schüleräußerungen die Haltung der Eltern widerspiegeln. Das Erkennen der zukunftsorientierten Vorteilhaftigkeit des bilingualen Unterrichts ist vermutlich eher eine Einschätzung der Eltern.

3 Resümee

Generell bringt die Gestaltung des bilingualen Unterrichts durch eine intensive Materialrecherche sowie ein abwechslungsreiches Methodenrepertoire und ein hohes Maß an Anschaulichkeit einen zusätzlichen Vorbereitungsaufwand mit sich. Allerdings zeigen die SchülerInnen der Projektklasse bereits nach einem Schuljahr einen deutlichen Verlust der Sprechangst und eine erkennbare Steigerung der mündlichen Ausdrucksfähigkeit in der Fremdsprache. Immer mehr SchülerInnen gebrauchen die Fremdsprache in Unterrichtsgesprächen. Redewendungen und häufig verwendete Sprachstrukturen für die Beschreibung von Sachverhalten schleifen sich ein.

Dabei werden Fehler eher als Lernmöglichkeit, und nicht als eine Form von Unvermögen angesehen. Die SchülerInnen empfinden die Teilnahme am bilingualen Biologieunterricht als Herausforderung und inzwischen gleichermaßen als Normalität.

Obwohl zum jetzigen Zeitpunkt aufgrund der fehlenden Vergleichbarkeit keine eindeutige Steigerung der Fremdsprachenkenntnisse erkennbar ist, die sich allein auf den bilingualen Unterricht zurückführen lässt, motivieren die Lernbereitschaft der SchülerInnen sowie deren Begeisterung für das fremdsprachliche Arbeiten im Fachunterricht die Lehrkraft das Projekt „Bilingualer Biologieunterricht" auch in Klasse 8 fortzuführen.

Bibliographie

Bilinguale Lehrwerke und Arbeitshefte der Schulbuchverlage

Biederstädt, Wolfgang/Whittaker, Mervyn (2002): 6. Schuljahr – There and Then. Arbeitsheft. Berlin: Cornelsen Verlag.

Böttger, Heiner/Meyer, Oliver (2008): 5./6. Schuljahr – Going CLIL – Prep Course. Workbook. Cornelsen Verlag.

Hahn, Friederike/Löffelbein, Gisela (2012): History – Egypt, Rome and Greece – Ancient times. Stuttgart: Ernst Klett Verlag.
Hoffmann, Reinhard (2011): Starter: CLIL Activity book for beginners: Geography, History, Sciences. Braunschweig: Westermann Verlag.
Horner, Marion/Baer-Engel, Jennifer/Daymond, Elizabeth (2010): English CLIL: Getting startet. Arbeitsheft mit Audio-CD Klasse 5/6. Stuttgart: Ernst Klett Verlag.
Menschenkunde/Human Body Systems: Biology for Bilingual Classes. Interaktive Präsentationssoftware. CD-ROM (2010). Stuttgart: Ernst Klett Verlag.
Zakowski, Hanna (2011): Natura – Biology: Heart – Circulation – Respiration: Themenheft – Bilingualer Unterricht 8.-10. Schuljahr. Stuttgart: Ernst Klett Verlag.

Englischsprachige Kinder- und Jugendsachliteratur

Amery, Heather/Vanags, Patricia (2003): Rome and Romans. London. Usborne Publishing.
Parker, Steve (2009): Encyclopedia of the Human Body. London. Paragon Books.
Roxbee Cox, Phil (2002): Who Were the Romans? London. Usborne Starting Point History.
Sims, Lesley/Stowell, Louie (2009): A Visitor's Guide to Ancient Rome. London. Usborne.

Internetquellen

www.montessorird.com
www.busyteacher.teacher.org
www.educationalrap.com
http://www.discoveryeducation.com/free-puzzlemaker/
http://www.education.com/worksheets/science/

4 Anhang

4.1 Body parts of a frog

Materialbeispiel: Auszug aus dem kostenlosen Downloadangebot des Montessori Printshops. Nomenklaturkärtchen für die Setzleiste.

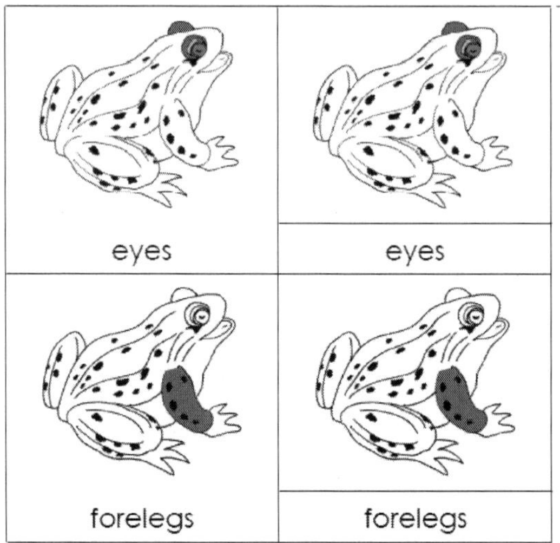
eyes
eyes
forelegs
forelegs

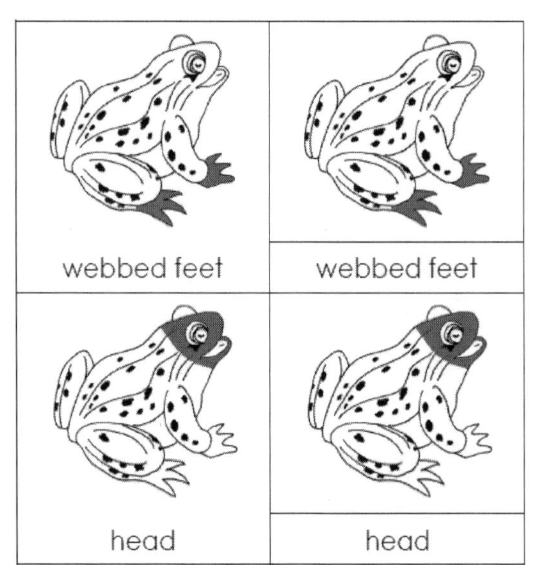
webbed feet
webbed feet
head
head

4.2 Words of the week: Vokabeltraining auf Wortebene

Vocabulary training: week from ________ to __________ Name: ______________ Class: ___

Words of the week 16

(Camden Market: Theme 2; p. 179, green word box)

1. What's that in English?

	fangen; kriegen		Turnhalle
	den Hund ausführen		Schuldirektor
	müde		Lehrerzimmer
	nachts		vergleichen
	berühmt		(Schul-)Aufgabe
	ein Regal / Regale		meine Hausaufgaben machen
	Zeichen, Schild		wie (Vergleich)

2. Word box
Copy the new words on cards for or word box!
Schreibe die neuen Lernwörter auf Wortkärtchen für deine "Wordbox"

3. Bits and pieces
Setze die Bruchstücke zu den Lernwörtern zusammen, indem du sie mit derselben Farbe ausmalst. Schreibe die deutsche Übersetzung mit der entsprechenden Farbe auf!

fa	room
head	ves
staff	mous
li	tch
shel	pare
ca	ke
com	red
ti	master

1. ____________________
2. ____________________
3. ____________________
4. ____________________
5. ____________________
6. ____________________
7. ____________________
8. ____________________

 Don-Bosco-Schule Rostock

Vocabulary training: week from ________ to __________ Name: _______________ Class: ___

4. Mystic Squares

Kannst du diese Geheimschrift lesen?
Schreibe die gesuchten Lernwörter mit ihrer Übersetzung auf!

Bsp.: = stop

1. ______________________ = ______________________
2. ______________________ = ______________________
3. ______________________ = ______________________
4. ______________________ = ______________________
5. ______________________ = ______________________
6. ______________________ = ______________________
7. ______________________ = ______________________

5. Cross word

Across
1. fangen
3. Turnhalle
5. Lehrerzimmer
7. Aufgabe
9. wie
10. Zeichen
13. Schuldirektor

Down
2. Hausaufgaben
4. vergleichen
6. müde
8. nachts
11. berühmt
12. Regale
14. Regal

Don-Bosco-Schule Rostock

4.3 Words of the week: Vokabeltraining auf Wort-und Satzebene

Vocabulary training: week from ________ to ________ Name: ____________ Class: ___

Words of the week 28

Camden Market, Theme 4, p.189-190

- Animals -

1a) What's that in English? Translate the words.
b) Colour verbs = red, nouns = yellow, adjectives = blue

	versuchen, ausprobieren		Pazifik
	natürlich		südliches Eismeer
	wütend, zornig		Hai
	weitermachen		Schwertwal
	wie viel kostet/kosten		Küken
	selten		Ferkel
	plötzlich		ausgestorben
	Meerschweinchen		Nordpol

2. Word box
Copy the new words on cards for or word box! Do a 5-Minute-Training.

3. Words in action! Translate. Achtung: Zeit- und Verbform

a) Wo leben Schwertwale? ______
b) Wie viel kostet dieses Hundefutter? ______
c) Pinguine leben nicht am Nordpol. ______
d) Plötzlich sah er einen Hai. ______
e) Die kleinen Ferkel sind wirklich süß. ______

© J. Swensson

Vocabulary training: week from ________ to ________ Name: ____________

4. word search

Find the words and highlight them in different colours.
Write down their translation in the same colour!

A P E H E B P Y C E M K X K F
D N V L I X L O M S Q I T R T
Y C T N O N T Y W R V L O A S
P R K A E P C I P U M L G H U
S T G D R X H I N O K E O S G
G F D N I C G T H C K R O H X
C U O L A L T O R F T W N T W
S M H O E K W I W O O H Q P B
A R A T J M K O C C N A Y D U
S K P D U C Y R T O T L Y F K
G P A C I F I C F Q C E W Z T
C J H H R A R E D P Z E T Y O
Y I C G N A L N O H Q D A M U
S Q V O F T R N W H Z J N N G
P E G R Q P G I P A E N I U G

Vocabulary training: week from __________ to ___________ Name: _______________

5. Hidden message

Unscramble each of the clue words.
Copy the letters in the numbered cells to other cells with the same number.

Clue	Cell numbers
TO TYR	9
FO CUESOR	11
GNRAY	14
TO GO ON	1
WOH MUHC SI/REA	17, 20 / 18, 8
RAER	13
YENUDSLD	12
GAUINE GIP	2
NTHOR PELO	11, 4
FACIIPC	5
TACRACNIT CANOE	7
SKAHR	6
RELLIK HALWE	3
KCHIC	16
GPTELI	19
XENTITC	15

1 2 3 4   5 6 7 8   9 10   11 12 13   14 15 16 17 18 19 20

4.4 Kopiervorlage des Ernst Klett Verlags

Laboratory Safety

Task 1: What is wrong here?
In a laboratory non-scientists make mistakes which you – as a scientist - can spot in these pictures: Explain what's wrong and why it is dangerous. Then draw or describe the right behaviour or situation.

a)

b)

c)

d)

Task 2: Look at this picture, translate the four labelled items and explain when and why you need them.

goggles =

gloves =

lab coat =

shoes =

Task 3: Now YOU: Make a list of **Do and Don't**

Safety Rules

In a **laboratory** there is always something that can go wrong.
In this case **always** remember to:

a) STAY CALM!

b) DON'T PANIC!

c) Tell your teacher!

Here are some examples. Please, write down what YOU DO ...

... in case of fire?

I tell ______________________________

____

... if chemicals are spilled?

I tell ______________________________

____

... if someone is bleeding?

I tell ______________________________

____

... with hazardous waste ?

I don't ______________________________

____

____

... with left-over chemicals after your experiment?

I don't ______________________________

____

____

Klett

Zum kostenlosen Download unter:

http://www2.klett.de/sixcms/list.php?page=lehrwerk_extra&titelfamilie=Natura&extra=&modul=inhaltsammlung&inhalt=klett71prod_1.c.394929.de&kapitel=51239

Die Entwicklung des rezeptiven englischen Wortschatzes von Kindern mit und ohne Migrationshintergrund in bilingualen Kitas und Schulen sowie im Fremdsprachenunterricht

Anja Steinlen/Katrin Schwanke/Thorsten Piske

Abstract

In der hier vorgestellten Studie wurde die Entwicklung des rezeptiven Wortschatzes im Englischen von Kindern mit und ohne Migrationshintergrund in der Kita, der Grundschule und der 5. Klasse eines Gymnasiums untersucht. Unterschiede zwischen Kindern mit und ohne Migrationshintergrund wurden kaum gefunden, so dass davon ausgegangen werden kann, dass der Erwerb einer Fremdsprache im institutionellen Rahmen, sei es in der Kita oder der Schule, nicht nur für Kinder förderlich ist, die mit der Majoritätensprache aufwachsen, sondern auch für Kinder, die zuhause eine weitere Sprache sprechen. Das Vorliegen eines Migrationshintergrunds bietet also keine Grundlage dafür, fremdsprachliche Leistungen zu erwarten, die sich von denen unterscheiden, die Kinder ohne Migrationshintergrund zeigen.

1 Einführung

Die Zahl an Kindern mit Migrationshintergrund in der Bundesrepublik Deutschland steigt stetig. Für Kinder im grundschulfähigen Alter zwischen 6 und 10 Jahren lag die Gesamtquote bereits im Jahr 2006 bei 29,2% (Konsortium Bildungsberichterstattung 2006: 201). An manchen Kitas und Grundschulen lag der Anteil an Kindern mit Migrationshintergrund aber auch schon früher bei 80-90% (Piening 2004). Im Jahr 2012 hatten 20% der Gesamtbevölkerung in Deutschland einen Migrationshintergrund (Statistisches Bundesamt 2012: 7-8). Personen mit Migrationshintergrund sind dem Statistischen Bundesamt zufolge (2012: 6) dabei „alle nach 1949 in das heutige Gebiet der Bundesrepublik Deutschland Zugewanderten, sowie alle in Deutschland geborenen Ausländer und alle in Deutschland als Deutsche Geborenen mit zumindest einem zugewanderten oder als Ausländer in Deutschland geborenen Elternteil" (Statistisches Bundesamt 2012: 6).

In vielen Studien hat sich gezeigt, dass Kinder mit Migrationshintergrund in ihren schulischen Leistungen häufig schlechter abschneiden als Kinder ohne Migrationshintergrund (IGLU 2011: Schwippert et al. 2012; IQB 2009: Haag et al. 2012; KEIMS: Chudaske 2012; KESS: Bos/ Pietsch 2006; Dollmann 2010; DESI 2004: Hesse et al. 2008; PISA 2009: Stanat et al. 2010).[1] Daraus wurde gefolgert, dass sich ein Migrationsstatus in Verbindung mit dem sprachlichen Hintergrund und der in der häuslichen Lernumwelt vorherrschenden Familiensprache als Risikofaktor für hinreichenden Erwerb der deutschen Sprache und damit gleichzeitig für Bildungsbeteiligung und Kompetenzerwerb darstellt (z. B.

---

[1] Die Abkürzungen stehen für folgende Studien: IGLU (Internationale Grundschul-Lese-Untersuchung), KEIMS (Kompetenzentwicklung in multilingualen Schulklassen), KESS (Kompetenzen und Einstellungen von Schülerinnen und Schülern), IQB (Institut zur Qualitätsentwicklung im Bildungswesen, Ländervergleich), DESI (Deutsch Englisch Schülerleistungen International), PISA (Programme for International Student Assessment), PIRLS (Progress in International Reading Literacy Study).

Chudaske 2012: 103). Häufig wird dies mit fehlenden Kenntnissen der Umgebungssprache (also Deutsch) begründet, was sich negativ auch auf die Leistung in anderen Fächern als Deutsch (inklusive der Fremdsprachen) auswirkt (z. B. Elsner 2007).

Sehr viel weniger eindeutig sind die Ergebnisse bezüglich des Fremdspracherwerbs von Kindern mit Migrationshintergrund: Wie sich aus dem folgenden Literaturüberblick ableiten lässt, können Kinder mit Migrationshintergrund in Schulen mit herkömmlichem Fremdsprachenunterricht bzw. in Kitas und Schulen, die ein bilinguales (deutsch-englisches) Programm anbieten, durchaus Leistungen erbringen, die denen von Kindern ohne Migrationshintergrund entsprechen. Der Fokus wird in diesem Artikel dabei auf dem Erwerb des fremdsprachlichen rezeptiven Lexikons durch Kinder mit und ohne Migrationshintergrund liegen.

In Bezug auf das Wortwissen wird zwischen rezeptiven und produktiven Kompetenzen unterschieden:

> Receptive carries the idea that we receive language input from others through listening or reading and try to comprehend it, productive that we produce language forms by speaking and writing to convey messages to others. (Nation 2001: 24)

Traditionellerweise war man der Auffassung, dass rezeptive Wortbeherrschung grundsätzlich vor der produktiven erlangt wird (vgl. Schmitt 2000: 119). Heute siedelt man das Wortwissen eher „auf einem Kontinuum zwischen rezeptivem und produktivem Wissen“ an (Stork 2003: 19). Da Zuhören (so wie auch Lesen) keine passive Tätigkeit darstellt, werden die häufig synonym verwendeten Termini aktiv und passiv (vgl. Nation 2001: 24; Meara 1997: 117) heute als unangebracht angesehen. Für diese Studie schließen wir uns Laufers Definition an, die die rezeptiven Wortschatzkenntnisse als “understanding the most frequent and core meaning of a word” versteht (Laufer 1998: 257).

Im Folgenden werden Studien zum Erwerb des englischen rezeptiven Wortschatzes durch Kinder mit und ohne Migrationshintergrund vorgestellt, die Englisch in Kindertagesstätten (Kitas) bzw. in Grundschulen oder weiterführenden Schulen als Fremdsprache gelernt haben.

Im institutionellem Rahmen beginnt der Fremdsprachenunterricht in Deutschland traditionellerweise ab der Grundschule, abhängig vom Bundesland ab Klasse 1 (z. B. Baden-Württemberg) oder ab Klasse 3 (z. B. Schleswig-Holstein). In einigen Kindertagesstätten werden Fremdsprachen (zumeist Englisch) als wöchentlich einstündig stattfindende Arbeitsgemeinschaften oder Kurse – zumeist von externen Kräften – kostenpflichtig angeboten. Hier werden englische Lieder gesungen, Reime nachgesprochen oder sprachlich wenig komplexe Geschichten erzählt. Auch wenn solche Kurse die Neugier auf die neue Sprache wecken, sind größere fremdsprachliche Fortschritte in einem zeitlich so begrenzten Rahmen eher nicht zu erwarten (Häckel/Piske 2011: 11). Allerdings liegen bisher keine Studien dazu vor, wie sich die fremdsprachlichen Kenntnisse von Kindergartenkindern in einem solchen Kontext tatsächlich entwickeln. Aus diesem Grunde werden hier nur Studien rezipiert, die sich mit dem rezeptiven englischen Wortschatzerwerb von Kindern mit und ohne Migrationshintergrund in bilingualen Kitas beschäftigt haben. Auch die Anzahl dieser Studien ist dabei überschaubar.

In Deutschland steigt die Zahl an bilingualen Kitas, die sich am vor allem aus Kanada bekannten Verfahren der frühen Immersion orientieren: Waren es 2007 noch 0,7% aller Kitas, hat sich die Zahl nun verdreifacht (FMKS, 2014). In diesen bilingualen Kitas wird nach dem Prinzip "eine Person – eine Sprache“ gearbeitet (z. B. Baker 2000), d. h., in jeder Kindergartengruppe gibt es gewöhnlich zwei Erzieherinnen, wobei die eine ausschließlich die Majoritätensprache Deutsch verwendet, die andere ausschließlich die L2 (z. B. Englisch oder Französisch). Die neue Sprache wird also als Alltags- und Kommunikationsmittel im Kindergartenalltag verwendet und nicht als Unterrichtsfach oder Kurs angeboten (z. B. Rohde 2005; Steinlen 2008; Wode 2010). Diese Art der Fremdsprachenvermittlung wird auch als frühe partielle Immersion bezeichnet, wobei frühe Immersion als erfolgreichster Ansatz zur Vermittlung von Fremdsprachen in Kindertageseinrichtungen und Grundschulen gilt (z. B. Wesche 2002: 362). Im Folgenden werden zwei Studien vorgestellt, die sich dem rezeptiven L2-Wortschatzerwerb bei

Kindern mit und ohne Migrationshintergrund in Immersionskitas gewidmet haben.

Rohde (2010) untersuchte in einer durch ein EU-Comenius Projekt geförderten Studie 220 Kinder zwischen drei und sechs Jahren, die bilinguale Kindergärten in vier europäischen Ländern (Belgien, Deutschland, Großbritannien und Schweden) besuchten. Mit Hilfe des British Picture Vocabulary Scale (BPVS II, Dunn et al. 1997) wurden die Kinder zweimal im Abstand ca. eines dreiviertel Jahres getestet. Rohdes (2010) Ergebnisse zeigten, dass sich der rezeptive englische Wortschatz mit steigender L2-Kontaktzeit und -Intensität sehr positiv entwickelte (siehe auch Schelletter/Ramsey 2010). Ca. 32% der getesteten Kinder besaßen einen Migrationshintergrund, d. h., sie sprachen zuhause (oft zusätzlich zu der Umgebungssprache) andere Familiensprache/n. Die Ergebnisse der Studie erbrachten keine Unterschiede zwischen Kindern mit und ohne Migrationshintergrund. Zudem zeigte sich kein Effekt hinsichtlich der Frage, ob die Familiensprache der Kinder der Umgebungssprache entsprach oder nicht. Rohde (2010) schloss aus diesen Ergebnissen, dass auch Kinder mit Migrationshintergrund von dem Erwerb einer weiteren Sprache im bilingualen Kita-Kontext profitieren können (siehe auch Steinlen et al. 2010 für entsprechende Ergebnisse in Bezug auf den rezeptiven englischen Grammatikerwerb durch Kinder mit Migrationshintergrund).

In ihrer Studie zu drei deutsch-englisch bilingualen Kindergartengruppen untersuchte Häckel (2013) unter anderem die Entwicklung des rezeptiven englischen Wortschatzes mit Hilfe eines computergestützten Bildzeigetests (Steinlen/Wettlaufer 2005). Die 58 Kinder hatten eine durchschnittliche Kontaktdauer zur englischen Sprache von zehn Monaten zu T1, 26 Monaten zu T2 und 34 Monaten zu T3. Die Ergebnisse zeigten zum einen positive Entwicklungen beim rezeptiven Wortschatz über die drei Testzeitpunkte hinweg; als wichtigste Faktoren wurden der L2-Kontakt und die L2-Intensität (Stundenzahl pro Tag) genannt. Des Weiteren wurden laut Häckel (2013) bestimmte lexikalische Bereiche wie Farben oder Tiere besser identifiziert als andere Bereiche. Insgesamt hatten, je nach Einrichtung, 50-60% der getesteten Kinder einen Migrationshintergrund. Bei der Entwicklung des rezeptiven englischen Wortschatzes fanden sich keine signifikanten Unterschiede in Bezug auf einen Migrationshintergrund der Kinder, und zwar für alle drei Testzeitpunkte. Auch die Zuwachsraten entwickelten sich für Kinder mit und ohne Migrationshintergrund gleich. Häckel (2013) führte dieses Ergebnis zum einen auf die guten Deutschkenntnisse dieser Kinder zurück. Zum anderen erwähnten Erzieherinnen in Interviews, dass Kinder, die schon eine weitere Sprache zusätzlich zum Deutschen kannten, der neuen Sprache Englisch unbefangener begegneten als monolinguale Kinder, da sie bereits Strategien zum Erwerb einer neuen Sprache zu nutzen wussten.

In Deutschland steigt neben der Anzahl von bilingualen Kitas auch die Zahl an Schulen, die sich am Immersionsverfahren orientieren und in denen ein oder mehrere Sachfächer in einer Fremdsprache unterrichtet werden: 2007 waren es ca. 100 Grundschulen (ohne Dänisch), die zumeist Englisch oder Französisch anbieten (FMKS 2008). Studien zu bilingualen Grundschulprogrammen in Deutschland mit mehr als 50% Unterricht in englischer Sprache haben gezeigt, dass der Lernfortschritt in der L2 von Kindern in solchen Programmen weitaus höher ist als der Fortschritt gleichaltriger Kinder im herkömmlichen Fremdsprachenunterricht. Es stellte sich überdies heraus, dass diese Kinder gleich gute Deutschleistungen erzielen wie ihre Altersgenossen in Regelgrundschulen und dass ihr Fachwissen in Fächern wie Mathematik und Heimat- und Sachunterricht keine Defizite zeigt (siehe Zaunbauer/Möller 2006, 2007; Gebauer et al. 2013; Zaunbauer et al. 2012; siehe auch Kersten 2009; Piske 2006, 2013; Piske/Burmeister 2008; Wode 2009). Ähnliche Ergebnisse wurden auch aus Kanada und anderen Ländern berichtet (siehe Wesche 2002; Pérez-Cañado 2012). Dabei wurde jedoch im deutschen Kontext zumeist nicht auf den Migrationsstatus bzw. den familiensprachlichen Hintergrund der bilingual unterrichteten Grundschulkinder eingegangen (siehe aber Steinlen/Piske 2013 für eine Pilotstudie).

Auch im formellen Regelschulkontext in Deutschland stand der rezeptive L2-Wortschatz bisher nicht im Zentrum der Aufmerksamkeit.

Vorhandene Studien untersuchten stattdessen z. B. das globale Hörverständnis von Kindern mit und ohne Migrationshintergrund in der Fremdsprache Englisch: So zeigten die Ergebnisse einer Studie, in der Viertklässler untersucht wurden (Elsner 2007), dass Kinder mit Migrationshintergrund (Türkisch) in ihren Englischleistungen deutlich schlechter abschnitten als Kinder ohne Migrationshintergrund. May (2006) berichtete im Rahmen der in Hamburg durchgeführten KESS 4-Studie, dass Kinder, deren Eltern beide im Ausland geboren worden waren, im Englischen zwar durchschnittlich schwächere Leistungen erzielten als Kinder ohne Migrationshintergrund, dass Kinder aus Familien, in denen nur ein Elternteil im Ausland geboren wurde, aber keine nennenswert schwächeren Leistungen aufwiesen. Und die Ergebnisse der in Nordrhein-Westfalen durchgeführten EVENING-Studie (Evaluation Englisch in der Grundschule) ergaben für die 4. Klasse, dass die Leistungen von Kindern mit Migrationshintergrund insgesamt unter denen von Kindern mit deutschem Sprachhintergrund lagen, dass diese Resultate aber von der Familiensprache (d. h. Türkisch oder Russisch) abhingen (Keßler/Paulick 2010).

Auch im Sekundarbereich ist die Entwicklung des rezeptiven L2-Lexikons bisher nicht im Detail untersucht worden. In Bezug auf das globale Hörverstehen im Englischen sind allerdings Ergebnisse für Schülerinnen und Schüler im Regelschulkontext interessant: So erbrachte die DESI-Studie für Neuntklässler zum Beispiel keine Unterschiede zwischen den Testpersonen mit und ohne Migrationshintergrund (Hesse et al. 2008). Gleiche Ergebnisse wurden auch für das Projekt *Sprachliche Kompetenzen im Ländervergleich* berichtet: Im Bereich des englischen globalen Hörverstehens erzielten Neuntklässler ohne Migrationshintergrund und Jugendliche mit einem im Ausland geborenen Elternteil vergleichbare Leistungen (Köller et al. 2010). Und für Schülerinnen und Schüler in weiterführenden Schulen mit bilingualem Unterricht wurde in der DESI-Studie das Ergebnis erzielt, dass bilingual unterrichtete Schülerinnen und Schüler in Bezug auf ihr globales Hörverstehen in der Fremdsprache besser abschnitten als ihre Altersgenossen im Englisch-Regelunterricht (Nold et al. 2008).

Insgesamt soll an dieser Stelle betont werden, dass globales Hörverstehen und rezeptiver Wortschatz unterschiedliche (meta)linguistische Aspekte berühren und daher nur sehr eingeschränkt miteinander vergleichbar sind. Eine genaue Untersuchung des rezeptiven Wortschatzes von Schülerinnen und Schülern in der Sekundarstufe (z. B. in den Anfangsklassen am Gymnasium) steht folglich noch aus.

Wie schon erwähnt, existieren in Deutschland keine systematischen Untersuchungen bezüglich der Frage, wie sich die fremdsprachlichen rezeptiven Wortschatzkenntnisse von Kindern mit Migrationshintergrund in bilingualen Programmen sowie im regulären Fremdsprachenunterricht entwickeln. Folgende Frage ist deshalb in Anlehnung an andere Studien der Immersions- und Unterrichtsforschung in diesem Artikel von besonderem Interesse:

Wie entwickeln sich die rezeptiven Kenntnisse des englischen Wortschatzes von Kindern mit und ohne Migrationshintergrund von der bilingualen Kita über die bilinguale Grundschule bis hinein in die Sekundarstufe I?

2 Methode

2.1 Die bilingualen Kindertagesstätten und Schulen

In einer großangelegten Longitudinalstudie wurden unter anderem die rezeptiven lexikalischen Fähigkeiten im Englischen von Kindern zwischen 3 und 6 Jahren untersucht, die immersiv arbeitende bilinguale Kindertagesstätten (Kitas) mit der Fremdsprache Englisch besuchten. Das ELIAS-Projekt (*Early Language and Intercultural Acquisition Studies*) war ein multilaterales EU-Comenius-Projekt, das zwischen 2008 und 2010 in bilingualen Kitas mit Zielsprache Englisch in Deutschland, Belgien, Schweden und England durchgeführt wurde (vgl. Kersten et al. 2010a, b). In allen neun Kitas ist die Zielsprache Englisch und die pädagogischen Kräfte arbeiten nach dem Prinzip „eine Person –

eine Sprache“ (siehe z. B. Ronjat 1913, Baker 2000). In jeder Kindergartengruppe gibt es gewöhnlich zwei Erzieherinnen, wobei die eine für die L1 der Kinder steht (Deutsch, Schwedisch oder Französisch), die andere für die L2 (Englisch). Die L2-Erzieherin verwendet mit den Kindern ausschließlich die neue Sprache; die Fremdsprache wird also nach der Immersionsmethode dargeboten, d. h. nicht als Unterrichtsfach oder Kurs, sondern als Alltags- und Kommunikationsmittel im Kindergarten (Rohde 2005, Wode 2010).

Die Grundschule in Tübingen ist eine zweizügige Stadtteilschule, die sowohl einen Musikzweig als auch einen bilingualen Zug unterhält. Der teilimmersiv arbeitende bilinguale Zweig wurde 2008/09 mit einem Zug pro Jahrgang eingerichtet; es werden dort alle Fächer auf Englisch unterrichtet, außer Deutsch, Religion und Mathematik. Dies entspricht einem fremdsprachlichen Anteil von ca. 50%. Im Musikzweig wird Englisch als Unterrichtsfach ab Klasse 1, wie in Baden-Württemberg üblich, mit zwei Wochenstunden, unterrichtet. Der Regelenglischunterricht wird von Lehrkräften des bilingualen Zweiges übernommen (vgl. Tamm 2010).

Die Muhliusschule ist eine Grundschule in Kiel, bei der in allen Klassen das Fach Heimat- und Sachkundeunterricht (HSU) auf Englisch unterrichtet wird. Dies entspricht zwei Wochenstunden in den ersten beiden Klassen (also einem fremdsprachlichen Anteil von ca. 10%) und fünf Stunden in Klasse drei und vier (ca. 20%). In Schleswig-Holstein beginnt der reguläre Englischunterricht mit zwei Stunden pro Woche dann ab der dritten Klasse – dieser wird an der Muhliusschule teilweise auch für den Sachfachunterricht genutzt.

In Bezug auf die weiterführende Schule werden Pilotdaten aus der 5. Klasse des Carlo-Schmid-Gymnasiums in Tübingen vorgestellt, und zwar zum einen von einer Klasse mit Regelunterricht Englisch, in der die meisten Schülerinnen und Schüler bereits am zweistündigen Regelunterricht Englisch in der Grundschule teilgenommen haben und zum anderen aus der „BiliPlus“-Klasse, die überwiegend von Schülerinnen und Schülern mit deutlich umfassenderen Vorkenntnissen der englischen Sprache besucht wird. Die „BiliPlus“-Klasse setzt sich zum

Großteil aus ehemaligen Schülerinnen und Schülern der deutsch-englisch bilingualen Tübinger Hügelschule zusammen, die etwa die Hälfte ihres Grundschulunterrichts auf Englisch erhalten haben. In der „BiliPlus"-Klasse werden die Fächer Biologie und Naturphänomene ab der 5. Klasse auf Englisch unterrichtet; zusätzlich wird der reguläre Englischunterricht um zwei weitere Stunden aufgestockt (siehe Schwanke i. Dr.). In der Klasse mit Regelunterricht Englisch wird das Fach Englisch mit drei Stunden pro Woche unterrichtet.

Es soll an dieser Stelle darauf hingewiesen werden, dass in dieser Studie nicht die Effektivität verschiedener fremdsprachlicher Programme im Vordergrund steht, sondern die Frage, inwieweit sich die fremdsprachlichen Leistungen von Kindern mit und ohne Migrationshintergrund unterscheidet und ob verschiedene fremdsprachliche Programme dies beeinflussen.

2.2 Versuchspersonen

200 Kinder (52% Mädchen und 48% Jungen) aus neun bilingualen Kitas durchliefen den British Picture Vocabulary Scale II (BPVS, Dunn et al. 1997) zweimal im Abstand von 5 bis 15 Monaten. Die Kinder waren zum ersten Testzeitpunkt (T1) zwischen drei und sechs Jahre alt (Durchschnitt: 4,8 Jahre, Standardabweichung, SA = 13,1 Monate) und der durchschnittliche Kontakt zur englischen Sprache betrug zu T1 zwischen einem und fünfzig Monaten (Durchschnitt: 14,2 Monate, SA = 9,7 Monate). Zum 2. Testzeitpunkt (T2) waren die Kinder zwischen drei und sieben Jahre alt (Durchschnitt: 5,7 Jahre, SA = 13,3 Monate); der Kontakt zur englischen Sprache betrug 10 bis 61 Monate (Durchschnitt: 25,1 Monate, SA = 9,3 Monate). Von den 200 Kindern hatten laut Elternfragebogen 63 einen Migrationshintergrund; das entspricht 31,5% (Rohde 2010). Insgesamt wurden knapp vierzig verschiedene Familiensprachen angegeben.

In dem bilingualen Zweig der Hügelschule wurde jeweils eine Klasse der Klassenstufen eins bis vier getestet. Insgesamt besuchten zum Zeitpunkt der Pilottests 91 Schüler den bilingualen Zweig. 24 Kinder besuchten die 1. Klasse; zum Testzeitpunkt waren sie durchschnittlich 7,3 Jahre alt (SA: 3,0 Monate), in Klasse 2 waren 25 Kinder mit einem Altersdurchschnitt von 8,3 Jahre (SA: 4,3 Monate); die 3. Klasse wurde von 18 Kindern besucht, die 9,5 Jahre alt waren (SA: 7,3 Monate), und in der 4. Klasse gab es 24 Kinder mit einem Altersdurchschnitt von 10,4 Jahren (SA: 6,1 Monate). Der Anteil an Kindern mit Migrationshintergrund betrug 42% in Klasse 1, 48% in Klasse 2, 61% in Klasse 3 und 58% in Klasse 4. Ein Migrationshintergrund wurde den Kindern dann zugesprochen, wenn laut Elternfragebogen ein oder beide Elternteile im Ausland geboren worden waren (siehe auch Chudaske 2012, Bos/Pietsch 2006, Schwippert et al. 2012, Dollmann 2010) bzw. wenn in der Familie (zusätzlich zu Deutsch) eine andere Sprache gesprochen wurde (siehe Steinlen/Piske 2013). Die Varianzanalysen (ANOVAs) zeigten keine signifikanten Altersunterschiede zwischen Kindern mit und ohne Migrationshintergrund (Klasse 1: $F (1,22) = 1,002$, $p>0.05$; Klasse 2: $F (1,21) = 0,804$, $p>0.05$; Klasse 3: $F (1,16) = 0,057$, $p>0.05$; Klasse 4: $F (1,22) = 0,678$, $p>0.05$).

In Bezug auf den Englisch-Regelunterricht mit zwei Stunden pro Woche wurde in der Hügelschule jeweils eine Klasse der Stufen 1-4 untersucht. 30 Kinder besuchten die 1. Klasse, 22 die 2. Klasse, 26 die 3. Klasse und 20 Kinder die 4. Klasse. Die Kinder waren im Durchschnitt 7,5 Jahre alt bzw. 8,6 Jahre, 9,5 Jahre und 11,0 Jahre. Der Anteil an Kindern mit Migrationshintergrund lag bei 43% in Klasse 1, 64% in Klasse 2, 62% in Klasse 3 und 50% in Klasse 4. Wie auch beim bilingualen Zweig wurden ca. 15 verschiedene Familiensprachen angegeben. ANOVAs zeigten keine signifikanten Altersunterschiede zwischen Kindern mit und ohne Migrationshintergrund (Klasse 1: $F (1,16) = 1,176$, $p>0.05$; Klasse 2: $F (1,15) = 0,137$, $p>0.05$; Klasse 3: $F (1,25) = 0,635$, $p>0.05$; Klasse 4: $F (1,17) = 2,582$, $p>0.05$).

In der Muhliusschule wurden jeweils zwei Parallelklassen getestet: 41 Kinder besuchten die Klassenstufe 1; sie waren im Schnitt 6,8 Jahre, davon waren 41% Mädchen und 59% Jungen. In der 2. Klasse waren es insgesamt 38 Kinder mit einem Durchschnittsalter von 7,10 Jahren (40% Mädchen und 60% Jungen). Insgesamt 40 Kinder besuchten die 3. Klasse (48% Mädchen, 52% Jungen), die im Durchschnitt 8,8 Jahre alt waren. Die 46 Viertklässler waren im Durchschnitt 10 Jahre alt, darunter 42% Mädchen und 58% Jungen. Der Anteil an Kindern mit Migrationshintergrund betrug 51% in Klasse 1, 48% in Klasse 2, 28% in Klasse 3 und 29% in Klasse 4. Ähnlich wie in der Hügelschule waren es ca. 15 Familiensprachen, die laut Elternfragebögen (zusätzlich zu Deutsch) zuhause gesprochen wurden. ANOVAs zeigten keine signifikanten Altersunterschiede zwischen Kindern mit und ohne Migrationshintergrund (Klasse 1: $F(1,32) = 0{,}294$, $p>0.05$; Klasse 2: $F(1,31) = 0{,}007$, $p>0.05$; Klasse 3: $F(1,37) = 0{,}014$, $p>0.05$; Klasse 4: $F(1,42) = 0{,}810$, $p>0.05$).

In der „BiliPlus"-Klasse wurden die Daten von 21 Kindern erhoben; in der Klasse mit Regelunterricht Englisch nahmen 19 Kinder an den Tests teil. Die Kinder in der „Bili-Plus"-Klasse waren zum Testzeitpunkt 1 (T1) im Schnitt 10,5 Jahre (SD 5,2 Monate) und zum Testzeitpunkt 2 (T2) 11,3 Jahre (SD 5,2 Monate) alt. Die Kinder in der Klasse mit Regelunterricht Englisch waren zu T1 im Schnitt 10,5 Jahre (SD 5,2 Monate) und zu T2 11,2 Jahre (SD 5,2 Monate) alt. ANOVAs zeigten einen signifikanten Altersunterschied zwischen Kindern mit und ohne Migrationshintergrund nur für die „BiliPlus"-Klasse ($F(1,19) = 4{,}541$, $p<0.05$; hier waren die Kinder mit Migrationshintergrund im Schnitt 4,5 Monate älter), jedoch nicht für die Klasse mit englischem Regelunterricht ($F(1,18) = 1{,}2772$, $p>0.05$). Insgesamt wurde die Regelklasse von drei Kindern und die BiliPlus-Klasse von neun Kindern mit Migrationshintergrund besucht.

Für alle Erhebungen gilt, dass nicht immer alle Kinder an allen Tests teilnahmen. Als Gründe seien hier beispielhaft Krankheit, Umzug oder fehlendes Elterneinverständnis genannt.

2.3 Testmaterialien

Familiäre Variablen

Die familiären Hintergrundvariablen wurden anhand eines Elternfragebogens für Kindergarten- und Grundschulkinder erfasst, welche z. B. vorschulische Tätigkeiten und Kenntnisse sowie das elterliche Hausaufgabenengagement umfassten. Neben dem Alter des Kindes und seinem Geburtsland sowie dem der Eltern wurde erfragt, ob das Kind in der Familie Deutsch gelernt hat und wie häufig Deutsch als Umgangssprache in der Familie verwendet wird. Zudem wurden die Eltern gebeten, ihre materielle Situation einzuschätzen und ihren höchsten Bildungsabschluss anzugeben.

Die Schülerinnen und Schüler der 5. Klasse des Carlo-Schmid-Gymnasiums füllten vor Beginn des Tests zum rezeptiven Wortschatz einen Schülerfragebogen aus. Hier wurden sie hinsichtlich ihrer Erstsprache/n sowie zu der/den Erstsprache/n der Eltern befragt, sowie zu ihrem Alter und Geschlecht.

Kognitive Variablen

Die kognitiven Variablen wurden sowohl an den bilingualen Grundschulen als auch an der 5. Klasse des Gymnasiums erhoben (jedoch nicht in den Kitas des ELIAS-Projekts). Für die 1. Klasse wurde die Konzentrationsfähigkeit anhand des KT 1 (Konzentrationstest für das erste Schuljahr; Möhling/Raatz, 1974) erfasst; für die Klassen 2-5 wurde der Aufmerksamkeits-Belastungs-Test D2-R (Brickenkamp et al. 2010) eingesetzt. Die allgemeine Intelligenz wurde im Gruppenverfahren für die Klassen 1-3 anhand der CPM (Coloured Progressive Matrices; Raven et al. 2002) bzw. anhand der SPM (Standard Progressive Matrices; Raven 1976) für die Klassen 4 und 5 geschätzt.

Warum sind kognitive Variablen erhoben worden? Die Erhebung kognitiver Grundfähigkeiten dient der Überprüfung einer Vergleichbarkeit der untersuchten Gruppen, da sich klassen- oder schulspezifische

Unterschiede hinsichtlich dieser Leistungsvoraussetzungen auf die sprachlichen und fachbezogenen Leistungen auswirken könnten (Chudaske 2012: 242). Ein Vergleich von Grundschülern und Grundschülerinnen hinsichtlich ihrer Schulleistungen darf also nicht an unterschiedlicher nonverbaler Intelligenz bzw. Konzentrationsvermögen scheitern. Schon aus dem Kindergartenkontext ist z. B. bekannt, dass Kinder mit Migrationshintergrund (v. a. mit türkischem Hintergrund) bei psychologischen Entwicklungstests schlechter abschneiden als Kinder ohne Migrationshintergrund (siehe Biedinger 2010). In Bezug auf die Schule ist es ein Gemeinplatz, dass Schulerfolg von den kognitiven Fähigkeiten der Kinder abhängt (z. B. Bleakley/Chin 2004; Gamsjäger/Sauer 1996). In Bezug auf den Migrationshintergrund zeigte Chudaske (2012) anhand von Daten von Kindern der Klasse 3, dass sich kognitive Grundfähigkeiten als statistisch relevante und praktisch bedeutsame Einflussgrößen für sämtliche sprachlichen und schulfachlichen Leistungen herausgestellt haben, die den Effekt der Variablen Migrationshintergrund stark verringerten (jedoch nicht ausschlossen).

Rezeptiver englischer Wortschatz

Der rezeptive englische Wortschatz wurde mit dem BPVS II *(British Picture Vocabulary Scale* II, Dunn et al. 1997) geprüft, einem Bildzeigetest, der ursprünglich für monolinguale englische Kinder bzw. für Kinder mit *English as an additional language* konzipiert wurde. Der BPVS II ist ein Individualtest, bei dem einzelne Begriffe ohne weitere sprachliche Kontextualisierung vorgegeben werden.

Der BPVS II beinhaltet vierzehn Sets, die Altersstufen zugeordnet sind; das erste Set wurde beispielsweise für zweieinhalb bis dreijährige Kinder konzipiert, Set 2 für vier- bis fünfjährige Kinder etc. Jedes Set besteht jeweils aus zwölf einzelnen Wörtern. Es können also maximal 168 Wörter abgefragt werden. Der Test fragt eine Vielzahl unterschiedlicher Wortklassen/-arten ab sowie Wörter aus unterschiedlichen semantischen Feldern und grammatischen Kategorien (vgl. Dunn et al. 1997).

Für den bilingualen Kontext ist angemerkt worden, dass die Normwerte des BPVS II, insbesondere für die Kinder mit EAL-Hintergrund, nur sehr eingeschränkt auf die Daten der Kinder aus bilingualen Kitas übertragen werden könnten, da für letztere das Englische nicht die umgebende Sprache ist (siehe Rohde 2005, Weitz/Rohde 2010). Aus diesem Grunde wurde entschieden, für diese Studie auf die Rohwerte des BPVS II zurückzugreifen.

2.4 Durchführung

Im Kindergartenkontext ist der BPVS II als Individualtest nach Vorgabe (Dunn et al. 1997) durchgeführt worden. In diesem Bildzeigetest hört das Kind jeweils ein Wort und soll aus einer Auswahl von vier verschiedenen Bildern auf das Bild zeigen, von dem es glaubt, dass es dem genannten Begriff entspricht. Die Begriffe nehmen im Laufe des Tests an Schwierigkeit zu. Der Test wird abgebrochen, wenn das Kind vier oder weniger Begriffe in einem Set richtig identifiziert hat. Insgesamt dauerte die Durchführung pro Kind ca. 10 bis 15 Minuten.

Aus Gründen der Durchführbarkeit mit einer großen Population ist der BPVS II in den Schulen nicht als Individualtest, sondern als Gruppentest in einer Papier-und-Bleistift-Version pilotiert worden. Normwerte liegen für den BPVS II jedoch nur dann vor, wenn er in der Originalversion als Individualtest durchgeführt wird. Als Gruppentest wird in dieser Pilotstudie deshalb auf die Rohpunktzahl zurückgegriffen. Überdies handelt es sich bei den hier getesteten Kindern nicht um Kinder mit Erstsprache Englisch. In der Gruppentestung wurde ein Tageslichtprojektor benutzt, um die Bilder auf einer Folie für alle Schülerinnen und Schüler gut sichtbar an die Wand zu projizieren. Die Kinder sahen vier verschiedene Bilder, die jeweils mit Zahlen von 1-4 gekennzeichnet waren, während die testleitende Person ein englisches Wort nannte und dieses ein weiteres Mal wiederholte. Die Kinder trugen in Einzelarbeit die Nummer des Bildes, das ihrer Meinung nach die richtige Antwort zeigte, in einen ihnen vorliegenden Antwortbogen ein. Insgesamt handelte es sich um 48 Items, die die Kinder einem Wort zuweisen mussten. Für die Klassen 1 und 2 wurden die Sets 1-4, für die Klassen 3 und 4 die Sets 2-5 und für die 5. Klasse die Sets 3-6 verwendet. Der gesamte Test dauerte ca. 20 Minuten.

Der BPVS II wurde bei den Kindergartenkindern zweimal im Abstand von ca. zehn Monaten durchgeführt. Bei allen Grundschulkindern wurden von der ersten bis zur vierten Jahrgangsstufe gegen Ende des Schuljahres ca. sechs Wochen vor Schuljahresende sowohl die Englischtests durchgeführt als auch die kognitiven Fähigkeiten erhoben. In der 5. Klasse wurden die Schülerinnen und Schüler zu Beginn und zum Ende des Schuljahres getestet.

2.5 Statistische Analysen

Die Fragestellungen wurden mittels Varianzanalysen für den englischen rezeptiven Wortschatztest BPVS II und die kognitiven Fähigkeiten überprüft (IBM SPSS 20). Auf die kleine Größe der Stichproben für die einzelnen Klassenstufen soll an dieser Stelle schon einmal ausdrücklich hingewiesen werden, d. h. dass die Ergebnisse nur als vorläufig gelten können, bis sie anhand einer größeren Population bestätigt werden.

3 Ergebnisse

3.1 Familiäre Variablen

Um die Vergleichbarkeit der beiden Gruppen (d. h. Kinder mit und ohne Migrationshintergrund) einschätzen zu können, werden zunächst die familiären Hintergrundvariablen betrachtet. Eine informelle Durchsicht der Elternfragebögen für die Kita zeigte Unterschiede zwischen den neun Kitas in Bezug auf die subjektive Einschätzung des familiären Wohlstands: Bei zwei Kindergärten lag die elterliche Selbsteinschätzung unter dem Durchschnitt, bei vieren über dem Durchschnitt; der Rest gab einen durchschnittlichen Wohlstand an.

In der Hügelschule zeigten sich keine Unterschiede zwischen Eltern mit und ohne Migrationshintergrund hinsichtlich ihrer Einschätzung des Wohlstands sowie des Bildungshintergrundes, und zwar für alle getesteten Klassen. Insgesamt schätzen sich die Eltern im Vergleich zu anderen Familien als durchschnittlich wohlhabend ein. Der höchste Bildungsabschluss der Eltern liegt generell zwischen Mittlerer Reife und Fachhochschulreife.

Die Eltern der Kinder der Muhliusschule schätzten sich generell als weniger wohlhabend ein als die Eltern der Hügelschule; auch lag deren höchster Bildungsabschluss niedriger. Für die Klasse 5 sind bisher keine Daten zu Wohlstand und Bildungshintergrund erhoben worden.

3.2 Kognitive Variablen

Multivariate Analysen für die kognitiven Variablen Konzentrationsleistung und nonverbale Intelligenz, für jede Klassenstufe separat, entdeckten keinen Gruppenunterschied zwischen Kindern mit und ohne Migrationshintergrund in den einzelnen Einrichtungen. Eine Ausnahme betrifft jedoch den Test für nonverbale Intelligenz in Klasse 1 des bilingualen Zweiges der Hügelschule, in dem Kinder ohne Migrationshintergrund besser als Kinder mit Migrationshintergrund abschnitten.[2]

---

[2] ANOVAs zeigten signifikante Unterschiede zwischen Kindern mit und ohne Migrationshintergrund für den CPM der 1. Klasse ($F(1,22) = 8{,}021$, $p<0.05$), aber nicht für die restlichen kognitiven Tests der anderen Klassen (CPM Klasse 2 ($F(1,22) = 2{,}514$, $p>0.05$), CPM Klasse 3 ($F(1,12) = 0{,}069$, $p>0.05$), SPM Klasse 4 ($F(1,20) = 4{,}342$, $p>0.05$); KT1 Klasse 1 ($F(1,21) = 0{,}398$, $p>0.05$),

In Bezug auf die Normwerte zeigen die Testergebnisse, dass die Kinder mit und ohne Migrationshintergrund zumeist Werte erzielten, die als altersgerecht gelten. Ausnahmen (d.h. Unterschiede bis zu einer Standardabweichung) zeigen sich für den CPM für Klasse 1 des bilingualen Zweiges der Hügelschule. Hier schnitten die Kinder ohne Migrationshintergrund besser ab als diejenigen mit Migrationshintergrund. Keine Aussagen können für den Konzentrationstest D2-R für Klasse 2 getroffen werden, da für den Altersbereich 7,00-8,11 Jahre keine Normwerte vorliegen.

3.3 Der englische Wortschatztest BPVS

Da der Wortschatztest BPVS II in den Schulen als Gruppentest durchgeführt wurde, wird im Folgenden auf Rohwerte zurück. Der *chance level* für die 36 Items liegt für den BPVS II bei einem Wert von 9 (25%).

D2-R Klasse 2 (F (1,19) = 0,460, p>0.05), D2-R Klasse 3 F (1,11) = 0,444, p>0.05), D2-R Klasse 4 (F (1,20) = 2,700, p>0.05). Für den Musikzweig der Hügelschule (HM01) zeigten ANOVAs folgende Ergebnisse für den nonverbalen Konzentrationstest CPM (Klasse 1: F (1,22) = 0,359, p>0.05, Klasse 2: F (1,13) = 0,500, p>0.05, Klasse 3: F (1,21) = 0,352, p>0.05, Klasse 4: F (1,17) = 0,291, p>0.05) und für den Konzentrationstest KT-1/D2-R: (Klasse 1: F (1,22) = 0,409, p>0.05, Klasse 2: F (1,13) = 0,050, p>0.05, Klasse 3: F (1,21) = 3,886, p>0.05, Klasse 4: F (1,16) = 0,457, p>0.05). ANOVAs zeigten für die Muhliusschule (jeweils gemittelt für zwei Klassen pro Jahrgang) folgende Ergebnisse: M01 CPM: (Klasse 1: F (1,26) = 0,706, p>0.05, Klasse 2: F (1,29) = 1,834, p>0.05, Klasse 3: F (1,34) = 0,202, p>0.05, Klasse 4: F (1,39) = 0,708, p>0.05). M01 D2R/KT1: (Klasse 1: F (1,24) = 0,078, p>0.05, Klasse 2: F (1,29) = 3,003, p>0.05, Klasse 3: F (1,35) = 1,452, p>0.05, Klasse 4: F (1,39) = 0,235, p>0.05). In den 5. Klassen des Gymnasiums wurde der SPM durchgeführt und zeigte keine Unterschiede zwischen den Gruppen: SPM: (Klasse 5 BiliPlus: F (1,19) = 1,141, p>0.05, Klasse 5 FU: F (1,18) = 0,323, p>0.05).

3.3.1 Die bilingualen Kindergärten (ELIAS-Projekt)

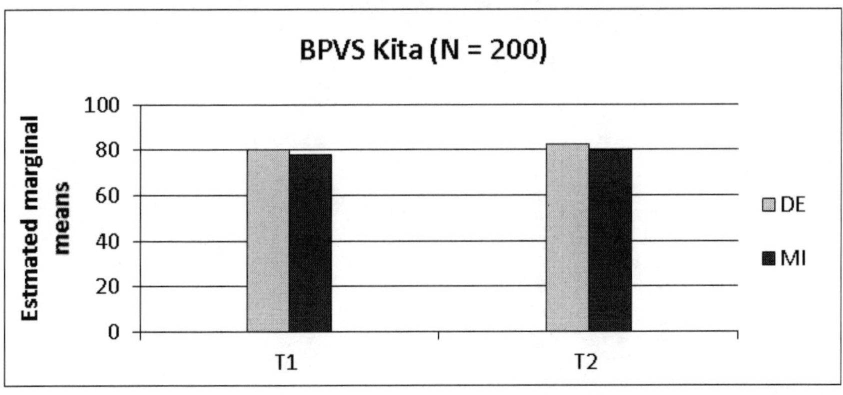

Abb. 1: Veränderung von T1 zu T2 für den BPVS II in neun bilingualen Kindergärten. (DE = Werte für Kinder ohne Migrationshintergrund; MI = Werte für Kinder mit Migrationshintergrund)

Varianzanalysen für den englischen Wortschatztest im Kindergarten zeigten für die gesamte Kindergartengruppe signifikante Unterschiede zwischen den Ergebnissen für T1 und T2 (F (1,198) = 4,814 $p<0.05$), jedoch keine Unterschiede zwischen Kindern mit und ohne Migrationshintergrund (Interaktion Migrationshintergrund*Zeit, F (1,198) = 0,065, $p>0.05$). Der Migrationsstatus scheint also den Erwerb des rezeptiven englischen Wortschatzes nicht zu beeinflussen.

3.3.2 Die bilingualen Grundschulen

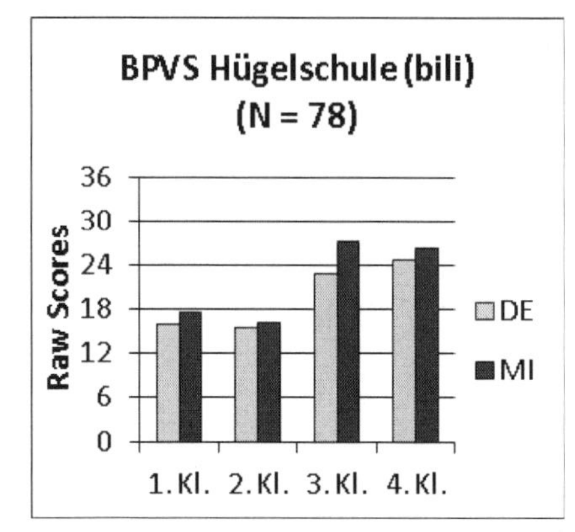

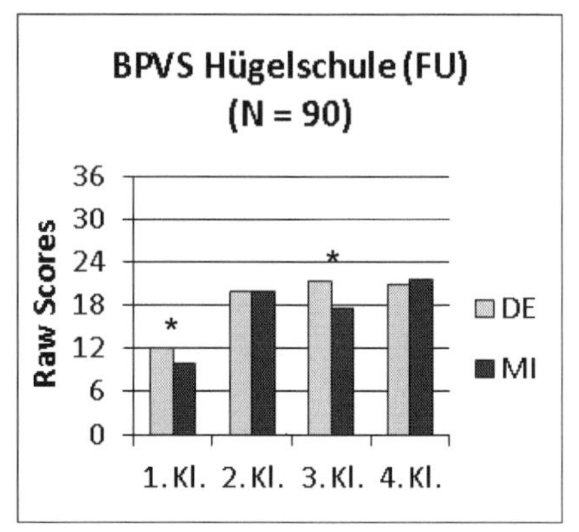

Abb. 2: Ergebnisse des BPVS II für die Klassenstufen 1-4 für die Hügelschule, links für den bilingualen Zweig, rechts für den Musikzweig (FU, Fremdsprachenunterricht). Der Asterisk (Klasse 3, FU) zeigt die Signifikanz an

Varianzanalysen für den BPVS im bilingualen Zweig der Hügelschule zeigten signifikante Unterschiede zwischen den Klassen 1 bis 4 (F (3,74) = 12,441, p<0.05), d. h. einen Zuwachs im rezeptiven Wortschatzwissen. Keine signifikanten Unterschiede wurden zwischen Kindern mit und ohne Migrationshintergrund gefunden (Klasse 1: F (1,22) = 4,380, p>0.05; Klasse 2: F (1,19) = 2,089, p>0.05; Klasse 3: F (1,11) = 1,114, p>0.05; Klasse 4: F (1,19) = 0,074, p>0.05).

Für den herkömmlichen Fremdsprachenunterricht im Musikzweig wurden ebenfalls signifikante Veränderungen von Klasse 1 bis 4 ermittelt (F (3,86) = 21,921, p<0.05), d. h. ein Zuwachs im rezeptiven Wortschatzwissen. Signifikante Unterschiede zwischen Kindern mit und ohne Migrationshintergrund wurden für die Klassen 1 und 3 gefunden (Klasse 1: F (1,23) = 4,359, p<0.05; Klasse 3: F (1,24) = 7,216, p<0.05). In diesen Klassen schnitten Kinder ohne Migrationshintergrund deutlich besser ab. Keine signifikanten Unterschiede zwischen den beiden Gruppen ergaben sich jedoch für die Klassen 2 und 4 (Klasse 2: F (1,17) = 0,436, p>0.05; Klasse 4: F (1,17) = 0,026, p>0.05).

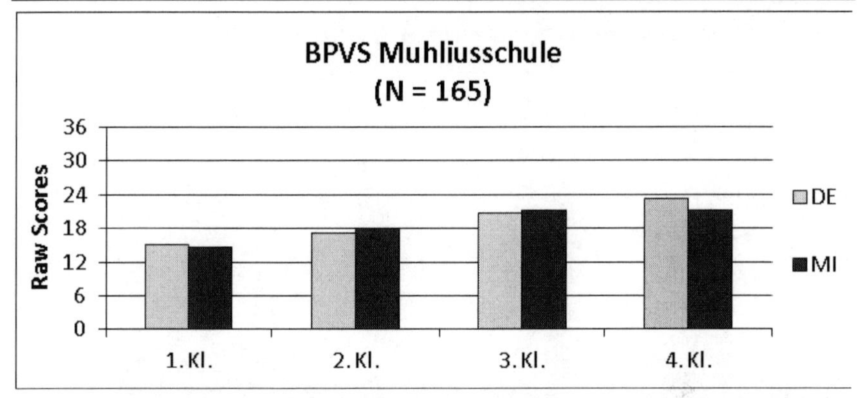

Abb. 3: Ergebnisse des BPVS II für zwei Parallelklassen der Stufen 1-4 für die Muhliusschule.

Für die Klassen in der Muhliusschule mit 10-20% Sachfachunterricht auf Englisch zeigten ANOVAs und Post-hoc-Tests eine Progression im rezeptiven englischen Wortschatzwissen von Klasse 1 bis 4 ($F(3,125) = 21{,}060$, $p<0.05$). Keine signifikanten Unterschiede wurden zwischen Kindern mit und ohne Migrationshintergrund gefunden (Klasse 1: $F(1,28) = 0{,}186$, $p>0.05$; Klasse 2: $F(1,22) = 0{,}180$, $p>0.05$; Klasse 3: $F(1,32) = 0{,}096$, $p>0.05$; Klasse 4: $F(1,37) = 1{,}362$, $p>0.05$).[3]

[3] Für den BPVS zeigen ANOVAs signifikante Unterschiede zwischen den Unterrichtsformen in der Grundschule (1. Klasse: $F(2,76) = 41{,}797$, $p<0.05$; 2. Klasse: $F(2,62) = 24{,}252$, $p<0.05$; 3. Klasse: $F(2,71) = 13{,}383$, $p<0.05$; 4. Klasse: $F(2,76) = 25{,}563$, $p<0.05$): Je weniger intensiv der Anteil des fremdsprachliche Unterrichts, desto schlechter die Ergebnisse des BPVS. In Bezug auf die kognitiven Leistungen zeigten sich signifikante Unterschiede zwischen den Unterrichtsformen für die 2. Klassen sowohl für den CPM als auch für den D2-R sowie den CPM für die 1. Klassen. Dies bedeutet, dass in den unterschiedlichen Schulen die Kinder in den Klassen 1 und 2 unterschiedliche kognitive Voraussetzungen mitbringen. Inwieweit sich dieses Ergebnis auf die fremdsprachlichen Leistungen auswirkt, muss in einer gesonderten Untersuchung überprüft werden.

3.3.3 Die Sekundarstufe (Anfang und Ende der 5. Klasse)

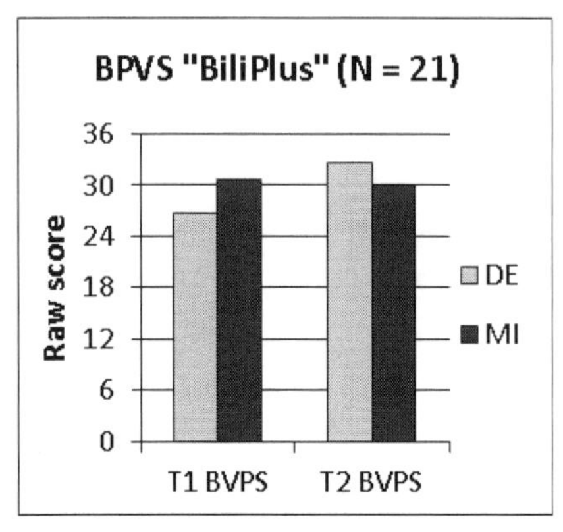

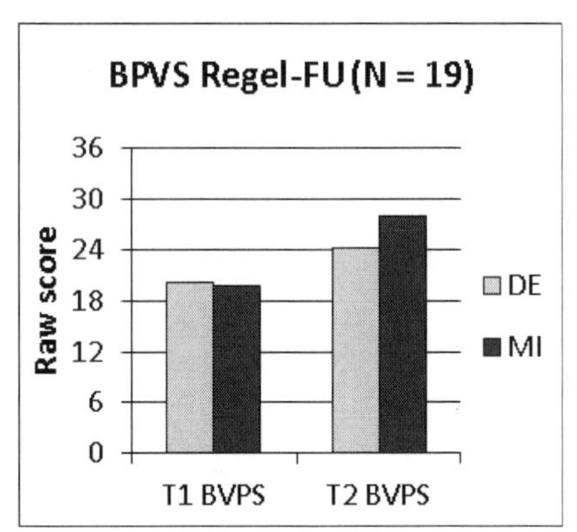

Abb. 4: Veränderung von T1 zu T2 für den BPVS für Anfang und Ende der 5. Klasse.

Ähnliche Ergebnisse zeigten sich für die BiliPlus-Klasse und die Regelklasse der Jahrgangsstufe 5: Auch hier zeigten ANOVAs keine Unterschiede zwischen Schülerinnen und Schülern mit und ohne Migrationshintergrund, und zwar zu beiden Testzeitpunkten (T1 BiliPlus: $F(1,19) = 2{,}102$, $p>0.05$; T2 BiliPlus: $F(1,19) = 0{,}982$, $p>0.05$; T1 Regelklasse: $F(1,18) = 0{,}010$, $p>0.05$; T2 Regelklasse: $F(1,18) = 3{,}399$, $p>0.05$). Beide Klassen verbesserten sich von Beginn der Klasse 5 (T1) bis zum Ende der Klasse 5 (T2), wie gepaarte T-Tests zeigten (BiliPlus: $t(20) = -2{,}212$, $p<0.05$; Regelklasse: $t(18) = -3{,}063$, $p<0.05$).[4]

[4] ANOVAs zeigten signifikante Unterschiede für den BPVS zwischen der Klasse mit dem Regelfremdsprachenunterricht und der BiliPlus-Klasse zu T1 ($F(1,38) = 18{,}593$, $p<0.05$) und zu T2 ($F(1,38) = 19{,}439$, $p<0.05$). Keine Unterschiede gab es zwischen beiden Gruppen in Bezug auf die Ergebnisse des SPM ($F(1,38) = 2{,}702$, $p>0.05$).

4 Diskussion

Die vorliegende Studie beschäftigte sich mit der Frage, ob sich Unterschiede zwischen Kindern mit und ohne Migrationshintergrund in Bezug auf die rezeptiven englischen Wortschatzkenntnisse von der Kita-Zeit bis zum Ende der 5. Klasse finden lassen. Hier zeigten die Ergebnisse kaum Unterschiede zwischen beiden Gruppen, und zwar für alle Altersstufen und Unterrichtsformen. Ein ähnliches Ergebnis ist auch in anderen Studien aus dem bilingualen Kita-Kontext in Bezug auf die Entwicklung des rezeptiven Grammatikverständnisses berichtet worden (Steinlen et al. 2010; Häckel 2013; Steinlen 2013), denn auch hier beeinflusste der mehrsprachige Hintergrund der Kinder die Testergebnisse nicht.

Auch aus dem Grundschulkontext ist für andere Bereiche außer dem globalen Hörverstehen (siehe Einleitung), nämlich dem englischen Leseverstehen im herkömmlichen Fremdsprachenunterricht, in einigen (wenigen) Studien gezeigt worden, dass auch Kinder mit Migrationshintergrund (z. B. mit Erstsprache Russisch) gleich gute Leistungen wie Kinder ohne Migrationshintergrund erzielten (vgl. z. B. die EVENING-Studie aus Nordrhein-Westphalen: Keßler/Paulick 2010, siehe auch Haenni Hoti 2013). Gleiches gilt auch für die Ergebnisse einer Pilotstudie von Steinlen/Piske (2013), die mit einer früheren Kohorte des bilingualen Zweiges der Hügelschule durchgeführt worden ist. Hier wurden für die englischen Tests zum Leseverstehen und der Leseflüssigkeit sowie zur rezeptiven Grammatikentwicklung im Englischen keine signifikanten Unterschiede zwischen Kindern mit und ohne Migrationshintergrund gefunden.

Die Ergebnisse dieser Studie zeigten für die verschiedenen Unterrichtsformen in der Grundschule generell wenig Unterschiede zwischen Kindern mit und ohne Migrationshintergrund. Als signifikant erwiesen sich diese nur für die Klassen 1 und 3 des Regelfremdsprachenunterrichts der Hügelschule. Ob diese Unterschiede klassenspezifisch sind oder der Unterrichtsform des regulären Fremdsprachenunterrichts zugeschrieben werden können, müsste in einer weiteren Studie mit einer größeren Zahl an Kindern nachgeprüft werden. Eine informelle

Durchsicht der anderen Daten dieses Jahrgangs in dieser Unterrichtsform ergab keine Unterschiede in Bezug auf deren kognitiven oder familiären Hintergrund (siehe 3.1 und 3.2), auch hinsichtlich der Ergebnisse der anderen Englisch- und Deutschtests wurden keine Unterschiede zwischen beiden Gruppen gefunden, zumindest für Klasse 1. In der 3. Klasse schnitten Kinder ohne Migrationshintergrund in den Deutschtests besser ab. Hier könnte Elsners (2007) Erklärung greifen, dass schlechte Deutschkenntnisse auch zu schlechteren fremdsprachlichen Leistungen führen. Da ein solches Ergebnis jedoch nicht auch für die 1. Klasse zu finden ist, bleibt unklar, auf welche Faktoren die signifikanten Unterschiede in Bezug auf die Testergebnisse des BPVS II zwischen Kindern mit und ohne Migrationshintergrund in Klasse 1 und 3 des Regelunterrichts zurückzuführen sind.

Insgesamt zeigen weitere informelle Ergebnisse dieser Studie, dass die Deutschkenntnisse der Kinder im Grundschulbereich unabhängig von der Unterrichtsform in Bezug auf das Lesen und Schreiben zumeist in der Norm liegen. Die Ausnahmen zeigen sich punktuell, z. B. für die Würzburger Leiseleseprobe in der ersten Klasse des bilingualen Zweiges, der Hamburger Schreibprobe für die 4. Klasse des Musikzweiges der Hügelschule oder für den ELFE-Test (Ein Leseverständnistest für die 1. bis 6. Klasse) für die beiden ersten Klassen der Muhliusschule. Da es sich bei diesen Ergebnissen nicht um durchgängige Abweichungen von der Altersnorm handelt, könnte angelehnt an Elsner (2007) davon ausgegangen werden, dass die Deutschkenntnisse der teilnehmenden Kinder (auch mit Migrationshintergrund) ausreichend entwickelt waren, um die fremdsprachlichen Leistungen nicht negativ zu beeinflussen. Steinlen/ Piske (2013) begründen das gute Abschneiden der Kinder mit Migrationshintergrund in den englischen Tests weiterhin damit, dass die Kinder in der bilingualen Grundschule von dem sehr anschaulichen Unterricht profitieren, da die Lehrkräfte eine sehr hohe fremdsprachliche Kompetenz besitzen und die Kinder somit einem sowohl fachlich als auch sprachlich qualitativ hochwertigen Input ausgesetzt sind (vgl. dazu Steinlen 2013). Die Klärung der Frage, ob es tatsächlich eine Korrelation zwischen Deutsch- und Englischleistungen gibt, muss einer weiteren Studie vorbehalten werden.

Für die 5. Klassen liegen bisher leider keine Daten zu den Deutschkenntnissen der Kinder vor, so dass dieser Aspekt als Erklärung für die nicht-signifikanten Unterschiede von Schülerinnen und Schülern mit und ohne Migrationshintergrund im BPVS II nicht herangezogen werden kann. Zumindest scheint es so, dass in der Sekundarstufe in Bezug auf die fremdsprachlichen Leistungen der Migrationshintergrund keine Rolle mehr spielt (siehe z.B. DESI 2004: Hesse et al. 2008, Ländervergleich 2009: Köller et al. 2010). Zudem muss aber erwähnt werden, dass sich die in dieser Studie vorliegenden Daten für die 5. Klasse nicht auf eine differenziert beleuchtete Definition des Migrationshintergrundes beziehen, sondern hier diejenigen Schülerinnen und Schüler als Kinder mit Migrationshintergrund betrachtet werden, die als ihre Erstsprache eine andere Sprache als Deutsch angeben. In einem weiteren Schritt müssten hier sicherlich in Anlehnung an Köller et al. (2010) zusätzliche Unterscheidungen getroffen werden, wie z. B. nach Einwanderergenerationen oder Herkunftsgruppen.

Insgesamt scheint der Migrationsstatus oder der mehrsprachige Hintergrund nach bisher vorliegenden Ergebnissen die fremdsprachlichen Leistungen in der weiterführenden Schule also nicht zu determinieren. Welche Faktoren hier tatsächlich eine Rolle spielen, gilt es in weiteren Untersuchungen mit größeren Schülergruppen herauszufinden.

5 Danksagung

An dieser Stelle soll allen MitarbeiterInnen des ELIAS-Projekts, allen Kolleginnen und Kollegen der Hügelschule in Tübingen, der Muhliusschule in Kiel, des Carlo-Schmid-Gymnasiums in Tübingen, den studentischen Hilfskräften der Universität Erlangen-Nürnberg, dabei vor allem Lea Pöschik und insbesondere den Kindern für ihre Teilnahme herzlich gedankt werden. Das ELIAS-Projekt wurde unter der Nummer 142355-DE-2008-COMENIUS-CMP von der EU von 2008 bis 2010, das Schulprojekt teilweise von der Philosophischen Fakultät und dem Fachbereich Theologie der Universität Erlangen-Nürnberg im Rahmen der BMBF/DFG-Programmpauschale 2013 gefördert.

Bibliographie

Baker, Colin (2000): A Parents' and Teachers' Guide to Bilingualism. 2. Auflage. Clevedon et al.: Multilingual Matters.

Biedinger, Nicole (2010): Early ethnic inequality: The influence of social background and parental involvement on preschool children's cognitive ability in Germany. In: Child Indicators Research, 3, S. 11–28.

Bleakley, Hoyt /Chin, Aimee (2004): Language skills and earnings: Evidence from childhood immigrants. In: Review of Economics and Statistics, 86(2), S. 481–496.

Bos, Wilfred/Pietsch, Marcus (2006): KESS 4. Kompetenzen und Einstellungen von Schülerinnen und Schülern Jahrgangsstufe 4. Hamburg: Bergmann & Sohn.

Brickenkamp, Rolf/Schmidt-Atzert, Lothar/Liepmann, Detlev (2010): D2-R. Aufmerksamkeits- und Konzentrationstest. Neue Auflage. Göttingen: Hogrefe.

Chudaske, Jana (2012): Sprache, Migration und schulfachliche Leistung. Einfluss sprachlicher Kompetenz auf Lese-, Rechtschreib- und Mathematikleistungen. Wiesbaden: VS.

Dollmann, Jörg (2010): Türkischstämmige Kinder am ersten Bildungsübergang. Wiesbaden: VS.

Dunn, Leota M./Dunn, Lloyd M./Whetton, Chris/Burley, Juliet (1997): The British Picture Vocabulary Scale II. Windsor: NFER-Nelson.

Elsner, Daniela (2007): Hörverstehen im Englischunterricht der Grundschule. Ein Leistungsvergleich zwischen Kindern mit Deutsch als Muttersprache und Deutsch als Zweitsprache. Frankfurt am Main: Peter Lang.

FMKS, Verein für frühe Mehrsprachigkeit in Kindertagesstätten und Schulen (2007): Ranking: bilinguale Kitas und Grundschulen im Bundesvergleich. Kiel: FMKS 2008. http://www.fmks-online.de/download.html [Internet: 23.5.14].

FMKS, Verein für frühe Mehrsprachigkeit in Kindertagesstätten und Schulen (2014): Ranking: bilinguale Kitas im Bundesvergleich. Kiel: FMKS 2014. http://www.fmks-online.de/download.html [Internet: 13.6.14].

Gamsjäger, Erich/Sauer, Joachim (1996): Determinanten der Grundschulleistung und ihr prognostischer Wert für den Sekundarschulerfolg. In: Psychologie in Erziehung und Unterricht, 43; S. 182–204.

Gebauer, S. Kristina/Zaunbauer, Anna C.M./Möller, Jens (2013): Cross-language transfer in English immersion programmes in Germany: Reading comprehension and reading fluency. In: Contemporary Educational Psychology, 38, S. 64-74.

Haag, Nicole/Böhme, Katrin/Stanat, Petra (2012): Zuwanderungsbezogene Disparitäten. In: Stanat, Petra/Pant, Hans/Böhme, Katrin/Richter, Dirk (Hg.): Kompetenzen von Schülerinnen und Schülern am Ende der vierten Jahrgangsstufe in den Fächern Deutsch und Mathematik: Ergebnisse des IQB-Ländervergleichs 2011. Münster: Waxmann, S. 209-235.

Häckel, Alexandra (2013): Untersuchungen zur sprachlichen Entwicklung deutsch-englisch bilingual betreuter Kita-Kinder. Baltmannsweiler: Schneider Verlag Hohengehren (Sprachenlernen konkret! Angewandte Linguistik und Sprachvermittlung, 13).

Häckel, Alexandra/Piske, Thorsten (2011): Zur Entwicklung der sprachlichen Fähigkeiten bei deutsch-englisch bilingual betreuten Kindergartenkindern mit und ohne Migrationshintergrund. In: Krafft, Andreas/Spiegel, Carmen (Hg.): Sprachliche Förderung und Weiterbildung – transdisziplnär. Frankfurt am Main: Peter Lang. (forum Angewandte Linguistik, 51). S. 11-31.

Haenni Hoti, Andrea (2013): Der Einfluss des Migrationshintergrunds auf die Englischfertigkeiten von Primarschülerinnen und –schülern. In: Ramseger, Jörg/Wagener, Matthea (Hg.): Chancenungleichheit in der Grundschule. Ursachen und Wege aus der Krise. Jahrbuch Grundschulforschung 12. Wiesbaden: VS, S. 125-128.

Hesse, Hermann-Günter/Göbel, Kerstin/Hartig, Johannes (2008): Sprachliche Kompetenzen von mehrsprachigen Jugendlichen und Jugendlichen nicht-deutscher Erstsprache. In: DESI-Konsortium (Hg.): Unterricht und Kompetenzerwerb in Deutsch und Englisch. Weinheim: Beltz, S. 208-230.

Kersten, Kristin (2009). Verbal Inflections in Child Narratives: A Study of Lexical Aspect and Grounding. Trier: WVT.

Kersten, Kristin/Rohde, Andreas/Schelletter, Christina/Steinlen, Anja (Hg.) (2010a): Bilingual Preschools. Vol. I: Learning and Development. Trier: Wissenschaftlicher Verlag Trier.

Kersten, Kristin/Rohde, Andreas/Schelletter, Christina/Steinlen, Anja (Hg.) (2010b): Bilingual Preschools. Vol. II: Best Practices. Trier: Wissenschaftlicher Verlag Trier.

Keßler, Jörg-U./Paulick, Christian (2010): Mehrsprachigkeit und schulisches Englischlernen bei Lernern mit Migrationshintergrund. In: Ahrenholz, Bernt (Hg.): Fachunterricht und Deutsch als Zweitsprache. Tübingen: Narr, S. 257-278.

Köller, Olaf/Knigge, Michael/Tesch, Bernd (2010): Sprachliche Kompetenzen im Ländervergleich. Befunde des ersten Ländervergleichs zur Überprüfung der Bildungsstandards für den Mittleren Schulabschluss in den Fächern Deutsch, Englisch und Französisch: Zusammenfassung. http://www.ipn.uni-kiel.de/aktuell/LV_zusammenfassung.pdf [Internet: 13.6.14].

Konsortium Bildungsberichterstattung (2006): Bildung in Deutschland. Ein indikatorengestützter Bericht mit einer Analyse zu Bildung und Migration. Gütersloh: Bertelsmann.

Laufer, Batia (1998): The development of passive and active vocabulary in a second language: Same or different? In: Applied Linguistics, 19, S. 255-271.

May, Peter (2006): Englisch-Hörverstehen am Ende der Grundschulzeit. In: Bos, Wilfred/Pietsch, Marcus (Hg.): KESS 4. Kompetenzen und Einstellungen von Schülerinnen und Schülern der 4. Klasse an Hamburger Grundschulen. Münster: Waxmann, S. 203-224.

Meara, Paul (1997): Models of vocabulary acquisition. In: Schmitt, Norbert/McCarthy, Michael (Hg.): Vocabulary: Description, Acquisition and Pedagogy. Cambridge: Cambridge University Press, S. 109-121.

Möhling, Renate/Raatz, Ulrich (1974): Konzentrationstest für das 1. Schuljahr (KT 1). Weinheim: Beltz.

Nation, I.S.P. (1993): Vocabulary size, growth and use. In Schreuder, R. /Weltens, B. (Hg.): The Bilingual Lexicon. Amsterdam and Philadelphia: John Benjamins, S. 115-134.

Nation, Paul (2001): Learning Vocabulary in Another Language. Cambridge: CUP.

Nold, Günter/Hartig, Johannes/Hinz, Silke/Rossa, Henning (2008): Klassen mit bilingualem Sachfachunterricht: Englisch als Arbeitssprache. In: DESI-Konsortium (Hg.): Unterricht und Kompetenzerwerb in Deutsch und Englisch. Ergebnisse der DESI-Studie. Weinheim und Basel: Beltz, S. 451-457.

Pérez-Cañado, Maria Louisa (2012): CLIL research in Europe: Past, present and future. In: International Journal of Bilingual Education and Bilingualism, 153, S. 315-341.

Piening, Günter (2004): Ein überfälliger Perspektivenwechsel: Anmerkungen zur bildungspolitischen Diskussion im Einwanderungsland Deutschland. In: Große, Klaus-Dietrich (Hg.): Hörbehinderte Schülerinnen und Schüler unterschiedlicher nationaler Herkunft – eine internationale Herausforderung an die Hörbehindertenpädagogik. Heidelberg: Universitätsverlag Winter, S. 1-7.

Piske, Thorsten (2006): Zur Entwicklung der Englischkenntnisse bei deutschsprachigen Immersionsschülerinnen und –schülern im Grundschulalter. In: Schlüter, Norbert (Hg.): Fortschritte im frühen Fremdsprachenlernen – Ausgewählte Tagungsbeiträge Weingarten 2004. Berlin: Cornelsen, S. 206-212.

Piske, Thorsten (2013): Bilingual education: Chances and challenges. In: Elsner, Daniela/Keßler, Jörg-Uwe (Hg.): Bilingual Education in Primary School. Aspects of Immersion, CLIL, and Bilingual Modules. Tübingen: Narr, S. 28-40.

Piske, Thorsten/Burmeister, Petra (2008): Erfahrungen mit früher englischer Immersion an norddeutschen Grundschulen. In: Schlemminger, Gerald (Hg.): Erforschung des bilingualen Lehrens und Lernens: Forschungsarbeiten und Erprobungen von Unterrichtskonzepten und -materialien in der Grundschule. Baltmannsweiler: Schneider Verlag Hohengehren, S. 131-151. (Sprachenlernen konkret! Angewandte Linguistik und Sprachvermittlung 8).

Raven, John C. (1976): SPM. Standard Progressive Matrices. 3. Auflage. St. Antonio, TX: Harcourt.

Raven, John C./Bulheller, Stephan/Häcker, Hartmut (2002): CPM. Coloured Progressive Matrices, 3. Auflage. Göttingen: Hogrefe.

Rohde, Andreas (2005): Lexikalische Prinzipien im Erst- und Zweitsprachenerwerb. Trier: Wissenschaftlicher Verlag Trier.

Rohde, Andreas (2010): Receptive L2 lexical knowledge in bilingual preschool children. In: Kersten, Kristin/Rohde, Andreas/Schelletter, Christina/Steinlen, Anja (Hg): Bilingual Preschools, Volume I: Learning and Development. Trier: Wissenschaftlicher Verlag Trier, S. 45-68.

Schelletter, Christina/Ramsey, Rachel (2010): Lexical and grammatical comprehension in monolingual and bilingual children. In: Kersten, Kristin/Rohde, Andreas/Schelletter, Christina/Steinlen, Anja (Hg): Bilingual Preschools, Volume I: Learning and Development. Trier: Wissenschaftlicher Verlag Trier, S. 101-118.

Schmitt, Norbert (2000): Vocabulary in Language Teaching. Cambridge: Cambridge University Press.

Schwanke, Katrin (i. Dr.): Zur Entwicklung des rezeptiven Wortschatzes bei teilimmersiv unterrichteten Fünftklässlern: Eine Pilotstudie. Erscheint in: Piske, Thorsten/Steinlen, Anja (Hg.): Bilinguales Lernen in Kindergarten und Schule: Erkenntnisse zur Entwicklung des L1- und L2-Wortschatzes. Frankfurt am Main: Peter Lang.

Schwippert, Knut/Wendt, Heike/Tarelli, Irmela (2012): Lesekompetenzen von Schülerinnen und Schülern mit Migrationshintergrund. In: Bos, Wilfred/Tarelli, Irmela/Bremerich-Vos, Albert/Schwippert, Knut (Hg): IGLU 2011. Lesekompetenzen von Grundschulkindern in Deutschland im internationalen Vergleich. Münster: Waxmann, S. 191-207.

Stanat, Petra/Rauch, Dominique/Segeritz, Michael (2010): Schülerinnen und Schüler mit Migrationshintergrund. In: Klieme, Eckhard/Artelt, Cordula/Hartig, Johannes/Jude, Nina/Köller, Olaf/Prenzel, Manfred/Schneider, Wolfgang/Stanat, Petra (Hg.): PISA 2009. Bilanz nach einem Jahrzehnt. Münster: Waxmann, S. 200-230.

Statistisches Bundesamt (2012): Bevölkerung mit Migrationshintergrund, Ergebnisse des Mikrozensus 2011. Fachserie 1, Reihe 2.2. Wiesbaden. http://www.destatis.de [Internet: 13.6.14].

Steinlen, Anja (2008): Immersionsmethode - wie funktioniert das? Aufbau und Beginn einer immersiven Kita mit wissenschaftlicher Begleitung. In ESO, Staatsministerium für Soziales, Sachsen, IFA, PONTES, *Dokumentation der Fachtagung Wege der frühen Mehrsprachigkeit in Kindertageseinrichtungen. Stand der Wissenschaft. Erfahrungen. Austausch.* Görlitz, S. 7-15.

Steinlen, Anja (2013): "Flera språk – fler möjligheter"- Immigrant children's acquisition of English in bilingual preschools. In: Flyman Mattsson, A. (Hg.): Language Acquisition and Use in Multilingual Contexts. Travaux de l'Institut de Linguistique de Lund, 52. Lund: Media-Tryck, S. 170-184.

Steinlen, Anja/Piske, Thorsten (2013): Academic achievement of children with and without migration backgrounds in an immersion primary school: A pilot study. In: Zeitschrift für Amerikanistik und Anglistik, 61(3), S. 215-244.

Steinlen, Anja/Wettlaufer, Jörg (2005): Kiel Picture Pointing Test. Grammar and Vocabulary. Online Test. Mimeo: Kiel.

Steinlen, Anja/Håkansson, Gisela/Housen, Alex/Schelletter, Christina (2010): Receptive L2 grammar knowledge development in bilingual preschools. In: Kersten, Kristin/Rohde, Andreas/Schelletter, Christina/Steinlen, Anja (Hg.): Bilingual Preschools. Vol. I: Learning and Development. Trier: Wissenschaftlicher Verlag Trier, S. 69-100.

Stork, Antje (2003): Vokabellernen. Eine Untersuchung zur Effizienz von Vokabellernstrategien. Tübingen: Gunter Narr Verlag.

Tamm, Caroline (2010): Eine Schule macht sich auf den Weg: Einführung eines bilingualen Zuges an der Schule an der Hügelstraße. In: Massler, Ute/Burmeister, Petra (Hg.). CLIL und Immersion. Fremdsprachlicher Sachfachunterricht in der Grundschule. Braunschweig: Westermann, S. 30-37.

Weitz, Martina/Rohde, Andreas (2010): German children's L2 English vocabulary in bilingual kindergarten programmes in Germany: Why do the children's scores differ so strongly from each other? In: Bongartz, Christine/Rymarczyk, Jutta (Hg.): Languages across the Curriculum. Frankfurt am Main: Peter Lang, S. 51-70.

Wesche, Marjorie Bingham (2002): Early French immersion: How has the original Canadian model stood the test of time? In: Burmeister, Petra/Piske, Thorsten/Rohde, Andreas (Hg.): An Integrated View of Language Development. Trier: Wissenschaftlicher Verlag Trier, S. 357-379.

Wode, Henning (2009): Frühes Fremdsprachenlernen in bilingualen Kindergärten und Grundschulen. Braunschweig: Westermann.

Wode, Henning (2010): Foreign language education in Europe: Why include preschools? In: Kersten, Kristin/Rohde, Andreas/Schelletter, Christina/Steinlen, Anja (Hg.): Bilingual Preschools. Vol. II: Best Practices. Trier: WVT, S. 5-33.

Zaunbauer, Anna C.M./Möller, Jens (2006): Schriftsprachliche und mathematische Leistungen in der Erstsprache. Ein Vergleich monolingual und teilimmersiv unterrichteter Kinder der zweiten und dritten Klassenstufe. In: Zeitschrift für Fremdsprachenforschung, 17, S. 181-200.

Zaunbauer, Anna C.M./Möller, Jens (2007): Schulleistungen monolingual und immersiv unterrichteter Kinder am Ende des ersten Schuljahres. In: Zeitschrift für Entwicklungspsychologie und Pädagogische Psychologie, 39, S. 141-153.

Zaunbauer, Anna C.M./Gebauer, Sandra Kristina/Möller, Jens (2012): Englischleistungen immersiv unterrichteter Schülerinnen und Schüler. In: Unterrichtswissenschaft. Zeitschrift für Lernforschung, 40(4), S. 315-333.

Zaunbauer, Anna C.M./Bonerad, Eva-Marie/Möller, Jens (2005): Muttersprachliches Leseverständnis immersiv unterrichteter Kinder. In: Zeitschrift für Pädagogische Psychologie, 19, S. 233-235.

Möglichkeiten der Vorbereitung eines bilingualen Zweiges: Neigungsklassen und bilinguale Module

Ulf Petersen

Abstract

Obwohl sich bilingualer Unterricht längst als eine große Bereicherung erwiesen hat, gibt es in Kollegien dennoch vielfach Skepsis gegenüber der Einführung. Als eine gute Möglichkeit, diese Hürden abzubauen, haben sich Neigungsklassen und bilinguale Module erwiesen. Am Beispiel der Holstenschule (Gymnasium) in Neumünster in Schleswig-Holstein soll aufgezeigt werden, wie man Neigungsklassen und bilinguale Module vor der Einführung bilingualer Zweige nutzen kann, um für mehr Akzeptanz zu werben, und welche weiteren Schritte begleitend unternommen werden sollten, um eine positive Grundlage vor der Einführung zu schaffen.

1 Einleitung

Der folgende Artikel versteht sich als eine Orientierungshilfe für die Schulen, die sich für den Aufbau eines bilingualen Angebots interessieren. In die vorliegende Arbeit sind viele Erfahrungen eingeflossen, die im Lauf der Zeit an mehreren Schulen in Schleswig-Holstein gemacht wurden. Im ersten Teil wird es um die Grundlagen gehen, die es bei der Einrichtung bilingualer Zweige zu beachten gilt. Der darauf folgende Teil zeigt ein Fallbeispiel anhand der Holstenschule in Neumünster in Schleswig-Holstein auf.

2 Vorüberlegungen zur Einrichtung eines bilingualen Zweiges

2.1 Gründe für die Einführung

Die Gründe für den Aufbau eines bilingualen Angebots können sehr vielfältig sein. Neben der Erweiterung des Spektrums an Fördermöglichkeiten sind hier ebenso der gezielte Aufbau von Fachsprache (z. B. für Studium und Beruf) und die Ergänzung des Schulprofils als Beispiele zu nennen. Weiterhin kann man die Attraktivität einer Schule steigern, was der Schule nicht zuletzt im Werben um SchülerInnen einen Vorteil verschaffen kann. Dies gilt insbesondere für die Gegenden, in denen aufgrund sinkender Schülerzahlen eine stärkere Konkurrenzsituation zwischen den weiterführenden Schulen entsteht. Zudem lässt sich auch die Niveaustufe C1 des *Gemeinsamen Europäischen Referenzrahmens* mit Hilfe eines bilingualen Angebots erreichen.

2.2 Rahmenbedingungen

Zu den Rahmenbedingungen, die vor der Einführung eines bilingualen Angebots erfüllt sein sollten, gehört unter anderem die Überprüfung, ob sich an der jeweiligen Schule hinreichend KollegInnen für die Durchführung von bilingualem Unterricht interessieren. Um eine erfolgreiche und nachhaltige Arbeit zu ermöglichen, sollten sich mindestens zwei

KollegInnen eines in Frage kommenden Sachfaches hierfür bereiterklären. Hieraus ergibt sich auch die notwendige Sondierung, mit welchen Fächerkombinationen ein Aufbau möglich wäre. Neben den vielfach genutzten Sachfächern Geographie und Geschichte eignen sich auch Fächer wie Biologie, Mathematik oder Sport. Im Bereich der Sprachen sollte auch überprüft werden, ob sich neben Englisch auch KollegInnen anderer Fremdsprachen wie Spanisch oder Französisch mit ihrer Fächerkombination bereiterklären würden, am bilingualen Angebot mitzuwirken. Dies muss nicht unbedingt durchgehend in der Sekundarstufe I erfolgen, sondern kann auch ergänzend in ein oder zwei Jahrgangsstufen angeboten werden. Grundsätzlich gilt, dass abgeklärt werden sollte, ob sich das Angebot für bilingualen Unterricht lediglich auf die Sekundarstufe I beschränken, oder ob dies ebenfalls die Sekundarstufe II umfassen soll. Die Stärken des Schulprofils der eigenen Schule sollten in jedem Fall mit eingebunden werden.

Die Akzeptanz von bilingualem Unterricht bei Eltern und SchülerInnen sollte analysiert werden. Dies gilt insbesondere im Hinblick auf die Vereinbarkeit mit G8 und der entstehenden Mehrbelastung.

Erforderlich ist darüber hinaus die Unterstützung der Schulleitung und der entsprechenden Fachvorsitzenden. Hierfür hat es sich als vorteilhaft herausgestellt, die Zuständigkeiten der Beteiligten, die die Einführung von bilingualem Unterricht vorantreiben sollen, von Anfang an zu klären.

Es sollte ein ständiger Meinungsaustausch zwischen den Beteiligten stattfinden, um etwaige Probleme im Vorfeld ausräumen zu können.

2.3 Erforderliche Maßnahmen

Sofern die Rahmenbedingungen erfüllt sind, gilt es, einen Zeitrahmen für die Umsetzung zu erstellen, der nicht zu eng gesteckt sein sollte. Es gibt durchaus Berichte von Schulen, in denen der gesamte Ablauf mit Klärung in den jeweiligen Gremien innerhalb eines halben Jahres durchgeführt werden konnte. In der Regel wird hier je nach Situation und Voraussetzung ein etwas längerer Zeitraum einzukalkulieren sein. Im Bedarfsfall empfiehlt es sich, erst mit einem Sachfach einzusteigen und weitere Sachfächer später zum bilingualen Unterrichtsangebot hinzuzufügen.

Da das gesamte Kollegium den bilingualen Unterricht mit tragen soll, hat es sich bewährt, einen allgemeinen Informationstag einzuplanen. Im Falle der Holstenschule wurde dies im Rahmen eines Schulentwicklungstages durchgeführt. Als Referenten, die im Idealfall auch die Fachschaften im Anschluss bei ihrer Entscheidungsfindung begleiten, sollte ein Bili-Team gewählt werden, das auf solche Informationstage spezialisiert ist. Bei diesem Team handelt es sich um Personen, die bereits mehrfach Erfahrungen mit der Einführung von bilingualem Unterricht an anderen Schulen sammeln konnten und somit über einen großen Erfahrungsschatz verfügen. Ein solches Team gibt es beispielsweise in Schleswig-Holstein. Eine Einführung in Mecklenburg-Vorpommern war zum Zeitpunkt des Symposiums in Rostock angedacht. Sollte ein solches Team nicht zur Verfügung stehen, sollten KollegInnen von Schulen aus dem Umfeld gewählt werden.

Wird ein Informationstag durchgeführt, empfiehlt es sich, dass an diesem Tag eine Konzeptionierungsgruppe in einem ersten Schritt auf Grundlage der Ergebnisse eine oder mehrere Umsetzungsvarianten entwirft, die im weiteren Verlauf zur Diskussion und Abstimmung gestellt werden. Weiterhin gilt es zu bedenken, dass Curricula entwickelt werden müssen, sowie Material gesichtet und gegebenenfalls erstellt werden muss. Der hierfür erforderliche Zeitaufwand sollte nicht unterschätzt werden.

Sofern die Planungen abgeschlossen sind und die erforderlichen Gremien (Fachkonferenzen, Lehrerkonferenz, Schulkonferenz) ihre Unterstützung gewähren, sollten als nächster Schritt die nächsten Informationsveranstaltungen für die kommenden 5. Klassen als Plattform für die Vorstellung genutzt werden.

3 Möglichkeiten der Umsetzung am Beispiel der Holstenschule Neumünster

3.1 Von der Neigungsklasse zum bilingualen Unterricht

Ziel sollte es sein, die bestehenden Strukturen an einer Schule aufzugreifen und diese, sofern möglich, für ein Umsetzungskonzept zu nutzen. Keinesfalls empfehlenswert ist es, ein bestehendes Modell einer anderen Schule in der Nähe zu übernehmen.

Im Falle der Holstenschule Neumünster werden für alle SchülerInnen von der 5. bis einschließlich 7. Klasse sogenannte Neigungsklassen angeboten. Jede Neigungsklasse hat einen eigenen Schwerpunkt in Form einer Zusatzstunde. Angeboten werden derzeit Sport und Naturwissenschaften. Die SchülerInnen profitieren hierbei von einem vertiefenden Unterricht entsprechend ihren jeweiligen Interessen. In diesem Zusammenhang bietet es sich an, das Konzept um eine Neigungsklasse „Sprache" bzw. „Bili" zu erweitern. Diese Klassen erhalten in den Jahrgangsstufen 5 und 6 erweiterten Englischunterricht, in dem durch die Vermittlung von Basiskompetenzen eine Vorbereitung auf den bilingualen Unterricht erfolgt. In der 7. Klasse ist vorgesehen, den erweiterten Englischunterricht mit bilingualem Geographieunterricht fortzusetzen. Den SchülerInnen wird anschließend nach Klasse 7 die Wahlmöglichkeit gegeben, den Geschichtsunterricht bilingual oder herkömmlich wahrzunehmen. Dies öffnet den bilingualen Kurs für SchülerInnen, die nicht die zusätzliche Englischstunde hatten, aber trotzdem den bilingualen Sachfachunterricht wahrnehmen möchten. Andererseits ermöglicht die Wahl auch den SchülerInnen der Neigungsklasse „Bili" einen Wechsel in den herkömmlichen Geschichtsunterricht. Der klare Vorteil dieser Variante mit den Neigungsklassen ist, dass durch die Nutzung der bestehenden Strukturen gerade mit Blick auf G8 keine weitere Stunde eingerichtet werden muss.

3.2 Bilinguale Module als Einstieg: Der Fachtag

Aufgrund eines uneinheitlichen Meinungsbildes zur Einführung von bilingualem Unterricht innerhalb des Kollegiums wurde vorgeschlagen, bilinguale Module anzubieten, um anderen KollegInnen die Möglichkeit zu geben, sich genauer über bilingualen Unterricht im jeweiligen Sachfach zu informieren.

Kurzdefinition: Bilinguale Module sind eine inhaltlich und organisatorisch flexible Form des bilingualen Unterrichts. In einem bilingualen Modul werden die Inhalte eines Sachfaches oder auch fächerübergreifend die Themen mehrerer Sachfächer über einen zeitlich und inhaltlich begrenzten Abschnitt in der Fremdsprache vermittelt.

Im Fall von Geschichte wurde hier mit einer 7. Klasse, die schon mit bilingualen Methoden und Bili-Stunden Erfahrung hat, ein Fachtag durchgeführt, um Interesse bei KollegInnen zu wecken, Vorbehalte abzubauen und im Gespräch zu bleiben. Idealerweise wurde hierfür ein Zeitraum gewählt, in dem keine schriftlichen Leistungsnachweise erbracht werden mussten. Thema des Fachtags war die Reformation in Deutschland und in England. Das notwendige Material wurde aus Lehrwerken verwendet und teilweise auch selbst erstellt.

Am Fachtag selbst wurde von der 2. bis zur 7. Stunde der Zeitraum bis zu den Bauernkriegen abgedeckt. Besonderheiten der Unterrichtseinheit waren ein Rollenspiel zum Wormser Reichstag und der Verlauf in England unter Heinrich VIII.

Der Fachtag ist als Erfolg zu werten. Mehrere KollegInnen nutzten die Gelegenheit, sich den Verlauf anzusehen und Fragen zu stellen. Das Feedback war nach dem Fachtag sowohl seitens der Klasse als auch der beteiligten KollegInnen sehr positiv. Ebenso kamen von anderen KollegInnen, Eltern und SchülerInnen positive Rückmeldungen aufgrund eines Artikels zum Fachtag auf der Homepage der Schule.

4 Fazit

Die Resonanz hat zusammen mit dem durchgeführten Schulentwicklungstag entscheidend dazu beigetragen, den Weg für bilingualen Unterricht an der Holstenschule zu ebnen. Die Einführung einer bilingualen Neigungsklasse ist fest vorgesehen. Derzeit befindet sich die Holstenschule im Prozess der Thematisierung und Abstimmung in den beteiligten Gremien.

Aus- und Weiterbildung von Lehrkräften für den bilingualen Unterricht: Überlegungen zu Anforderungen an die Aus-, Fort- und Weiterbildung

Margitta Kuty

Abstract

Ausgehend von den Rahmenbedingungen für den bilingualen Unterricht in Deutschland fokussiert der Artikel die Aus- und Fortbildung zum ‚bilingual Lehrenden'. Nach kurzen Einblicken in die Ziele und Gütekriterien von bilingualem Unterricht an der Schule werden die verschiedenen Ausbildungsphasen in den Blick genommen (Universität, Referendariat, Fort- bzw. Weiterbildung). Exemplarisch wird ein überaus heterogenes Bild von verschiedenen Ausbildungsformen, -zielen und -inhalten gezeichnet. Abschließend finden sich Desiderate und Anforderungen an eine qualitativ hochwertige und phasenübergreifende Aus- und Fortbildung.

1 Rahmenbedingungen in Deutschland

Die Geschichte und Entstehung des bilingualen Unterrichts begründen sich vor allem aus gesellschafts- und bildungspolitischen Hintergründen.

Ausgehend vom deutsch-französischen Kooperationsvertrag von 1963 (Schwerpunkt Französisch) und der Gründung der Europäischen Union (Ablösung von Französisch durch Englisch als meistverwendete Sprache des bilingualen Unterrichts) nahm der in Deutschland sogenannte ‚bilinguale Unterricht' Fahrt auf. Der PISA-‚Schock' und die damit einsetzende Konjunktur von Schulleistungsvergleichen führten zu einer verstärkten Suche nach effizienten Organisationsformen für das Englischlernen. Die Ergebnisse von Schülerinnen und Schülern in sogenannten ‚bilingualen' Zügen stimmten optimistisch. Was jedoch versteht man in Deutschland unter ‚bilingualem Unterricht'? Gemeint ist hierbei *eine* Form von *CLIL* (*Content and Language Integrated Learning,* siehe dazu Schmidt in diesem Band*),* bei der Fachunterricht in einer Schulfremdsprache erteilt wird. *CLIL* wird zwar umfassend definiert als „all types of provision in which a second language (a foreign, regional or minority language and/or another official state language) is used to teach certain subjects in the curriculum [...]" (European Commission 2006: 8), aber in meinen Überlegungen beziehe ich mich ausschließlich auf den Sachfachunterricht in einer Schulfremdsprache.

Der Facettenreichtum an Experimenten, Modellen und Programmen ist kaum mehr zu überschauen. Inzwischen – so scheint es – gibt es ein breites (jedoch noch längst nicht flächendeckendes) Spektrum an Initiativen: von bilingualen Angeboten für ‚alle' bis hin zu (nach wie vor) systematisch aufbauenden Programmen zur Profilierung von Schulen mit (teilweisen) Selektionseffekten für Lernende.

Vor dem Hintergrund des anhaltend hohen Bedarfs und Interesses an bilingualen Angeboten müsste davon ausgegangen werde, dass auf bildungspolitischer Ebene alles unternommen wird, um den bilingualen Unterricht in den Schulen qualitativ hochwertig anzubieten und dafür zu sorgen, dass qualifiziertes Lehrpersonal zur Verfügung steht. Dies ist jedoch (oft) nicht der Fall. Viele Diskussionen ranken um den teilweisen Ersatz des ‚normalen' Englischunterrichts und das damit verbundene Einsparpotential von Stunden in der Stundentafel; Kürzungen von Entlastungsstunden werden angedacht. Zudem zeigen Ministerien zum Teil eine zurückhaltende Einstellung in Bezug auf die Schaffung verlässlicher gesetzlicher Rahmenbedingungen inklusive ausfinanzierter Ausbildungsprogramme für Lehrende auf der Basis von Qualitätsstandards. Dies hinterlässt den Eindruck, dass bilinguale Angebote – trotz vermeintlich positiver Effekte auf die Entwicklung der von der KMK geforderten Fremdsprachenkompetenz – zunehmend ressourcenorientiert erfolgen und Zugeständnisse bei der Qualifikation von Lehrkräften gemacht werden.

2 Ziele und Qualitätskriterien für den bilingualen Unterricht

Die Kultusministerkonferenz beschreibt in ihrem Bericht *Konzepte für den bilingualen Unterricht – Erfahrungsbericht und Vorschläge zur Weiterentwicklung* (Beschluss der Kultusministerkonferenz vom 17.10.2013) sowohl die Situation des bilingualen Unterrichts in den verschiedenen Bundesländern als auch Weiterentwicklungen und Anforderungen.

Im Papier findet sich die Auslegung des Bilingualen Unterrichts für Deutschland (im Vergleich zur europäischen/internationalen Dimension von *CLIL*). Dabei wird unterschieden zwischen dem integrierten Sachfach- und Fremdsprachenunterricht bzw. Immersion, denen eher eine fremdsprachendidaktische Schwerpunktsetzung zugesprochen wird, und dem bilingualen Unterricht in Deutschland, der den Fokus auf das Sachfach und das interkulturelle Lernen legen soll. Die Fremdsprache dient hierbei als Arbeitssprache, d. h. die möglichst authentische Anwendung steht im Vordergrund. Es sollen sowohl Themenfelder, die im Sachfach curricular verankert sind, behandelt werden als auch Themenfelder, die multi-perspektivisches Lernen ermöglichen und so den Erwerb der interkulturellen Kompetenz befördern (Bericht KMK 2013: 4).

Was zunächst einfach und sachlogisch klingt, ist es in der Konzeption des bilingualen Unterrichts nicht. Zydatiß macht darauf aufmerksam, dass der Sprachgebrauch in den Sachfächern andere Anforderungen an Sprecher stellt als der Sprachgebrauch in der situativ eingebetteten *face-to-face*-Sprachumgebung mit *peers* oder in der Alltagskommunikation, auf die der Fremdsprachenunterricht fokussiert:

> In den inhaltlich fokussierten Fachzusammenhängen kommt ein objektsprachlich stärker differenziertes, lexikalisch dichteres und abstrakteres Sprach- und Diskursrepertoire zur Anwendung; denn dabei geht es um die fachlichen Gegenstände und Konstrukte, die Modellierung kognitiver Prozesse, die De- und Rekonstruktion von Wissensstrukturen sowie um sachbezogene, diskursiv-textgebundene Darstellungsverfahren. (Zydatiß 2013: 132)

Vor diesem Hintergrund wird der Vermittlung von Fachsprachlichkeit, d. h. der Vermittlung von sachfachlicher und allgemeinsprachlicher Diskursfähigkeit, eine zunehmende Bedeutung beigemessen. Die KMK geht gar davon aus, dass die fremdsprachige Fachsprachenarbeit im bilingualen Unterricht wertvolle Impulse für den deutschsprachigen Sachfachunterricht bieten kann. Gekoppelt mit dem Aspekt der Multiperspektivität und dem interkulturellen Lernen kann es gelingen, mehr Sachfächer für den bilingualen Unterricht zu gewinnen, um die Lernenden auf später inhaltlich anspruchsvolle Berufs- und Studienkontexte vorzubereiten, die im Zuge angestrebter transnationaler Mobilität fremdsprachlich-diskursiv zu bewältigen sind. Die reine Fokussierung nur auf das Sachfach oder nur auf eine erhöhte Sprachkompetenz greift hier zu kurz.

Die Grundlage des *CLIL*-Konzeptes bilden vier Dimensionen (Coyle et al. 2010: 41), die auch für den bilingualen Unterricht in Deutschland zutreffen: *content, cognition, communication, culture.*

Content: Der Inhalt wird durch das Sachfach vorgegeben. Das Ziel besteht darin, sowohl sachfachliches Wissen zu erwerben als auch fachlich notwendige methodische Kompetenzen zu entwickeln.

Cognition: Die kognitiven Leistungsdispositionen stehen im Mittelpunkt. Die Lernenden sollen in der Lage sein, Probleme mittels fachlicher Strategien und Routinen sachgerecht und selbstständig zu lösen.

Communication: Unterschiedliche Interaktions- und Kommunikationsmuster bestimmen den Unterricht. Die Lernenden tauschen sich in Gruppen über fachliche Lerninhalte aus.

Culture: Interkulturelles Lernen und Multiperspektivität sensibilisieren für die Wahrnehmung und Anerkennung anderer Kulturen und die Relativierung des eigenen Standpunktes.

Um diesen hohen Forderungen an den bilingualen Unterricht gerecht zu werden, bedarf es qualifizierter Lehrkräfte, die zusätzlich zur Ausbildung im Sachfach (oft im deutschen Kontext) und der Fremdsprache (mit Fokus auf den ‚normalen' Fremdsprachenunterricht) eben auch über die Qualifizierung verfügen, Fachsprache (auch in ihrer interkulturell geprägten Unterschiedlichkeit in den Bedeutungen) zu vermitteln, sachfachliche Inhalte im Hinblick auf Multiperspektivität zu durchdringen und bei den Schülerinnen und Schülern sowohl die notwendige fachsprachliche Diskursfähigkeit zu entwickeln als auch kognitiv-inhaltliche und motivational-attitudinale Auseinandersetzungen mit anderen (und der eigenen) Kulturen zu befördern.

3 Bilinguale Aus- und Fortbildung

3.1 Universitäre Ausbildung

Grundsätzlich müssten alle Lehramtsabsolventen und -absolventinnen (Sekundarstufe I und II) mit einer Neuen Fremdsprache als Studienfach am Ende ihres Studiums über grundlegende Anforderungen an das bilinguale Lehren und Lernen informiert sein, da die von der KMK vorgeschlagenen *Ländergemeinsamen inhaltlichen Anforderungen für die Fachwissenschaften und Fachdidaktiken in der Lehrerbildung* (2008: 37) dies seit 2008 fordern.

Da diese Vorgabe jedoch bei weitem nicht ausreicht und in dem Papier das bilinguale Lehren und Lernen in den Sachfächern nicht thematisiert wird, werden in vielen Bundesländern Zusatzausbildungen angeboten. So vielfältig wie die bilingualen Ausprägungen an den Schulen sind, so unterschiedlich stellen sich auch diese Ausbildungsformen in der ersten Ausbildungsphase an den Universitäten dar. Die Zielsetzungen, Umfänge und Inhalte unterscheiden sich zum Teil erheblich. Eine Übersicht über alle Standorte, Angebote, Linksammlungen etc. bietet das Netzwerk "Bilinguales Lehren und Lernen" beim Bildungsserver Hessen.

Als grundsätzlich günstig erweist sich die doppelte Lehrbefähigung der in Deutschland bilingual unterrichtenden Lehrkräfte. Deshalb werden zu einem bilingualen Zusatzstudium oftmals nur Studierende zugelassen, die eine Fremdsprache und ein Sachfach studieren. Die Umstellung von der grundständigen in eine modularisierte Lehramtsausbildung stellt sich als Herausforderung dar, da den Studierenden (und Lehrenden) weniger Freiräume für zusätzliche Angebote zur Verfügung stehen.

Die vorhandenen bilingualen Ausbildungsformen können in grundständige Studiengänge und/oder integrative bzw. additive Zusatzqualifizierungen unterschieden werden (vgl. Gnutzmann/Rabe 2013: 103). Zu den bekanntesten Studiengängen gehören neben dem 8-semestrigen Studium des Europalehramtes der PH Karlsruhe/PH Freiburg verschiedene Master(aufbau)studiengänge, z. B. an den Universitäten Eichstätt oder Wuppertal. Sowohl integrative als auch additive Zusatzqualifikationen variieren im Umfang erheblich, von z. B. 4 Semesterwochenstunden (SWS) Lehrveranstaltungen und zwei Stunden eigenen Unterrichts an der PH Ludwigsburg bis zu 30 SWS an den Universitäten Köln oder Bochum. Dabei erweisen sich vor allem integrative Modelle als sinnvoll, da sie die modularen Bedingungen des Studiums aufgreifen und mittels Schwerpunktsetzung im Studium die theoretische Basisausbildung und auch erste schulpraktische Erfahrungen ermöglichen.

Neben den Umfängen variieren auch die Inhalte und Zielsetzungen erheblich. Während sich in manchen Ausbildungsplänen ausschließlich

Lehrveranstaltungen an der Universität finden (z. B. eine Vorlesung, ein Sprachkurs und zwei Seminare), bieten andere wiederum eine Kopplung aus Veranstaltung zur Fachdidaktik, Praktikum mit Auswertungsworkshop, eigener Erprobungssequenz, einem Auslandsjahr, der Teilnahme an einem Forschungsseminar und Fachsprachenkurs(en) an. Sehr häufig finden sich Veranstaltungen zu fachdidaktischen Fragestellungen, die (nur) zum Teil Fremdsprachen- und Sachfachdidaktik kombinieren. Daneben gibt es auch Angebote, die Veranstaltungen der kontrastiven Sprachwissenschaft, Cultural Studies, oder der Vergleichenden Literaturwissenschaft integrieren. An der Universität Köln heißt es z. B. in den Zielstellungen:

> Die Kenntnisse im Bereich der Didaktik, der Landeskunde, der Allgemeinen und Vergleichenden Literaturwissenschaft sowie der Allgemeinen und Vergleichenden Sprachwissenschaft verfolgen wesentlich das Ziel, die Schülerinnen und Schüler zum Aufbau einer Doppelperspektive in Bezug auf Geschichte, Kultur, Literatur des eigenen wie des Zielsprachenlands zu befähigen und sowohl im Fremdsprachen- wie im Sachunterricht Parameter vergleichender Betrachtung und Analyse zu vermitteln. (Studienordnung Universität zu Köln 1999: 1)

Da die Ausbildungsbestandteile noch immer schwerpunktmäßig von den fremdsprachendidaktischen und angewandt-linguistischen Inhalten (weniger von der Literaturwissenschaft/Cultural Studies) bestimmt werden, besteht eine große Herausforderung darin, mehr (integrative) fachwissenschaftliche und fachdidaktische Ausbildungselemente des Sachfaches im gegebenen Zeitrahmen bereit zu stellen. Zudem sollte ein längerer Auslandsaufenthalt (Auslandsstudium z. B. im Sachfach oder Fremdsprachenassistenz mit Fokus Sachfach) eingeplant werden. Erst dann kann es gelingen, Lehrkräfte bilingual so zu qualifizieren, dass die oben genannten Qualitätskriterien für den bilingualen Unterricht (z. B. neben dem sprachlichen auch einen sachfachlichen Mehrwert zu schaffen) erreicht werden können.

3.2 Ausbildung im Referendariat

Die Anzahl an Studienseminaren, die eine bilinguale Zusatzausbildung anbieten, hat sich in den letzten Jahren deutlich erhöht. Bei der Aufnahme von interessierten Referendaren und Referendarinnen spielt es oftmals keine Rolle, ob diese bereits Vorkenntnisse im bilingualen Bereich mitbringen. Der Fokus der bilingualen Ausbildung im Referendariat liegt schwerpunktmäßig im Bereich der didaktisch-methodischen Gestaltung von bilingualem Unterricht. In den Ausbildungsprogrammen finden sich (zumeist) ein Seminar, die Analyse von Unterrichtssequenzen, Durchführung von Unterrichtsvideografie, Unterrichtsbesuche, eigene Unterrichtserprobungen und ggf. eine Hausarbeit. An manchen Studienseminaren werden mehrwöchige Austausche mit ausländischen Schulen organisiert. Zum Teil finden Prüfungen statt, die die Zusatzqualifizierung zertifizieren, die z. B. aus einer (zusätzlichen) Lehrprobe und/oder einem (sprachpraktischen) Kolloquium bestehen. Damit bedient die Ausbildung erwartungsgemäß vor allem den unterrichtspraktischen Bereich. Eine Abstimmung mit der universitären Ausbildung erfolgt häufig nicht. Dies hat zur Folge, dass bilingual ausgebildete Lehrkräfte zum Teil nur diese (sicherlich wichtige) praxisorientierte Ausbildung genießen konnten, ihnen damit jedoch die intensive theoretisch-reflektierte und forschungsorientiert-kritische Auseinandersetzung fehlt, die sie benötigen, um den Anforderungen an einen qualitativ hochwertigen bilingualen Unterricht gerecht zu werden.

3.3 Fort- und Weiterbildungen

Der Mangel an Lehrkräften für den bilingualen Unterricht führt dazu, dass mitunter Zugeständnisse bei der Zulassung von Lehrenden gemacht werden. So können auch Lehrkräfte eingesetzt werden, die neben der Lehrbefähigung für ein Sachfach und einer Fremdsprache (ohne Zusatzausbildung im bilingualen Unterricht) nur den Erwerb der fremdsprachlichen Qualifikation (C1-Niveau) nachweisen müssen. In Bayern heisst es z. B.:

> Die Möglichkeit, eine fremdsprachliche Qualifikation zu erwerben, wurde eigens zur Erteilung fremdsprachigen Sachunterrichts eröffnet. Sie umfasst ausschließlich die sprachpraktischen Teile der Ersten Staatsprüfung; die wissenschaftlichen Teile müssen hierfür nicht abgelegt werden. Eine fremdsprachliche Qualifikation kann in allen modernen Fremdsprachen erworben werden, die in der Lehramtsprüfung enthalten sind; für den Bereich der Realschule sind jedoch nur Englisch und Französisch sowie künftig Spanisch und Italienisch von Interesse. (Bayern bilingual 2014: 2)

Zudem kann die Schulleitung individuell entscheiden, ob eine Lehrkraft über die erforderliche überdurchschnittliche fremdsprachliche Kompetenz z. B. durch die Teilnahme an einem Lehreraustauschprogramm oder längere Auslandsaufenthalte verfügt. Muttersprachler und Muttersprachlerinnen mit sachfachlicher Ausbildung können ebenfalls zum Einsatz kommen. Modular organisierte bilinguale Unterrichtsphasen (oft in der Grundschule oder an Realschulen) werden auch durch Englischlehrkräfte, Englischlehrkräfte in Kooperation mit Lehrkräften der Sachfächer nur in der Planungsphase oder im gemeinsamen Unterricht bzw. durch Lehrpersonal der Sachfächer mit ausreichenden Englischkenntnissen durchgeführt (Biederstädt 2013: 9).

Die Palette an berufsbegleitenden Angeboten für die Fortbildung ist breit. Neben regional organisierten Arbeitskreisen, mehrtägigen/-stündigen (Block-)Fortbildungen, organisierten Auslandsaufenthalten oder Zertifizierungskursen für den Erwerb der fremdsprachlichen Kompetenz bis hin zu interaktiven Online-Webkonferenzen, bei denen interessierten Lehrkräften über das Internet Vorträge angeboten werden, gibt es für Lehrende auch die Möglichkeit, über spezielle finanziell geförderte Programme (z. B. über Comenius) an englischsprachigen Fortbildungen teilzuhaben. In Internetforen und/oder auf Internet- Lernplattformen können Lehrende Materialien und Unterrichtserfahrungen austauschen und reflektierte Diskussionen anregen. Besonders förderlich ist zudem der Austausch auf europäischer Ebene, der zwar deutliche Unterschiede in der Lehrerausbildung zutage treten lässt, jedoch den Blick weitet und die Förderung von Mehrsprachigkeit und von Sprachenlernen in Europa zum Ziel hat.

Obwohl sich viele Möglichkeiten zur Fortbildung eröffnen, finden sich selten Hinweise darauf, ob und wie umfangreich sich Lehrende bezüglich des bilingualen Unterrichts fortbilden sollen. Dies scheint von Schule zu Schule unterschiedlich geregelt zu sein. Eine größere Verbindlichkeit würde einerseits Qualitätssicherung über einen längeren Zeitraum hinweg gewährleisten, andererseits eine Öffnung für neuere Entwicklungen in diesem Bereich ermöglichen.

4 Fazit

Der Bericht der KMK vom 17.10.2013 konstatiert deutliche Entwicklungstendenzen und benennt dabei u. a., dass sich der bilinguale Unterricht nicht mehr nur auf das Gymnasium (als bilingualem Zug mit dem Ziel der Begabtenförderung) und die Schularten um die mittleren Schulabschlüsse herum bezieht, sondern auch in der Primarstufe und im berufsbildenden Bereich angekommen ist. Die zunehmende curriculare Verankerung (von bilingualen Modulen) und die Erhöhung der Anzahl an beteiligten Sachfächern (vor allem auch der sogenannten MINT-Fächer) werden als Erfolge dargestellt. Lediglich die Sprachenvielfalt habe sich nicht signifikant vergrößert (Bericht KMK 2013: 10).

Bezogen auf die Aus- und Weiterbildung von Lehrenden lassen sich mehrere Beobachtungen und Herausforderungen formulieren:

1. Universitäre Ausbildungsprogramme sind überaus heterogen im Hinblick auf die Angebote an sich, Ausbildungsziele, Inhalte, Umfänge und Kompetenzen, die erworben werden. Hier wären bundesweit angelegte und verbindliche Ausbildungsstandards und -strukturen notwendig.

2. Die intensive Beteiligung der Sachfächer an der gesamten Aus- und Fortbildung ist dringend geboten, um der schwerpunktmäßig angewandt-linguistischen und fremdsprachendidaktischen Ausrichtung entgegen zu wirken. Der sachfachliche Mehrwert muss (neben dem sprachlichen Mehrwert) in der Ausbildung deutlicher herausgearbeitet werden.
3. Der Aspekt der Mehrsprachigkeit findet noch zu wenig Berücksichtigung in der Ausbildung; der Fokus liegt zu häufig auf dem Sachfachunterricht in der (Schul-) Fremdsprache Englisch und Französisch.
4. Der Multiperspektivität von Sachfachthemen, den Chancen für das interkulturelle Lernen und den Aspekten der fachsprachlichen Diskursfähigkeit wird in der Ausbildung noch zu selten Beachtung geschenkt. Hier müssen die Sachfächer und die Fremdsprachen intensiver zusammen arbeiten.
5. Längere und regelmäßige Auslandsaufenthalte sollten zum obligatorischen Bestandteil sowohl im Studium als auch in der 2. und 3. Phase der Aus- und Fortbildung werden.
6. Die Verzahnung der Aus- und Fortbildung (1.–3. Phase) ist ein Desiderat. Nur wenn es gelingt, die Ausbildung über die Aus- und Fortbildungsgrenzen hinweg systematisch, abgestimmt und anforderungsgestuft durchzuführen, ist ein hochwertiger bilingualer Unterricht durch qualifizierte Lehrkräfte an der Schule möglich.
7. Das Portfolio als Leistungsdokumentation des Lernenden findet in der Schule für den bilingualen Unterricht bereits Anwendung. Dies sollte auf die Aus- und Fortbildung der Lehrkräfte für den bilingualen Unterricht übertragen werden. Neben der Dokumentation der Qualifizierungsergebnisse der einzelnen Lehrkräfte für ihre Berufsbiografie können die oftmals nebeneinander existierenden Phasen miteinander verbunden werden.
8. An den Schulen sollten grundsätzlich nur Lehrkräfte zur Durchführung bilingualen Unterrichts zugelassen werden, die auch über die entsprechende Qualifikation verfügen. Dies wird Auswirkungen auf die Verbindlichkeit und damit die Bereitschaft zur Aus- und Fortbildung haben.

Trotz hoher Erwartungen und anerkannter positiver Ergebnisse ist der bilinguale Unterricht noch immer nicht fest verankerter Teil des Schulcurriculums. Die Modelle variieren stark, die Ziele sind nicht immer klar erkennbar und halten dem europäischen und internationalen Standard nicht wirklich Stand. Nach und nach verliert der bilinguale Unterricht zwar seinen Sonderstatus, ist nicht mehr nur auf das Gymnasium fokussiert und wird zunehmend curricular verankert, doch noch überwiegen Unübersichtlichkeit und Unverbindlichkeit. Verwaltungsvorschriften, Erlasse, Bildungspläne, Rundschreiben, spezielle länderspezifische Bestimmungen etc. helfen nicht darüber hinweg, dass bundesweite Standards fehlen. Dies hat Auswirkungen auf die Aus- und Weiterbildung, die zum Spiegelbild der schulischen Situation wird. Wenn es gelingt, Aus- und Fortbildung sowohl über die Bundeslandgrenze hinweg (oder gar bundesweit, europäisch oder international) als auch phasenübergreifend zu denken, zu konzipieren, durchzuführen und zu dokumentieren (mittels z. B. mehrsprachigem Portfolio), dann gelingt es vielleicht auch, durch hoch qualifizierte Lehrkräfte einheitliche Standards für den bilingualen Unterricht an den Schulen zu etablieren. Dies ist dringend nötig um auch deutsche Schülerinnen und Schüler auf die Anforderungen der weltweit mobilen und mehrsprachig geprägten Berufs- und Studienwelt vorzubereiten.

Bibliographie

Biederstädt, Wolfgang (Hg.) (2013): Bilingual unterrichten. Englisch für alle Fächer. Berlin: Cornelsen Schulverlage.

Breidbach, Stephan (2013): Geschichte und Entstehung des bilingualen Unterrichts in Deutschland: Bilingualer Unterricht und Gesellschaftspolitik. In: Hallet, Wolfgang/Königs, Frank G. (Hg.): Handbuch Bilingualer Unterricht. Content and Language Integrated Learning. Seelze: Klett/Kallmeyer Verlage; S. 11-18.

Coyle, Do/Hood, Philip/Marsh, David (2010): CLIL – Content and Language Integrated Learning. Cambridge: Cambridge University Press.

European Commission (2006): Content and Language Integrated Learning (CLIL) atSchool in Europe. Brüssel: Eurydice.

Gnutzmann, Claus/Rabe, Frank (2013): Bilingualer Unterricht: Lehrerbildung in der 1., 2. und 3. Phase. In: Hallet, Wolfgang/Königs, Frank G. (Hg.): Handbuch bilingualer Unterricht. Content and Language Integrated Learning. Seelze: Klett/Kallmeyer Verlage, S. 102-110.

Zydatiß, Wolfgang (2013): Kompetenzerwerb im bilingualen Unterricht. In: Hallet, Wolfgang/Königs, Frank G. (Hg.): Handbuch bilingualer Unterricht. Content and Language Integrated Learning. Seelze: Klett/Kallmeyer Verlage, S. 131-138.

Internetquellen

Bayern bilingual Realschule. Rechtliche Grundlagen. Download. Bilingualer Sachfachunterricht. Schulrechtliche Grundlagen. S. 2. www.bayern-bilingual.de/realschule/index [Internet: 04.05.2014].

Bericht „Konzepte für den bilingualen Unterricht – Erfahrungsbericht und Vorschläge zur Weiterentwicklung“ . Beschluss der Kultusministerkonferenz vom 17.10.2013. www.kmk.org/fileadmin/Veroeffentlichungen_beschluesse/2013/201_10_17-Konzepte-bilingualer-Unterricht.pdf [Internet: 04.05.2014].

Ländergemeinsame inhaltliche Anforderungen für die Fachwissenschaften und Fachdidaktiken in der Lehrerbildung (Beschluss der KMK vom 16.10.2008 i.d.F. vom 16.05.2013) www.kmk.org/bildung-schule/allgemeine-bildung/lehrer/lehrerbildung.html [Internet: 04.05.2014].

Studienordnung der Erziehungswissenschaften der Universität zu Köln für den Zusatzstudiengang: Bilingualer Unterricht – Englisch vom 20. Dezember 1999 (auslaufend) www.anglistik2.phil-fak.uni-koeln.de/uploads/media/Studienordnung _BLUE.pdf [Internet: 04.05.2014].

Liste der Beitragenden

Dr. Gabriele Garbe

Wiss. Mitarbeiterin
Fachdidaktik Englisch
Institut für Anglistik/Amerikanistik
Universität Rostock

Dr. Sandra Kristina Gebauer

Wiss. Mitarbeiterin am Lehrstuhl Psychologie für Pädagogen
Institut für Psychologie der Christian-Albrechts-Universität Kiel

Dr. Margitta Kuty

Wiss. Mitarbeiterin
Fachdidaktik Englisch
Institut für Anglistik/Amerikanistik
Universität Greifswald

Prof. Dr. Gabriele Linke

Professur Britische und amerikanische Kulturstudien und Fachdidaktik Englisch
Institut für Anglistik/Amerikanistik
Universität Rostock

Prof. Dr. Jens Möller

Inhaber des Lehrstuhls Psychologie für Pädagogen
Institut für Psychologie
Christian-Albrechts-Universität zu Kiel

Ulf Petersen

Lehrer
Holstenschule (Gymnasium)
Neumünster

Prof. Dr. Thorsten Piske

Inhaber des Lehrstuhls für Fremdsprachendidaktik mit Schwerpunkt
Didaktik des Englischen
Friedrich-Alexander-Universität Erlangen-Nürnberg

Dr. Katja Schmidt

Wiss. Mitarbeiterin
Fachdidaktik Englisch
Institut für Anglistik/Amerikanistik
Universität Rostock

Nancy Schubring

Lehrerin
RecknitzCampus Laage

Sabine Schütt

Lehrkraft für bes. Aufgaben
Fachdidaktik Englisch
Institut für Anglistik/Amerikanistik
Universität Rostock

Katrin Schwanke, M.A.

Wiss. Mitarbeiterin am Lehrstuhl für Fremdsprachendidaktik
Friedrich-Alexander-Universität Erlangen-Nürnberg

Dr. Anja Steinlen

Akad. Rätin am Lehrstuhl für Fremdsprachendidaktik mit Schwerpunkt Didaktik des Englischen
Friedrich-Alexander-Universität Erlangen-Nürnberg

Juliane Swensson

Lehrerin (G/H) für Biologie und Englisch
Don-Bosco-Schule Rostock (Kooperative Gesamtschule)

Prof. em. Dr. Henning Wode

Englische Sprachwissenschaft; Phonetik/Phonologie; Intonationsforschung; Psycholinguistik; Erst- und Zweitsprachenerwerb; Wiedererwerb von Sprachen; Immersion und Bilingualer Unterricht; Sprachstandserhebungen
Englisches Seminar der Christian-Albrechts-Universität zu Kiel

Dr. Anna C. M. Zaunbauer-Womelsdorf

Diplompsychologin
Klinik für Mund-, Kiefer- und Gesichtschirurgie, Plastische Operationen
Kiel